Biblioteca de Derecho Penal y Procesal Penal

Carlos Pérez del Valle
(Director)

Carlos Antonio Agurto Gonzáles
Sonia Lidia Quequejana Mamani
Benigno Choque Cuenca
(Coordinadores Generales)

Hesbert Benavente Chorres
Doctor en Derecho (México)
Maestro en Derecho penal (Perú)
Especialista en Derechos Humanos y Derecho Procesal (Argentina)
Licenciado en Derecho y Ciencias Políticas (Perú)
Director General del Instituto Mexicano de Estudios y Consultoría en Derecho (INMEXIUS)

El principio de imputación penal y su control jurisdiccional

Edición al cuidado de
Carlos Antonio Agurto Gonzáles
Sonia Lidia Quequejana Mamani
Benigno Choque Cuenca

Ediciones Olejnik

Título: El principio de imputación penal
y su control jurisdiccional

Huérfanos 611, Santiago - Chile
E-mail: contacto@edicionesolejnik.com
Web site: http://www.edicionesolejnik.com

Primera edición en Ediciones Olejnik: 2021

ISBN: 978-956-392-516-6

Diseño de Carátula: Ena Zuñiga
Diagramación: Luis A. Sierra Cárdenas

Impreso en Argentina 2021 Printed in Argentina

ÍNDICE

CAPÍTULO V
LAS CONSECUENCIAS DE LA IMPUTACIÓN

CAPÍTULO VI
EL CONTROL JUDICIAL DE LA IMPUTACIÓN Y SUS EFECTOS PROCESALES

DEDICATORIA

Para mis hijos Jarumy, Novak y Noah; son la luz de mi vida.
Para Laura, por formar parte de mi vida.
Para mis padres, hermanos, cuñados y sobrinos por ser mi fortaleza.

INTRODUCCIÓN

Desde la imputación formulada se incorpora al proceso penal el objeto de la litis, donde la defensa podrá ejercer su facultad de contradicción así como el juzgador de resolver desde el criterio de la exigencia. En efecto, el operador puede exigirle al fiscal que explique de manera clara y precisa los cargos que le han formulado al imputado en el marco de una audiencia de tutela de derechos. También, el juez puede exigir al Ministerio Público los elementos de convicción que sustentan el cuadro fáctico imputativo, por ejemplo, en la audiencia de prisión preventiva. Además, el juzgador puede exigir que el fiscal aclare si hay una modificación en su clasificación jurídica en la audiencia de juicio oral para efecto que proceda a formular la acusación complementaria correspondiente. Pero, porque el operador exige no significa la afectación al debido proceso, sino es la consecuencia de amparar la petición justificada de la defensa planteada en el marco del ejercicio de su actividad contradictoria y para no colocar al imputado en un estado de indefensión.

En esa inteligencia, la manera cómo se cumpla con los principios de imputación y contradicción apreciaremos el desarrollo del proceso penal y la intervención de los sujetos procesales. Sin embargo, el operador no debe tolerar la imputación indeterminada, expresada en la simple mención de las leyes y sus articulados sin conexión alguna a un cuadro fáctico y a sus elementos de convicción; tampoco se tolera la imputación por la sola razón de ejercer un cargo o rol, sin la explicación a través de las circunstancias de tiempo, lugar y modo de la infracción de un deber jurídico que a su vez actualiza un tipo penal. No obstante, tampoco el operador puede tolerar precisiones abusivas de la defensa, que rompe con la logicidad de la responsabilidad penal.

En ese sentido, el principio de imputación es toral, el cual implica analizar su contenido, alcance y exigencias, en el contexto de diferenciar el sistema acusatorio con el sistema imputativo (explicado en el capítulo primero), que exige dotarle de un sentido tríadico (justificado en el capítulo segundo), expresado en la elaboración de las bases de la imputación, lo cual denota la construcción de un cuadro fáctico que referencie un determinado tipo penal sobre la base de los resultados obtenidos en mérito de la realización, no de una psicología del testimonio, sino de una investigación criminalística y forense (analizado en el capítulo tercero); asimismo, la justificación de la competencia del agente por la infracción de un deber jurídico cuya lesividad se expresa en la afectación de un bien jurídico tutelado por la ley (desarrollada en el capítulo cuarto); además, las consecuencias de la imputación que implica el estudio de la sanción penal, la reparación del daño y las consecuencias accesorias para las personas jurídicas (explicado en el capítulo quinto). Al formularse la imputación en los términos analizados en el presente estudio conllevará su control judicial en audiencia, con posibilidad que la defensa realice ejercicios de contradicción o bien que la fiscalía, una vez superado dicho control, encuentre en la imputación la razón para solicitar la prisión preventiva u otra medida cautelar (analizado en el capítulo sexto). En suma, el principio de imputación constituye la base filosófica del sistema de justicia penal, constructo que por las razones explicadas en la obra, hemos podido denominar: *la pragmática de la imputación penal* y que invitamos al lector a su análisis y reflexión para efecto de lograr la coherencia propia de un sistema como es la que se procura con la justicia punitiva.

CAPÍTULO I

EL RELATO FÁCTICO DE LA FORMULACIÓN DE LA IMPUTACIÓN O FORMALIZACIÓN DE LA INVESTIGACIÓN FIJA LA LITIS

1.1. EN EL MODELO ACUSATORIO, LA ACUSACIÓN FIJA LA LITIS

Cuando Enrique Letelier, Profesor de Derecho procesal en la Universidad de Valparaíso, analizó los principios procesales relativos al ejercicio de la acción penal, definió al principio acusatorio como la directriz que impone que la jurisdicción sea actuada previa solicitud de tutela por quien tenga interés; que los roles de investigar, acusar y sentenciar sean atribuidos a órganos distintos y entre sí independientes; y que la acusación determine los extremos de la decisión jurisdiccional, en cuanto a los sujetos del proceso, al hecho punible y al quantum de la reacción penal.[1] De esta manera se puede inferir que, en un modelo que se define acusatorio, la acusación es el acto procesal que define el objeto de la litis, produce efectos procesales y sustenta decisiones judiciales que a su vez inciden en la esfera de los derechos humanos de los justiciables, como sería el caso de una sentencia condenatoria que a su vez impone pena privativa de libertad. Por tanto, ***en el modelo acusatorio,*** se erige como piedra angular el denominado ***principio acusatorio***, el cual postula ***que la litis*** u objeto litigioso se define en la ***acusación,*** y por razón de congruencia deberá delimitar el pronunciamiento judicial.

Frente a ello, no se asume la posición de Carnelutti que en el proceso penal no hay litis al ser esencialmente no contencioso,[2] dado que, la litis es la expresión de un conflicto de intereses surgido por la comisión de un ilícito penal, según doctrina

---

1 Cfr. Letelier Loyola, Enrique. «Los principios del proceso penal relativos al ejercicio de la acción y la pretensión: Reflexiones y críticas a la luz de algunos ordenamientos vigentes». En: *Revista de Derecho,* Vol. 16, N° 02, Universidad Católica del Norte, Coquimbo, 2009, p. 203.

2 Resulta relevante la crítica de Olivera: «Si nos referimos en cambio a los intereses que tienen prioridad en la doctrina actual, esto es a las finalidades perseguidas al obrar y contradecir, es lógico concluir que la litis está presente tanto en el proceso civil como en el penal. El profesor Oderigo me ha hecho notar que existe un proceso penal sin litis, en el sentido asignado en el texto: la hipótesis en que el procesado pide su condena conforme a la acusación. Pero este caso por su carácter extraordinario es una excepción que confirma la regla» (Cfr. Olivera, María Amelia. «Litis en el proceso penal». En: Baudizzone, Luis. (Dir.) *Lecciones y ensayos,* Facultad de Derecho y Ciencias Sociales de la Universidad de Buenos Aires, Buenos Aires, 1956, p. 58).

asumida por el Tribunal Constitucional español;[3] asimismo, es formalizada en el proceso penal, cuando se plantea la pretensión ante el órgano jurisdiccional. En ese orden de ideas, en el modelo acusatorio, la pretensión en materia penal está denotada por la solicitud de pena o medida de seguridad, así como, la reparación de aquellos daños aparecidos a consecuencia del hecho delictivo, postulado por el Ministerio Público. Por su parte, la defensa tendrá el derecho de contradecir la acusación a través de la actividad probatoria en juicio, así como, el de aportar pruebas que refuten a la misma.

En ese contexto, el multívoco principio acusatorio[4] busca relacionar la acusación con aquel relato fáctico incriminatorio que fija la litis del proceso penal,[5] y no solamente la separación de las funciones de acusar y juzgar en órganos diferentes[6] (*nemo iudex, sine acusatore*).[7] Así, José Abad, Profesor de la Universidad Europea de Madrid, indica lo siguiente: «(P)ara que se abra un proceso y se dicte sentencia, es

---

3 El Tribunal Constitucional español considera que: «(La) aplicación del principio acusatorio supone, además, una contienda procesal entre dos partes netamente contrapuestas - acusador y acusado -, resuelta por un órgano que se coloca por encima de ambas, con una neta distinción de las tres funciones procesales fundamentales, la acusación, propuesta y sostenida por persona distinta a la del Juez, la defensa, con derechos y facultades iguales al acusador, y la decisión por un órgano judicial independiente e imparcial, que no actúa como parte frente al acusado en el proceso contradictorio» (STC 18/1989, RTC 1989, 18).

4 Así, para Armenta, los elementos esenciales del principio acusatorio son la existencia de una acción para iniciar y continuar el proceso, así como una separación precisa entre los órganos que poseen la función acusadora y la enjuiciadora, no introduciendo el principio de contradicción como elemento básico del sistema acusatorio (Cfr. Armenta Deu, Teresa. *Principio acusatorio y Derecho penal,* Editorial J.M. Bosch, Barcelona, 1995, p. 84). Asimismo, Díaz, el principio acusatorio presume la distinción entre las funciones acusadoras y las decisorias, así como la instauración de un proceso de partes adversarial, remarcando principalmente la separación del principio acusatorio del dispositivo (Cfr. Díaz Cabiale, José Antonio. *Principios de aportación de parte y acusatorio. La imparcialidad del Juez,* Editorial Comares, Granada, 1996, p. 74). Por su parte, Gimeno apunta que el principio acusatorio se fundamenta en una atribución de la instrucción y juicio oral a órganos judiciales diferentes, donde se distribuyen las funciones de acusar y juzgar, estableciendo una correlación necesaria entre el fallo y la acusación, además de establecer como manifestación de este principio la prohibición de reformatio in peius (Cfr. Gimeno Sendra, Vicente. *Manual de Derecho procesal penal,* Editorial Colex, Madrid, 2008, p. 78). Finalmente, Montero delimita el principio acusatorio a la no existencia de un proceso sin acusación diferente a la del órgano jurisdiccional, ni condenarse por hechos distintos, ni persona distinta de la acusada, así como no puede atribuirse al juzgador poderes de dirección material que cuestionen su imparcialidad (Cfr. Montero Aroca, Juan. «La garantía procesal penal y el principio acusatorio». En: *Revista Jurídica La Ley,* N° 01, Madrid, 1994, p. 979).

5 No se ignora que, históricamente y desde el principio de congruencia, también se ha estudiado los efectos procesales del relato fáctico expuesto en la acusación: «Partimos de la base de que en el problema de la correlación entre acusación y sentencia, entran en juego dos principios que es preciso diferenciar: el principio acusatorio y el principio contradictorio. En virtud del primero el Tribunal no puede asumir el papel de acusador y, para mantener el sistema de equilibrio propio del proceso, es necesaria la existencia de un acusador que presente una acusación. El principio acusatorio tiene por base la imparcialidad del Tribunal. En virtud del principio contradictorio, nadie puede ser condenado sin la posibilidad de ser oído; no sólo es preciso que sea oído sobre los hechos sino sobre la calificación jurídica. Nadie debe ser condenado por un título de condenación sin ser oído sobre el mismo. El principio contradictorio tiene por base las garantías de la defensa» (Cfr. Viada López-Puigcerver, Carlos. «Los límites del principio acusatorio (Sentencia de 13 de junio de 1961)». En: *Anuario de Derecho Penal y Ciencias Penales,* tomo 15, fascículo 01, Ministerio de Justicia, Madrid, 1962, p. 107).

6 Artículo 6.1 del Convenio Europeo de Derechos Humanos.

7 De nueva cuenta, el Tribunal Constitucional español señala que en el proceso penal «la necesidad de contradicción y equilibrio entre las partes está reforzada por la vigencia del principio acusatorio que también forma parte de las garantías sustanciales del proceso el cual, entre otras consecuencias, impone la necesidad de que la función de la acusación sea acometida por un sujeto distinto al órgano

preciso que exista una acusación formulada por el Ministerio Público».[8] Por su parte, la Profesora Armenta, con referencia a sentencias del Tribunal Constitucional español, indica que: «En un determinado sentido bastaría afirmar que el proceso acusatorio se caracteriza por el hecho de precisar de una acusación, para deducir inmediatamente que tal acción deberá ejercitarse por un sujeto diferente de aquél que juzgará; circunstancia ésta que se ve reforzada en nuestro sistema por el hecho de encontrarse dividido el proceso en dos fases: instructora y decisoria».[9]

En ese sentido, el muy estudiado principio de congruencia entre la sentencia con la acusación, se fundamenta porque en el modelo acusatorio, la acusación fija la litis del proceso penal. Al respecto, y citando a Montero, la resolución del proceso solo podrá valorar aquellos hechos esenciales vertidos en la acusación, vinculando al tribunal sentenciador a valorar únicamente los hechos referidos por la acusación, es decir, el tribunal no puede condenar por hechos distintos, ni a persona distinta de la formulada en la acusación.[10]

Por su parte Roxin, al estudiar el principio acusatorio, menciona la apertura de la cognición jurisdiccional está condicionada a la interposición de una acusación. Esto implica que ningún juez puede actuar de oficio y debe existir congruencia entre la acusación y el procedimiento que culmina con la sentencia.[11]

Latinoamérica, por su parte no ha sido ajena al tema de la congruencia; y en ese sentido, Vladimir Tobón, Profesor de la Universidad Nacional de Colombia, señala lo siguiente: «Descendiendo al punto de la congruencia, es viable equiparar la acusación con lo que se denomina objeto litigioso, esto es, el petitum, lo que se busca a través del proceso penal... Viéndose el principio de congruencia como enmarcado dentro del principio acusatorio a la manera que se ha tenido oportunidad de tratar, se constituye en uno de los pilares fundamentales del sistema de principios que rigen ordenamientos como el proceso penal alemán, donde se califica como cualquiera de ellos como elemento de legitimación para este tipo de acciones estatales».[12]

Hasta este punto, el modelo que exige acusar para enjuiciar a una determinada persona (modelo acusatorio), presenta como basamento el cuadro fáctico y una persona individualizada en la acusación (principio acusatorio), que define el objeto litigioso[13] del proceso punitivo (litis) a lo que deberá estar la sentencia condenatoria que se emita al concluir el juicio (principio de congruencia).

---

decisor y de que el imprescindible disponer de la posibilidad de conocer los argumentos de la otra parte y manifestar ante el Juez los propios, así como poder acreditar los elementos fácticos y jurídicos que fundamentan las respectivas pretensiones» (STC 178/2001, RTC 2001, 178), asimismo se puede consultar: SSTC 53/1987, de 7 de mayo, 66/1989, de 17 de abril, 186/1990, de 15 de noviembre.

8 Cfr. Abad Liceras, José María. «El papel del Ministerio Fiscal en el proceso penal español». En: *Revista Electrónica Ámbito Jurídico,* publicado el 28.02.2000; documento electrónico accedido: 16/10/2020.

9 Cfr. Armenta Deu, Teresa. «Principio acusatorio: realidad y utilización. Lo que es y lo que no». En: *Revista Ius et Veritas,* N° 16, Pontificia Universidad Católica del Perú, Lima, 1998, pp. 219-220.

10 Cfr. Montero Aroca, Juan. *Principios del proceso penal. Una explicación basada en la razón,* Editorial Tirant lo Blanch, Valencia, 1997, p. 119.

11 Cfr. Roxin, Claus. *Derecho procesal penal,* Córdoba y Pastor (traductores), Editorial Del Puerto, Buenos Aires, 2000, p. 86.

12 Cfr. Tobón Perilla, Vladimir. «Principio de congruencia en el sistema penal de tendencia acusatoria. Derecho de defensa vs. Objeto litigioso provisional», *Tesis de Maestro en Derecho,* Universidad Nacional de Colombia, Bogotá, 2011, p. 38.

13 El objeto litigioso, según Gimeno Sendra, son los hechos típicos traídos al debate; es decir, con independencia de las limitaciones efectuadas por la legalidad se debe establecer el alcance del pronunciamiento final a partir de las peticiones inicialistas (Cfr. Gimeno Sendra, Vicente. Ob. Cit., p. 134).

También el modelo acusatorio, en los términos indicados en el párrafo anterior, ha sido mencionado tanto por el Tribunal Europeo de Derechos Humanos (TEDH), así como por la Corte Interamericana de Derechos Humanos (CIDH). Así, para el órgano de justicia supranacional europeo definió la acusación de la siguiente forma: «es la notificación oficial dada a un individuo por la autoridad competente de una alegación de que ha cometido un hecho de naturaleza criminal» (Deweer v. Belgium, 27 de febrero de 1980, núm. 6903/75, §§ 42 y 46; Eckle v. Germany, de 21 de junio de 1983, núm. 8130/78, § 73).

Asimismo, el TEDH, interpretando el artículo 6° del Convenio Europeo para la protección de los derechos humanos y las libertades fundamentales, en el caso Pélissier and Sassy v. France, 25 de marzo de 1999, núm. 25444/1994, § 62, condenó al Estado francés por haber condenado a dos personas por un delito que no fue imputado al momento de la acusación y no habérseles dado las oportunidades propicias para ejercer una defensa adecuada. Igualmente, en la sentencia Varela Geis v. Spain, 05 de marzo de 2013, núm. 61005/09, § 41, el TEDH señaló lo siguiente: «Las disposiciones del párrafo 3 a) del artículo 6 muestran la necesidad de cuidar en extremo la notificación al interesado de la causa de la «acusación» formulada en su contra. El escrito de acusación juega un papel determinante en las diligencias judiciales: a partir de su notificación, la persona encausada está oficialmente informada de la base jurídica y factual de los reproches formulados en su contra».[14]

Por otro lado, en el bloque interamericano se cita el artículo 8.2.b del Pacto de San José, que regula el derecho a una comunicación previa y detallada al inculpado de la acusación formulada. En esa inteligencia, el CIDH en el caso Fermín Ramírez v. Guatemala, 20 de Junio de 2005, § 80, señaló lo siguiente: «Al determinar el alcance de las garantías contenidas en el artículo 8.2 de la Convención, la Corte debe considerar el papel de la acusación en el debido proceso penal vis a vis el derecho de defensa. La descripción material de la conducta imputada contiene los datos fácticos recogidos en la acusación, que constituyen la referencia indispensable para el ejercicio de la defensa del imputado y la consecuente consideración del juzgador en la sentencia. De ahí que el imputado tenga derecho a conocer, a través de una descripción clara, detallada y precisa, los hechos que se le imputan. La calificación jurídica de éstos puede ser modificada durante el proceso por el órgano acusador o por el juzgador, sin que ello atente contra el derecho de defensa, cuando se mantengan sin variación los hechos mismos y se observen las garantías procesales previstas en la ley para llevar a cabo la nueva calificación. El llamado principio de coherencia o de correlación entre acusación y sentencia implica que la sentencia puede versar únicamente sobre hechos o circunstancias contemplados en la acusación».

---

[14] Precedentes relacionados y citados en el caso: Sentencia Kamasinski v. Austria, 19 de diciembre de 1989; Sentencia Pélissier y Sassi v. Francia, 1999-II; Sentencia Artico v. Italia, 13 de mayo de 1980; Sentencia Colozza v. Italia, 12 de febrero de 1985. Ello también guarda relación con el artículo 24.2 de la Constitución española, el cual regula el derecho a ser informado de la acusación y en el derecho a un proceso público con todas las garantías. Al respecto, Carazo acota lo siguiente: «Se entiende que es un principio estructural del proceso penal, el que nadie pueda ser condenado sin que se formule una acusación previa a la que tenga conocimiento con antelación suficiente para poder defenderse» (Cfr. Carazo Liebana, María José. «Apuntes jurisprudenciales sobre el principio acusatorio y su aplicación por el Tribunal Constitucional y el Tribunal Europeo de Derechos Humanos». En: *Revista de Estudios Jurídicos,* N° 14/2014, segunda época, Universidad de Jaén, Jaén, 2014, p. 02; estudio que presenta ulteriores referencias a sentencias del máximo intérprete constitucional español).

Asimismo, en el caso Barreto Leiva v. Venezuela, 17 de noviembre de 2009, § 28, la CIDH mencionó que: «(Se) garantizará el principio de congruencia, según el cual debe mediar identidad entre los hechos de los que se informa al inculpado y aquellos por los que se le procesa, acusa y sentencia».

Así, podemos afirmar que el modelo acusatorio tiene aceptación en Europa, así como en el bloque interamericano de protección de los derechos humanos. Asimismo, una consecuencia de fijar la litis con la acusación es el de dotar de importancia a la etapa intermedia o preparatoria del juicio, identificada como una fase procesal autónoma del proceso punitivo, dado que, se dan los actos postulatorios que permiten la formalización de la litis, los exámenes de control o saneamiento que buscan evitar que el juzgamiento incurra en nulidades procesales, así como, la posición del órgano jurisdiccional en torno a lo controlado a través del auto de apertura del juicio oral.[15] Claro está que analizar la etapa intermedia excedería la finalidad del presente estudio.

Ahora bien, entender a la acusación como el referente que define la litis es una filosofía del sistema de justicia penal que la encontramos en el Código Procesal Penal Modelo para Iberoamérica de 1989, documento que a su vez fue un referente para que las legislaciones latinoamericanas en las décadas finales del siglo pasado reformen su proceso penal.[16]

Así, para el citado documento, al Ministerio Público se le confía el ejercicio de la persecución penal de los hechos punibles perseguibles de oficio, dependan o no dependan de una instancia particular o de una autorización estatal, salvo en los casos expresamente exceptuados por la ley (artículo 68°); asimismo, el denominado proceso común presenta como primera etapa la denominada instrucción o procedimiento preparatorio, el cual consiste en la práctica de diligencias de investigación pertinentes y útiles para determinar la existencia del hecho, con todas las circunstancias de importancia para la ley penal y los partícipes en él, así como, la verificación del daño causado por el delito, aun cuando no se haya ejercido la acción civil (artículo 250°); por otro lado, se resalta el hecho que al haber sido detenido una persona en flagrancia delictiva (artículo 200°) y puesto a disposición del Ministerio Público, la citada autoridad lo pondrá a disposición del Juez para que en audiencia se reciba la declaración del detenido (artículo 47°), así como se solicite la imposición de la prisión preventiva (artículo 200°), dato que se vuelve relevante porque en el Código Modelo no se aprecia un catálogo de derechos del imputado como el de notificar al detenido las razones de su detención o bien mecanismos de protección de derechos como el control judicial de la detención, sino que, producida la privación de la libertad se puede transitar a la medida cautelar de prisión preventiva, situación que opinamos Perú corrige al reconocer el derecho que sea notificado las

---

15 Según la Sala Penal de la Corte Suprema de Justicia del Perú (Casación N° 03-2007 Huaura, fundamento jurídico quinto), el proceso acusatorio, a diferencia del antiguo, presupone una fase intermedia en la que rigen a plenitud los principios de contradicción y oralidad, a partir de la cual se insta la intervención de las demás partes, éstas pueden formular sus pretensiones, existe una audiencia preliminar, y el Juez de la Investigación Preparatoria, si fuese el caso, expide el auto de enjuiciamiento pronunciándose por el conjunto de solicitudes de las partes, entre ellas de ofrecimiento de pruebas formuladas ofrecidas por todas las partes; modelo de procedimiento, que desde luego, no es el que recoge el mixto, que presupone pautas escritas, sin audiencia preliminar, y restringidamente contradictorias.

16 Cfr. Llobet Rodríguez, Javier. *La reforma procesal penal. Un análisis comparativo latinoamericano-alemán*, Escuela Judicial de la Corte Suprema de Justicia de Costa Rica, San José, 1993, p. 39.

razones de la detención y ante situaciones de ilicitud o ilegalidad acudir al Juez de Investigación Preparatoria vía tutela de derechos,[17] figura tan infravalorada en el sistema de justicia peruano que es menester rescatarla en valor e importancia.

Ahora bien, concluida la investigación, y continuando con nuestro repaso al Código Modelo, si el Ministerio Público estima que la investigación proporciona fundamento serio para el enjuiciamiento público del imputado, requerirá por escrito al tribunal la decisión de apertura de juicio, presentado para tal fin la acusación correspondiente en donde se expondrá la relación clara, precisa y circunstanciada del hecho punible que se atribuye al imputado (artículo 263°); en ese sentido, fijada la litis con la acusación, se entiende que en la etapa intermedia, una vez notificado el requerimiento acusatorio, la parte civil solicitará la reparación del daño, cuantificando el monto indemnizatorio (artículo 270°), así como podrá la defensa contestar la acusación, por ejemplo, señalando sus vicios formales (artículo 268°); ahora bien, las peticiones planteadas por las partes serán resueltas por el Juez en audiencia, finalizando la etapa intermedia con el dictado del auto de apertura a juicio (artículo 274°), que en el Perú sería equivalente al auto de enjuiciamiento.

Ya en juicio, el Código Modelo regula la audiencia de debate oral en los artículos 304° al 318°, donde se aprecia la ausencia de regulación de los alegatos de apertura, en donde se ha optado que el juzgador ordene la lectura de la acusación y del auto de apertura a juicio; ahora bien, cerrado el debate e ingresando al ámbito de la sentencia, si la misma es condenatoria no podrá la misma sobrepasar el hecho y las circunstancias descritas en la acusación y en el auto de apertura a juicio, o en su caso, en la ampliación de la acusación (artículos 309° y 322°). Por tanto, se aprecia con claridad que se está ante un modelo acusatorio, debido que, la acusación es el acto procesal que fija la litis, no habiendo un acto previo que la condicione o subordine, siendo apreciada la investigación como una etapa preparatoria, donde simplemente se investigue, sin mayores pretensiones procesales, salvo la prisión preventiva (artículo 202°), la autorización judicial para la práctica de aseguramiento de fuentes de prueba (artículo 248°) o la actuación de prueba anticipada (artículo 258°).

Con la prudencia que exige a la hora de comentar legislaciones de otros países, pero identificando las reglas indicadas del Código Modelo y consultando las opiniones de juristas locales, podemos señalar que países como Guatemala y Costa Rica al reformar en la década de los noventa del siglo pasado sus respectivas normatividades, sus codificaciones presentan la influencia del Código Modelo.[18]

Así, en Guatemala, su Código de 1994 ha dispuesto que en la acusación se dé la relación clara, precisa y circunstanciada del hecho punible que se atribuye y su clasificación (artículo 332°), sin haber un acto procesal previo que condicione o subordine el relato fáctico, por lo que, es con la acusación donde se fija la litis y con su notificación, la defensa podrá contestarla (artículo 336°) y la parte civil solicitar la reparación del daño, cuantificando el monto indemnizatorio (artículo 338°); igualmente, la sentencia deberá enunciar los hechos y circunstancias que hayan sido

---

[17] Artículo 71° del Código Procesal Penal de 2004.

[18] Claro está sin ignorar las reformas legislativas que los textos de Costa Rica y Guatemala han experimentado en los últimos años, para efecto de implementar algún mecanismo de simplificación procesal, como sería el caso de los juzgados de flagrancia costarricense, o bien instrumentos de solución alternativa al conflicto penal, como la conciliación o la mediación penal, que, prima facie, no fueron contemplados en el Código Modelo.

objeto de la acusación o de su ampliación y del auto de apertura del juicio (artículo 389°). Cerramos el contexto citando a José Francisco de Mata Vela, Profesor de Derecho procesal de la Universidad de San Carlos, quien señaló lo siguiente: «Los profesores argentinos, Julio Maier y Alberto Binder (autores del Código Procesal Penal que implementa la reforma) explicaban haber tomado en cuenta los proyectos relacionados de 1972, 1984 y 1986 por considerar que estaban inspirados en buenos principios procesales, sin embargo, mencionan como antecedentes principales del Código, el anteproyecto del Código Procesal Penal para la República de Argentina elaborado por ellos en 1986 y el Código Procesal Penal Modelo para Iberoamérica, presentado en la XI Jornadas de Derecho procesal, celebradas en Río de Janeiro en el año 1988. Además que se hace acopio de legislaciones avanzadas en tópicos específicos, tal es el caso del Código Procesal Penal Italiano, la versión al día de la Ordenanza Procesal Penal de la República Federal de Alemania y los tratados multilaterales o convenios sobre Derechos Humanos a los que da especial importancia la Constitución Política de la República en su artículo 46, además de los tratados que ligan a Guatemala, fundamentalmente, con sus hermanas repúblicas centroamericanas, con especial incidencia en administración de justicia penal».[19]

Por su parte, el Código costarricense de 1996 ha dispuesto que en la acusación, la fiscalía elabore la relación precisa y circunstanciada del hecho punible que se atribuye (artículo 303°), la cual, al ser notificada al actor civil podrá solicitar la reparación del daño y la cuantificación de la indemnización (artículo 308°) y con la notificación de la fecha para la celebración de la audiencia preliminar (artículo 316°), la defensa podrá contestar la acusación (artículo 317°); ahora bien, dictado el auto de apertura a juicio y ya ingresado a la audiencia de debate oral, cuando la misma sea concluida y el juzgador dicte la sentencia, la misma no podrá tener por acreditados otros hechos u otras circunstancias que los descritos en la acusación y la querella y, en su caso, en la ampliación de la acusación, salvo cuando favorezcan al imputado (artículo 365°). Por otro lado, si bien en el denominado «Tercer Informe Estado de la Justicia», financiado por el Poder Judicial de Costa Rica y publicado en el año 2020, se hace mención que el Código de 1996 fue inspirado en los proyectos Soler - Lemus - De León, adoptando un modelo denominado «mixto moderno», y que recién en la reforma de 2000 se ha apostado por un sistema prácticamente oral inspirado en Colombia, Chile y México,[20] apreciamos un par de datos equivocados, por un lado, el sistema acusatorio mexicano se implementa por la reforma constitucional de 2008, constituyendo su actual producto normativo, el Código Nacional de Procedimientos Penales de 2014, por lo que, la referencia a la experiencia mexicana previa al año 2008 solamente giraría en torno a reformas legales de concretas Entidades Federativas mexicanas como Nuevo León, Estado de México, Chihuahua y Oaxaca, sin el impacto nacional que se tiene en el país azteca hoy en día; y, por otro lado, la equivocación en no hacer referencia al Código Modelo como fuente de referencia, pese a lo señalado por la doctrina local,[21] y que permite afirmar que el

[19] Cfr. Mata Vela, José Francisco de. «La reforma procesal penal de Guatemala. Del sistema inquisitivo (juicio escrito) al sistema acusatorio (juicio oral)». *Tesis doctoral,* Universidad Autónoma de Barcelona, Barcelona, 2007, pp. 21-22.

[20] Cfr. Feoli Villalobos, Marco. *Tercer Informe Estado de la Justicia. Investigación de base. A 20 años de la reforma procesal penal: Cambio en varios actos,* Editorial CONARE, San José, 2020, p. 04.

[21] Cfr. Llobet Rodríguez, Javier. Ob. Cit., pp. 39-42. Asimismo, Jaime Robleto, Juez del Tribunal de Casación Penal de Santa Cruz, Costa Rica, ha señalado lo siguiente: «Con la vigencia del nuevo Código Procesal Penal de 1996, a partir del 1° de enero de 1998, el modelo de investigación judicial en cuanto a su dirección cambió de manos del antiguo juez de instruc-

modelo costarricense es acusatorio, al fijarse la litis en la acusación y no existir un acto procesal previo a la misma que condicione o subordine el relato fáctico imputativo.

Por otro lado, de aquellas legislaciones reformadas en el presente Siglo debemos de citar a Venezuela (1999 y 2012) y República Dominicana (2002) quien también ha adoptado un modelo donde la acusación fija la litis, pero presentando un conjunto de variables que van más allá de las planteadas por el Código Modelo, como es el caso de los mecanismos alternativos de solución del conflicto penal, los cuales, desde el principio de alternatividad, buscan gestionar el drama penal sin necesidad de llegar a una sentencia; asimismo, se aprecia el ingreso de mecanismos de simplificación procesal, como el denominado procedimiento abreviado.

Así, en el Código venezolano de 1999 y su última reforma que data de 2012,[22] se aprecian mecanismos alternativos a la prosecución del proceso como es el caso del principio de oportunidad (artículo 38°), los acuerdos reparatorios (artículo 41°) y la suspensión condicional del proceso (artículo 43°). Asimismo, el proceso penal inicia con la etapa de investigación, la cual está a cargo del Ministerio Público, siendo la audiencia de presentación el escenario procesal más importante en esta fase del proceso, dado que, el Juez analiza la legitimidad de la aprehensión, la fiscalía da a conocer la imputación, informando al imputado del hecho delictivo que se le atribuye, así como se impone judicialmente la respectiva medida cautelar (artículo 356°). Este dato de comunicar la imputación en audiencia es relevante porque tal comunicación es una idea ajena en el Código Modelo y que más identifica a sistemas, por ejemplo, como el chileno; sin embargo, este dato a su vez es peculiar en el modelo de justicia venezolano, porque de lege lata, la audiencia de presentación ha sido regulada para los procedimientos especiales como son los casos del juzgamiento de delitos menores, así como el abreviado, pero que, en el caso del procedimiento ordinario no se encuentra regulada la audiencia de presentación y, por el contrario, se aprecian de los artículos 308° y 345° que la acusación fija la litis, sin vincularse a un acto procesal previo, así como que la sentencia de condena no podrá sobrepasar el hecho y las circunstancias descritos en la acusación y en el auto de apertura a juicio, o en su caso, en la ampliación de la acusación.

Ahora bien, nuestro comentario de haber limitado la audiencia de presentación venezolana a los casos de detenidos o aprehendidos en cierta medida se justifica ante la necesidad de control judicial de la detención, idea que en el Perú se tendría que dar en la tutela de derechos; no obstante, el acto de comunicación de la imputación conlleva, si se nos permite la expresión, que el sistema de justicia penal venezolano «dé un guiño» al modelo imputativo que expli-

ción al fiscal. Ello significa que procesalmente hablando, se introdujo un cambio radical respecto al sujeto encargado de esta fase que otrora recaía en manos de la extinta figura de la persona juzgadora, se intenta aquí evidenciar algunos de los efectos de esta transición» (Cfr. Robleto Gutiérrez, Jaime. *Los principios procesales penales y la dirección funcional,* Escuela Judicial / Corte Suprema de Justicia de la Costa Rica, Heredia, 2010, p. 09; por tanto, un sistema en donde la investigación está a manos de la fiscalía, donde la litis es fijada en la acusación y la sentencia no puede sobrepasar los hechos del requerimiento acusatorio, salvo si favorece al imputado, son características propias del modelo acusatorio.

22 Para conocer las sucesivas reformas que ha experimentado el texto procesal venezolano, consultar: Alguindigue, Carmen / Pérez Perdomo, Rogelio. «Revolución y proceso penal en Venezuela 1999-2012». En: *Anales de la Universidad Metropolitana,* Vol. 13, N° 02, Caracas, 2013, pp. 119-144.

caremos más adelante, por ende, se solicita al lector no olvidar el dato explicado líneas arriba.[23]

Por otro lado, en el Código dominicano de 2002 se ha dispuesto que producido el arresto por flagrancia delictiva y puesto el arrestado a disposición del Ministerio Público, la citada autoridad podrá disponer la libertad del arrestado o ponerlo a disposición del Juez para efecto de celebrar la audiencia de medida de coerción (artículo 224°), presentando diferentes medidas cautelares personales diferentes a la prisión preventiva (artículo 226°); además ha señalado que la investigación estará a cargo de la fiscalía (artículo 259°), quien al darlo por concluida presentará acusación, solicitando la apertura a juicio (artículo 293°), señalando la relación precisa y circunstanciada del hecho punible que se atribuye al imputado, con indicación específica de su participación (artículo 294°); ya en la etapa intermedia, se notificará la acusación y la fecha de audiencia a las partes quienes, en el caso del actor civil planteará su pretensión reparatoria (artículo 297°), y la defensa podrá contestar la acusación (artículo 299°); ahora bien, como la litis se está fijando en la acusación, sin existir un acto procesal previo que condicione el relato fáctico, el control judicial de la misma en audiencia intermedia se vuelve trascendental, dado que, el juzgador podrá optar por un auto de apertura a juicio (artículo 303°) o bien puede emitir un auto de no ha lugar, concluyendo el procedimiento respecto al imputado en cuyo favor se dicte, hace cesar las medidas de coerción impuestas e impide una nueva persecución penal por el mismo, esto es, hace a su vez de auto de sobreseimiento (artículo 304°); por otro lado, ya en la etapa de juzgamiento y cerrado los debates, la sentencia que se dicte no puede tener por acreditados otros hechos u otras circunstancias que los descritos en la acusación y, en su caso, en su ampliación, salvo cuando favorezcan al imputado (artículo 336°).

Ahora bien, la acción penal en el proceso dominicano se extingue por la aplicación de criterios de oportunidad (artículo 34°), por la conciliación (artículo 37°), por la mediación (artículo 38°) y por el cumplimiento de las reglas de la suspensión condicional del procedimiento en el plazo judicialmente fijado (artículo 44°, numeral 7), figuras que pueden darse hasta antes del auto de apertura de juicio oral. La otra cara de la moneda está dada por el procedimiento abreviado, el cual es un mecanismo de simplificación procesal, y consiste en el dictado de sentencia condenatoria cuando existiendo suficientes elementos de convicción y el imputado acepta su responsabilidad en los hechos, se prescinde de la audiencia de juicio oral, procediendo el juzgador a emitir el fallo correspondiente y aplicando los beneficios de reducción de la pena que la ley prevé para este tipo de procedimiento (artículos 363° al 368°).

Todo este panorama legislativo ha sido analizado por Néstor Arroyo, Profesor de la Universidad Autónoma de Santo Domingo, quien ha indicado que se está ante un Código de corte acusatorio, influenciado por el Código Modelo, pero que en sí «busca humanizar el proceso penal, colocando como centro del mismo a la

23 Y el «guiño» lo apreciamos en el siguiente comentario de Adriana Bermúdez, Profesora de la Universidad Católica del Táchira, quien ha señalado lo siguiente: «Su finalidad es determinar los propios resultados procesales de la llamada imputación formal viable en la sede del Ministerio Público y dejar claro que una vez realizada la audiencia de presentación, compone un acto de imputación que proporciona de forma plena, todo el efecto constitucional y legal correspondiente». Cfr. Bermúdez Briceño, Adriana. «Responsabilidad del Ministerio Público en Venezuela frente a la individualización del delito». En: *Revista Mundo*, Vol. 16, N° 08, Fundación de Estudios Superiores Comfanorte, Cúcuta, 2018, p. 102.

dignidad humana, mediante un debido proceso justo, equitativo y tutelado»[24], así como un bloque de constitucionalidad que dota de contenido al proceso penal.

1.2. EN EL MODELO IMPUTATIVO, LA FORMULACIÓN DE LA IMPUTACIÓN O FORMALIZACIÓN DE LA INVESTIGACIÓN FIJA LA LITIS

Un dato importante, el Código Modelo reguló la prisión preventiva (artículo 202°), los criterios de oportunidad (artículo 230°), la suspensión del proceso a prueba (artículo 231°) y el procedimiento abreviado (artículo 371°), figuras que también identificamos en aquellas legislaciones que han sido influenciadas por el citado Código, como son los casos de Guatemala, Costa Rica, República Dominicana y Venezuela.

Ahora bien, en las citadas normatividades, la regla es que tales mecanismos, a los que podemos agregar la inclusión moderna de la conciliación y mediación penal, deben ser aplicados hasta antes del dictado de la resolución judicial que dispone la apertura del juicio oral, y en el caso de la prisión preventiva al formalizarse la investigación; por tanto, son figuras que no dependen de una acusación formulada al cerrarse la investigación, porque pueden ser tramitadas en cualquier momento procesal hasta el límite indicado líneas superiores.

En ese sentido, si no dependen de la acusación, nos preguntamos y de cuál sí. Y la respuesta, viene dada desde Chile, país que reguló en el artículo 229° de su norma procesal, la figura de la formalización de la investigación, también conocida como formulación de imputación, la cual es un acto procesal que opera en la etapa de investigación, en donde el Ministerio Público presenta los cargos contra el imputado.

Siendo así las cosas, en aquellos países que han regulado la formalización de la investigación o formulación de imputación, como sería Chile, Colombia y Perú, solo por dar algunos ejemplos, dicho acto procesal genera efectos procesales. Así, con la imputación formulada se procede a discutir cuál sería la medida de coerción a imponerle al imputado más proporcional a la gravedad de la imputación; asimismo, con la imputación formulada podemos ingresar a los mecanismos de simplificación o terminación anticipada del proceso, como serían la suspensión del proceso a prueba y el abreviado (o, en el caso del Perú, el proceso inmediato y la terminación anticipada del proceso), sin perjuicio de optar por los acuerdos reparatorios, la conciliación, la mediación y los criterios de oportunidad, según la regulación de cada país.

Y por qué todo ello, porque se ha formulado la imputación, y por tanto se ha fijado la litis, produciendo los efectos procesales mencionados en el párrafo anterior, con el agregado que la acusación que se plantee al cierre de la investigación, deberá estar condicionado o subordinado a los hechos y personas materia de la imputación. Todo ello es lo que denominamos ***modelo imputativo, porque es con la imputación y no con la acusación es donde se fija el objeto del proceso penal, generando efectos procesales como la aplicación de medidas de coerción y la aplicación de mecanismos de simplificación procesal o figuras alternativas de solución del conflicto.***

---

[24] Cfr. Arroyo, Néstor. «Debido proceso y motivación de las decisiones en el proceso penal dominicano». En: *Revista de la Facultad de Derecho de México*, Tomo LXX, N° 277, Ciudad de México, 2020, p. 83.

Ahora bien, aun aquellos países que orbitan no en la imputación, sino en la acusación, la interpretación de sus legislaciones deberá aterrizar al modelo imputativo, como es el caso de República Dominicana, el cual, en el artículo 19° de su norma procesal ha establecido el derecho del imputado de ser informado, de manera previa y detallada, tanto de la imputación y después de la acusación que se formule en su contra. En ese sentido, el enunciado normativo citado debe imponer la siguiente regla hermenéutica: la medida de coerción a ser impuesta por el Juez en la audiencia regulada en el artículo 228° de la ley adjetiva dominicana, debe ser previo a la formulación de imputación, que a su vez sea controlada judicialmente con el auto correspondiente;[25] porque solamente conociendo la gravedad de la misma, se podrá entender el peligro de fuga o cualquier otro peligro para el proceso penal; porque solamente la imputación formulada genera efectos procesales, al haberse fijado la materia de litis, conforme lo señalado en los párrafos anteriores. Por tanto, resulta relevante adentrarnos al modelo imputativo, dado que, será al final el modelo que adopten todos, o la gran mayoría, de países latinoamericanos, incluso Costa Rica donde la imputación se da a conocer en sede del Ministerio Público.

En el año 2000, Chile publica el hoy vigente Código Procesal Penal, norma que introduce a la región el denominado modelo imputativo, al prever el párrafo final del artículo 259° que: «La acusación sólo podrá referirse a hechos y personas incluidos en la formalización de la investigación, aunque se efectuase una distinta calificación jurídica»; es decir, el relato fáctico de la acusación que a su vez fundamenta la sentencia (artículo 341°) está condicionado o subordinado a las circunstancias de tiempo, lugar y modo con relevancia jurídico penal que la fiscalía expuso en la formulación de imputación. Por tanto, en el modelo imputativo, la litis se fija en la formulación de imputación, a lo que deberá estar la acusación, esto es, los hechos expuestos en la formulación de imputación no pueden ser modificados en ninguna etapa procesal, ni en la acusación, ni en la sentencia.

En ese sentido, el artículo 229° del Código chileno indica que: «La formalización de la investigación es la comunicación que el fiscal efectúa al imputado, en presencia del Juez de Garantía, de que desarrolla actualmente una investigación en su contra respecto de uno o más delitos determinados»; a lo que se debe insistir que la formulación de imputación no se puede reducir a una mera comunicación de cargos, para efecto de tener por formalizada la investigación con pérdida, para la fiscalía, de la competencia para archivar el caso, sino que define el objeto de la litis, por ende del proceso penal, respondiendo a un pensamiento garantista, conforme lo indica Carlos del Río, Profesor de la Universidad Católica del Maule: «(Se) vincula la acusación a los hechos contenidos en la formalización, pero estableciendo que se puede hacer una calificación distinta de los mismos en la acusación (...) no puede acusarse sino al imputado contra el cual previamente se ha formalizado la investigación y por los hechos ahí imputados, conforme lo ordena el artículo 259 inciso final con relación al artículo 229 (...) La proyección de la garantía es la de limitar las facultades de acusación en los términos que se prevé en el artículo 269 inciso final, en orden a que es menester, en primer lugar, formalizar la investigación respecto de algún sujeto imputado, para que, en segundo lugar, se pueda acusar

[25] Incluso la denominación cambia: en vez de audiencia de medida de coerción, el nomen iuris sería audiencia de formulación y control de cargos.

al que previamente se imputó en la formalización, y no a otro ni por otros hechos que los imputados».[26]

Ahora bien, el modelo imputativo, al menos, presenta dos características fundamentales, por un lado, la necesidad de control judicial con relación a la formulación de imputación, dado que, está delimitando el objeto del proceso penal, permitiendo a la defensa desde el marco que la ley autoriza, ejercicios de aclaración y contradicción; por otro lado, la no modificación de los hechos judicialmente controlados, salvo un nuevo procedimiento de reformulación de la imputación, que impida dejar en estado de indefensión al imputado y burlar el control judicial so pretexto de cambios fácticos menores o de calificación jurídica cuando en realidad se está afectando el núcleo fáctico de la imputación.

Estos dos rasgos son explicados por Diego Falcone, Profesor de la Universidad de Santo Tomás, quien ha precisado lo siguiente: «(La) finalidad del control jurisdiccional es que el acto de comunicación no se realice en forma defectuosa... la reformalización de la investigación es un acto por el cual se modifica la comunicación del contenido de la imputación, realizada en virtud de una formalización o reformalización de la investigación anterior. Sus características son idénticas a las de la formalización de la investigación original puesto que, en esencia, se trata de los mismo: informar al perseguido criminalmente el contenido de la imputación, tal como se presenta en un momento determinado, dentro de la etapa de investigación».[27]

En esa inteligencia, podemos afirmar que las citadas dos características del modelo imputativa permite identificar tres variantes del mismo con relación a los países latinoamericanos:

En primer lugar, tenemos aquellos sistemas legales que postulan que el Ministerio Público formula imputación en audiencia, durante la etapa de investigación, con presencia del Juez, del abogado defensor y del imputado, fijándose la litis del proceso penal, pero sin control judicial.

Esta primera variante la identificamos en el sistema de justicia penal chileno, en donde la doctrina como la posición de la Judicatura en torno a la formalización

---

[26] Cfr. Río Ferretti, Carlos del. «La correlación de la sentencia con la acusación y la defensa. Estudio comparado del Derecho español con el chileno», *Tesis doctoral,* Universitat de Valencia, Valencia, 2007, p. 557. Cabe indicar que para el jurista chileno, la relación entre acusación y formalización no forma parte de la correlación, sino que trata de una cuestión distinta, esto es, «propia de la progresiva precisión y depuración del objeto del proceso y de la garantía procesal de la defensa, ya que al establecerse que sólo se puede plantear acusación respecto de hechos y sujetos previamente imputados (formalizados), se otorga eficacia concreta al derecho a conocer desde el primer momento la acusación (imputación) y a defenderse eficazmente de la misma. Esto asegura que el juicio se ha de celebrar sólo respecto de hechos que han sido imputados previamente y conocidos oportunamente» (ídem, p. 558). Sin embargo, a pesar de los esfuerzos del Profesor Carlos del Río en negar la presencia del principio acusatorio y la correlación entre acusación y sentencia, el acto de haber comentado la formulación de imputación, la acusación y la sentencia, en los términos expuestos en la cita, revela una relación de sentido, coherencia y unidad procesal; si a ello, el citado jurista no lo etiqueta como correlación, es la opción que ha tomado, pero la unidad e inmodificabilidad del relato fáctico fijado en la formulación de imputación y que debe respetar la acusación y la sentencia es simplemente evidente; además, si para el Profesor Carlos del Río tampoco hay una presencia del principio acusatorio es porque Chile ha adoptado un modelo imputativo, en donde la litis se fija en la formulación de imputación y lo adecuado sería invocar el principio de imputación.

[27] Cfr. Falcone Salas, Diego. «Apuntes sobre la formalización de la investigación desde la perspectiva del objeto del proceso penal». En: *Revista de Derecho de la Universidad Católica del Norte,* Año 21, N° 02, Coquimbo, 2014, pp. 206 y 212.

de la investigación o formulación de imputación, la cual está regulada en el artículo 229° del Código chileno de 2000, es un acto de comunicación de la fiscalía en audiencia, en donde el Juez de Garantía no emite pronunciamiento alguno con relación a la misma; cumpliendo una finalidad meramente instrumental, esto es, como presupuesto para que en la misma audiencia se discuta y se resuelva las peticiones referidas a medidas cautelares, el plazo de cierre de la investigación o bien la aplicación de un mecanismo alternativo o bien de simplificación procesal para solucionar el caso; relegando a la defensa a un reclamo administrativo ante una imputación arbitraria, sin mayor eficacia para el proceso penal, a pesar, se insiste que no solamente se está formalizando la investigación sino que, con la formulación de imputación se está fijando la litis, en donde la futura acusación deberá emitirse por los hechos previamente imputados y en contra de la persona a quien se le dirigió la imputación.

Así, en la doctrina chilena citamos a los profesores de la Universidad Diego Portales, Duce y Riego, quienes si bien califican a la formalización de la investigación como un «hito central del nuevo procedimiento», acotan al indicar que «en la misma audiencia se pueden adoptar decisiones fundamentales para el curso del proceso, tales como la procedencia de medidas cautelares»,[28] sin lograr explicar por qué se convirtió la formalización de la investigación o formulación de imputación en un hito central.

Para Rodríguez y Pino: «si la formalización es para el imputado una garantía, para el Ministerio Público tiene un carácter meramente instrumental, al serle exigida por la ley tal imputación antes de instar medidas cautelares o avanzar el procedimiento»;[29] hasta este punto, es evidente que existe un sector de la doctrina chilena que ha reducido a la formulación de imputación de acto de fijación de la litis a un presupuesto para el dictado de medidas cautelares, donde no se requiere del control judicial; así, Bofill sentencia a la formulación de la imputación o formalización de la investigación, de la siguiente forma: «la verdad es que no estuvo en la cabeza de nadie que la formalización de la investigación pudiera estar sujeta a algún control por parte del Juez de Garantía»,[30] suavizando el escenario los profesores Horvitz y López, al indicar que: «es importante destacar que la formalización de la investigación es una actuación unilateral del Ministerio Público que no puede ser impugnada ni dejada sin efecto por el juez, sin perjuicio de la facultad del imputado para reclamar ante las autoridades del Ministerio Público cuando considerare que ella ha sido arbitraria».[31]

---

[28] Cfr. Duce, Mauricio / Cristián, Riego. *Proceso penal,* Editorial Jurídica de Las Américas, México, 2009, p. 229; al respecto, Falcone, quien si se adhiere al control judicial de la formulación de la imputación, califica la postura de Duce y Riego solamente como un acercamiento al citado control (Ob. Cit., p. 206), pero que en definitiva no dan el gran salto para entender que el proceso penal chileno no se debe estudiar desde lo adversarial (propio del juicio por jurado), sino desde el modelo imputativo.

[29] Cfr. Rodríguez Vega, Manuel / Pino Reyes, Octavio. «Análisis de la (in)eficacia del principio de la obligatoriedad en el ejercicio de la acción penal en la etapa preliminar del proceso penal chileno». En: *Revista de Derecho de la Universidad Católica del Norte,* N° 01, Coquimbo, 2015, p. 374.

[30] Cfr. Bofill Genzsch, Jorge. «Conferencia del profesor Jorge Bofill Genzsch». En: *Seminario. Problemas actuales del Derecho al recurso en el proceso penal,* Centro de Documentación de la Defensoría Penal Público, Santiago, 2012, p. 13.

[31] Cfr. Horvitz Lennon, María Inés / López Masle, Julián. *Derecho procesal penal chileno,* Tomo I, Editorial Jurídica de Chile, Santiago, 2005, p. 541. Al respecto, Ried ha sido crítico en torno a la figura de la imputación arbitraria, señalando que se está ante una laguna legal: «La ley procesal no define ni da

Asimismo, en el ámbito de la Judicatura chilena, la Corte Suprema emitió un Auto Acordado el 10 de Enero de 2001 en que instruía a los Jueces de Garantía omitir pronunciamientos acerca de la formalización de la investigación, una vez practicada ésta en la respectiva audiencia, por entender que no tienen facultades para ello: «El Juez debe dar estricto cumplimiento a lo ordenado por los incisos 1° y 2° del artículo 232 del Código Procesal Penal y no le corresponde pedir al fiscal que aclare el contenido de la formalización. Si el imputado considera arbitraria la formalización, puede reclamar en contra de ella ante las autoridades del Ministerio Público, pero no ante el Juez de Garantía».[32]

Así, en Chile, país donde legislativamente se dispuso condicionar el relato fáctico de la acusación a lo señalado en la formulación de imputación o formalización de la investigación, advirtiendo un tránsito del modelo acusatorio al modelo imputativo, lamentablemente ha caído en el error de considerar que imputar es comunicar, sin mayor ejercicio de defensa y contradicción, pese que se está en audiencia ante el Juez de Garantías; es decir, el país promotor de fijar la litis desde un inicio, para efecto que el juzgador tenga un relato fáctico certero para afectar derechos fundamentales, por ejemplo, a través de las medidas cautelares, o bien para resolver el conflicto con mecanismos alternativos o con aquellos de simplificación procesal, evitando una audiencia de juicio oral innecesaria, no se ha percatado de una importante bondad procesal: evitar iniciar un proceso penal por hechos ambiguos, oscuros, contradictorios o sin relevancia penal, sin la necesidad de llegar al cierre de la investigación para efecto de combatir una acusación mal fundamentada en lo fáctico, y menos aún sin llegar a la audiencia de juicio oral, para que, «con carcajadas y miradas cómplices», el Juez de Enjuiciamiento dicte sentencia absolutoria porque los hechos no constituyen delito; finalmente, otra situación que lamentar del sureño país vecino es todavía encontrar voces que califican la formulación de imputación como una reminiscencia del sistema inquisitivo, como es el caso de Javier Castro, Profesor de la Universidad Católica de Valparaíso, quien ha señalado lo siguiente: «se advierte en la formalización de la investigación la sobrevivencia de la institución del sometimiento a proceso del sistema inquisitorio (artículo 274 y sgts. CdPP). Téngase en consideración que la mayoría de los efectos judiciales del auto de procesamiento se producen también a consecuencia de la formalización de la investigación».[33]

---

parámetros que orienten acerca de cuándo debe entenderse que la formalización fue «arbitraria». Por su parte, la Ley N° 19.640 Orgánica del Ministerio Público sólo regula aspectos meramente procedimentales de esta reclamación administrativa que da pie el artículo 232 CPP, disponiendo su artículo 33 que «deberán ser por escrito al Fiscal regional, quien, deberá resolverlas, también por escrito, dentro de cinco días hábiles». A su turno, el artículo 49 de la misma ley orgánica establece las sanciones, que van desde la amonestación privada hasta la remoción, señalando el artículo 50 los parámetros que deberán considerarse para aplicar dichas sanciones en cada caso. Pero no existe una sola palabra en dicha ley – ni en ninguna otra – referida a un aspecto tan sensible como el reclamo por formalización arbitraria» (Cfr. Ried Undurraga, Ignacio. «La formalización de la investigación como ejercicio de una carga procesal estratégica del Ministerio Público en el proceso penal». En: *Revista de la Justicia Penal*, N° 07, Santiago, 2017, p. 105).

32 Cfr. Ried, Ignacio. Ob. Cit., p. 100.

33 Cfr. Castro Jofré, Javier. *Introducción al Derecho procesal penal chileno*, Editorial Lexis Nexis, Santiago, 2006, p. 342. El error de tal crítica, que como veremos más adelante también se proclama en otros modelos como el mexicano, es el de ignorar que la mayoría de los países de la región tuvimos un proceso que se iniciaba mediante resolución judicial, pero cuestión distinta es que el auto sea emitido sin audiencia y por un Juez que instruía, como ocurría en el pasado y en el marco de un procedimiento escritural, a que sea producto de una imputación formulada por la fiscalía, como directora de la investigación, en audiencia, con presencia de la defensa, y que con el ejercicio de la contradicción se enriquezca el debate así como el control judicial de la imputación, como instrumento que fija la litis.

El error chileno también se evidencia, ***al introducir legislativamente y condicionar así la capacitación para los demás países de la región,*** de figuras procesales propias del juicio por jurado norteamericano, como es el caso de la duda razonable, la cual nos ocuparemos más adelante, o bien la teoría del caso construido como método de litigio para el juzgamiento, ignorando los efectos procesales de la formulación de la imputación y la exigencia de su control judicial. Este error se vuelve trágico cuando algunos de sus académicos lo que hicieron fue traducir al castellano los manuales de investigación del FBI, creyendo encontrar la panacea para los problemas procesales de la región. Pero ¿dónde estuvo la academia en esos momentos? ¿Acaso su silencio fue por temor, ignorancia o la avaricia para obtener los beneficios económicos de las grandes corporaciones que inyectaban con millones de dólares americanos la reforma en nuestros países a través de convenios gubernamentales?

Resulta increíble que fácilmente se haya olvidado que las reformas legislativas en materia penal, en lo sustancial, son herederas de las codificaciones europeas;[34] en ese sentido, mientras Europa discute la ***macdonalización de su sistema de justicia penal,*** Latinoamérica lo ha aceptado con gusto; ahora la dogmática procesal se construye en inglés y se enseña en castellano; yendo como borregos a los ***Law School*** para que nos capaciten cómo hablarle a un Juez latino y claro, regresar a nuestros hogares con la fotografía de rigor que fuimos a dichas capacitaciones a aprender litigio y al posar al lado de la bandera de barras y estrellas, damos la garantía a nuestra clientela que somos los mejores procesalistas; simplemente una ridiculez.

Por otro lado, está el Código de Procedimientos Penales colombiano de 2004, norma que, emplea la expresión «*formulación de imputación*» y no «*formalización de la investigación*», pero que no debe causar sorpresa alguna porque ambas expresiones las hemos venido manejando como equivalentes. Ahora bien, el artículo 286° del citado Código, ha establecido que: «La formulación de la imputación es el acto a través del cual la Fiscalía General de la Nación comunica a una persona su calidad de imputado, en audiencia que se lleva a cabo ante el Juez de Control de Garantías». A su vez, el artículo 288° de la norma citada ha indicado el contenido de la formulación de imputación, mencionando la relación clara y sucinta de los hechos jurídicamente relevantes. Asimismo, en el proceso penal colombiano, al concluir la investigación, la fiscalía presenta su acusación ante el Juez quien llevará a cabo el

---

[34] Tampoco afirmamos que toda ley dada en Europa siempre será perfecta; por el contrario, el recurso a la legislación comparada debe ser sin ignorar que detrás de esa codificación puede haber una filosofía que no necesariamente sea la ideología existente en nuestra región (piénsese en los modelos enfrentados del Código Penal napoleónico con el Código Penal bávaro, expuesto magistralmente por el Profesor Zaffaroni en el video N° 35 de sus *Lineamientos de Derecho penal,* el cual puede ser reproducido en YouTube, desde el canal de la editorial argentina EDIAR, video que justamente está dedicado a las «Leyes penales, codificación y la continua reforma»), por ende, las reservas del caso. Sin embargo, fundar la reforma de una codificación en la poca experiencia legislativa (en nuestra materia claro está y salvo lo que ocurrió en Luisiana del Siglo XIX) de un país como Estados Unidos de Norteamérica, el cual presenta una ideología de administración de justifica diferente a la nuestra y sin las reservas necesarias, simplemente es un camino equivocado; sin embargo, no se ignoran los aportes desde la teoría de los juego para los ejercicios de negociación penal, así como los acuerdos de no persecución de la fiscalía en razón de la colaboración de las corporaciones en el contexto de investigaciones penales; pero de allí considerar su sistema de justicia penal como el único o por lo menos gran referente para los países de influencia europea continental, hay demasiado camino que recorrer.

juzgamiento, apostando el numeral 2) del artículo 337° de la ley procesal que la acusación presente una relación clara y sucinta de los hechos jurídicamente relevantes, exigencia que también se aprecia en la formulación de imputación conforme lo indicado líneas arriba. Finalizando nuestro recorrido en la norma colombiano, el artículo 448° precisa que: «El acusado no podrá ser declarado culpable por los hechos que no consten en la acusación, ni por delitos por los cuales no se ha solicitado condena».

Ahora bien, se aprecia que en el modelo colombiano la formulación de la imputación es un acto de comunicación, lo cual ha originado que la Corte Suprema en la Casación 2042-2019 precise que la actuación de la Fiscalía no es objeto de control material por parte de los jueces: «sin perjuicio de que estos, como directores del proceso, deban velar porque la imputación reúna los requisitos formales previstos en la ley (...) el juicio de imputación no puede ser rebatido por la defensa, como tampoco puede ser controlado materialmente por los jueces (...) el investigado no tiene la posibilidad de controvertir los cargos, pues la finalidad de esa actuación es que tenga conocimiento de los mismos y, así, pueda preparar la defensa».

Esta situación ha sido criticada por José Luis González, Profesor de la Universidad Cooperativa de Colombia, quien ha señalado lo siguiente: «Para la jurisprudencia de las altas cortes colombianas la defensa y el indiciado no tienen la posibilidad de atacar, defenderse, ni pedir aclaración de la imputación fáctica o jurídica que se le formula. La función del juez de control de garantías, por su parte, se limita a preguntar si el procesado entendió los términos de la imputación, y si se allana a los mismos. En conclusión, la presencia del procesado, de su abogado y del juez, es totalmente inocua, en la medida que solo ejercen un control formal o procesal a la pretensión que se presenta en sede la imputación o etapa preliminar».[35]

No obstante, al recorrer la doctrina colombiana, encontramos voces que se adhieren a lo señalado por la Corte Suprema, como es el caso de Piedad Vanegas quien precisa lo siguiente: «mientras que la imputación tiene como escenario una audiencia preliminar ante el juez de garantías, acto en el cual la fiscalía le comunica a una persona que está siendo investigado por unos hechos con una relevancia penal, y con ella se activa el derecho a la defensa y se interrumpe los términos de prescripción de la acción penal; la acusación, se hace ante juez de conocimiento competente según la ley por la gravedad del delito que se acusa, con este acto se da inicio a la fase del juicio con la que se resolverá el derecho que está en conflicto».[36]

Sin embargo, también identificamos, como ocurre en Chile, posturas que abogan por la desaparición de la audiencia de formulación de imputación, como es el caso de Jaime Granados, quien ha señalado lo siguiente: «En un sistema penal acusatorio, el derecho a la defensa se satisface con una formulación de acusación que incluya una formulación de imputación definitiva con un descubrimiento probatorio pleno... El proceso, entonces, iniciaría con la audiencia de formulación de acusación, en la cual se haría la imputación fáctica y jurídica y el descubrimiento probatorio. Además si llegase a ser necesario, después de la acusación el fiscal

35 Cfr. González Jaramillo, José Luis. «En defensa de la audiencia de imputación. Una propuesta de control material en el sistema procesal penal colombiano». En: *Revista Nuevo Foro Penal*, N° 94, Medellín, 2020, p. 71.

36 Cfr. Vanegas Villa, Piedad. «La imputación». En: Jaramillo Díaz, Juan Guillermo (Coordinador). *Reflexiones sobre el sistema acusatorio. Una visión desde la práctica judicial*, Librería Jurídica Sánchez, Medellín, 2008, p. 234.

puede solicitar la medida de aseguramiento... Desde esta perspectiva un proceso penal donde la acusación absorba las funciones de la imputación se tornaría más garantista, y (...) se volvería mucho más eficiente y facilitaría la descongestión».[37]

Al respecto, en el modelo acusatorio como la litis se fija en la acusación se entiende el por qué con su notificación la parte civil podrá plantear su pretensión indemnizatoria, así como la defensa tendrá la oportunidad de contestarla, sin perjuicio de la decisión de fondo que se emita al concluir la fase de juzgamiento; ello, se ha entendido desde el Código Modelo y lo han experimentado diferentes países centroamericanos y caribeños conforme lo explicado en el apartado anterior. En ese sentido, el modelo acusatorio se ve reforzado cuando apreciamos lo reducido que se interpreta a la formulación de imputación como acto de comunicación y sin control judicial, donde la víctima no ocupa papel alguno sino hasta la etapa intermedia[38] y con una defensa sin posibilidad de contradecir, en audiencia ante el Juez, la imputación formulada por el Ministerio Público.

Si así es el escenario, entonces poco atractivo resulta transitar del modelo acusatorio al modelo imputativo; pero lo poco atractivo lo ha generado los errores que han incurrido el máximo órgano de justicia, como es la Corte Suprema, en países como Chile y Colombia, que han originado, si se nos permite la expresión, la «insurrección» de sus doctrinarios, reclamando una mayor presencia de las partes en la audiencia de formulación de imputación y un control judicial material de la imputación como acto procesal que está fijando la litis en el proceso punitivo y ya está produciendo efectos procesales en la esfera de los derechos de los sujetos procesales.

Así, en Chile, Diego Falcone precisa que la formalización de la investigación es controlable jurisdiccionalmente, dado que, e invocando el artículo 14°, letra a) del Código Orgánico de Tribunales de Justicia chileno, los jueces de garantía deben asegurar los derechos del imputado y demás intervinientes en el proceso penal, de acuerdo a la ley procesal penal. En esa inteligencia, la formalización de la investigación, por prescripción legal, debe realizarse ante el juez de garantía, y no de un modo informal y privado, como podría ser en las oficinas del Ministerio Público: «Esto es indicativo de que la ley no desea que el imputado comparezca en un estado de desvalimiento a conocer los cargos que se le formulan, sino, por el contrario, que se requiere de la inteligencia y atención tanto del interviniente aludido en el acto, como de quien ejercer la defensa técnica... En términos generales, las audiencias ante el juez de garantía tienen una dinámica que podemos reconocer. Uno de los intervinientes plantea una solicitud, el juez promueve el debate en lo pertinente y, al final, se dicta una resolución. Quedan así de manifiesto los principios de contradicción y de imparcialidad, y el ejercicio de la competencia cautelar del juez.

[37] Cfr. Granados Peña, Jaime. «Breves reflexiones sobre la afectación de garantías fundamentales en la formulación de imputación». En: *Revista Internacional Derecho penal contemporáneo*, N° 97, Editorial Legis, Bogotá, 2012, pp. 97-99.

[38] Javier Castro cuando comenta el papel de la víctima en el proceso penal chileno, si bien reconoce un derecho de participación, no lo identifica como el derecho a que sea citada a la audiencia de formulación de imputación, que se presente con un abogado a la misma y pueda éste subsanar las deficiencias de la fiscalía en aras de garantizar que su pretensión reparatoria sea tramitado en el proceso penal sobre la base de una imputación penal fuerte, que a su vez vinculará fácticamente a la acusación y ésta a la sentencia: Castro Jofré, Javier. «La víctima y el querellante en la reforma procesal penal». En: *Revista de Derecho de la Pontificia Universidad Católica de Valparaíso*, N° XXV, Valparaíso, 2004, pp. 127-141.

La audiencia de formalización de la investigación comparte estas características pero, para examinarla, hay que tener siempre en cuenta que el acto que la motiva es peculiar. No consiste en una solicitud, tendiente a que resulten afectados derechos del imputado, como podría ser la de una medida cautelar, sino que se trata de una manifestación de información, que tiene por objeto la realización de un derecho de aquel. En consecuencia, la finalidad del control jurisdiccional es que el acto de comunicación no se realice en forma defectuosa».[39]

En Colombia, María Arango, Profesora de la Universidad de Antioquia, se preguntó ¿Si el juez de control de garantías es un convidado de piedra en la audiencia de formulación de imputación? Al respecto, contesta que no, brindando un conjunto de razones para justificar su postura que nos obliga a resumirlo de la siguiente forma: (1) en el momento en que se le comunica a una persona que se le está vinculando con la comisión de una conducta delictiva y con una investigación penal, empieza a verse cuestionada de alguna manera la presunción de inocencia y además, pueden tomarse decisiones con efectos reales sobre sus derechos fundamentales, como es el caso de las medidas cautelares; (2) el argumento en contrario conduciría en afirmar que existen actuaciones dentro del proceso penal en las que los derechos fundamentales carecen de protección y que se encuentran a discreción de la fiscalía, lo que es, a más de inaceptable, contrario al modelo procesal implantado; (3) en atención a la evidente desigualdad material que se da entre las partes, principalmente en la etapa de indagación e investigación, resulta necesaria la intervención del juez en la audiencia de formulación de imputación, ya que a ella llega la fiscalía luego de haber adelantado una labor investigativa a espaldas del imputado y de la defensa, con elementos probatorios e información legalmente obtenida que sólo enunciará, sin permitir que la otra parte los conozca efectivamente y menos los controvierta, limitándose considerablemente el ejercicio del derecho de contradicción y defensa y dejando en indiscutible desigualdad a una de las partes; y, (4) la labor del juez se enfoca primordialmente a la tutela de la parte más débil de la relación procesal penal: el imputado.[40]

Asimismo, González Jaramillo parte de la premisa que el juez de control de garantías debería ser un juez de autorización de la constitución y de la pretensión penal: «De tal manera que el fiscal está obligado a promover la acción y el juez a autorizarla cuando las investigaciones ofrecen motivos claros para promoverla... Que se deje en manos de la Fiscalía la decisión de formular cargos y sobre ella no haya ningún tipo de control - más allá de ese somero control formal - genera la posibilidad de someter a un ciudadano a la denominada pena de banquillo».[41] Frente a ello, el jurista colombiano propone tres tipos de control para la formulación de la imputación: (a) control constitucional, en donde el juez debe enfocarse en que se respeten las garantías procesales de carácter sustanciales como el principio de legalidad y el derecho de defensa, las de carácter procesales como sería el principio acusatorio, el juez natural, la inmediación de la prueba y la contradicción; así como las de carácter orgánicas, como la imparcialidad, independencia y la muy relevante responsabilidad del juez; (b) control probatorio, en donde el juez controla

---

[39] Cfr. Falcone Salas, Diego. Ob. Cit., p. 206.

[40] Cfr. Arango, María Isabel. «A propósito del papel del juez de control de garantías en la audiencia de formulación de imputación. Comentario a la sentencia de tutela de la Sala de Casación Penal de la CSJ, del 22 de septiembre de 2009, radicado 44103». En: *Revista Nuevo Foro Penal,* Vol. 06, N° 75, Medellín, 2010, pp. 238-242.

[41] Cfr. González Jaramillo, José Luis. Ob. Cit., p. 86.

la inferencia razonable entre la evidencia y el hecho delictivo investigado, así como, la autoría o participación del imputado, además que la evidencia sea lícita, lógica y susceptible de ser contradicha; y, (c) control sustancial, esto es, que la imputación corresponda a las mínimas categorías de la teoría del delito, así como que no se vulnere el principio de non bis in ídem.[42]

Al respecto, es honroso que existan académicos que no hayan preferido el silencio ante los errores incurridos por la Corte Suprema de Chile y Colombia en torno a la hora de interpretar el modelo procesal implementado en sus países, asumiendo una posición crítica ante la ausencia de control jurisdiccional material de la imputación; en ese sentido, los jueces tienen deberes frente a la verdad, a los derechos humanos y por ende con la justicia, razones que permiten afirmar que la formulación de la imputación, expresión equivalente a la formalización de la investigación, requiere de control judicial, que en el caso peruano se daría a través de la audiencia de tutela de derechos, idea que defenderemos y desarrollaremos a lo largo del presente estudio.

Por otro lado, se tiene que citar la legislación ecuatoriana, en específico el Código Orgánico Integral Penal ecuatoriano de 2014, el cual, al regular el denominado procedimiento ordinario, ha establecido que el mismo presenta tres etapas: (1) instrucción (sin que se ignore la investigación previa a la misma), (2) evaluación y preparatoria de juicio y (3) juicio, de conformidad con el artículo 589° del citado Código. Asimismo, en la instrucción se desarrollará la audiencia de formulación de cargos, convocada por el juez a petición de la fiscalía porque cuenta con elementos suficientes para deducir una imputación (artículo 591°).

Ahora bien, en la citada audiencia, donde además deberá concurrir el abogado defensor así como la persona procesada, la fiscalía formulará los cargos exponiendo lo siguiente: (1) la individualización de la persona procesada, (2) la relación circunstanciada de los hechos relevantes, así como la infracción penal que se está imputando y (3) los elementos y resultados de la investigación que sirven como fundamento jurídico para formular los cargos; todo ello, de conformidad con el artículo 595° del Código ecuatoriano. Por el lado de la defensa, la misma tiene garantizada el respeto al principio de contradicción y demás directrices propias del debido proceso, de conformidad con el artículo 563° del texto ecuatoriano, aunque como veremos más adelante, la facultad de contradecir la imputación en razón que el Juez ha dado audiencia, tanto la Judicatura como un sector de la doctrina local la ha negado. Ello todavía se ve reforzado porque la norma ecuatoriana no hace referencia a una resolución judicial que se emita producto de un control jurisdiccional material de la imputación. Por otro lado, la norma ecuatoriana si ha regulado el procedimiento para incorporar a nuevas personas en la formulación de cargos, esto es, en audiencia ante el Juez para efectos de vincularlos a la instrucción, de conformidad con el artículo 593° del Código ecuatoriano, ampliándose el plazo de la instrucción.

Continuando con el recorrido normativo, concluida la instrucción, si la fiscalía presenta acusación serán por los hechos y personas incluidos en la formulación de cargos (artículo 603°), y al emitirse el auto de llamamiento a juicio (artículo 608°), el plenario se desarrollará sobre la base de la acusación fiscal (artículo 609°), a lo que también deberá estar la sentencia (artículo 622°).

42 Ídem, pp. 86-88.

Por lo indicado en el párrafo anterior podemos afirmar que el sistema de justicia penal ecuatoriano también ha adoptado un modelo imputativo al fijarse el objeto de la litis en la formulación de cargos y no en la acusación; pero la falta de comprensión del principio de imputación y que, en audiencia, por las exigencias del debido proceso, la inmediación viene acompañada de la contradicción, ha conllevado que no se controle la formulación de cargos, convirtiendo al Juez y a la defensa en «convidados de piedra» ante la atribución de cargos delictivos en contra de una persona que va a generar efectos procesales, como por ejemplo la prisión preventiva.

Así, en el Boletín Institucional de la Corte Nacional de Justicia ecuatoriana se publicó digitalmente lo siguiente: «La imputación se va graduando en el transcurso del proceso penal, es decir, una vez iniciada la instrucción fiscal la imputación se va llenando de verosimilidad, puesto que en esta primera etapa del proceso penal se determinan los elementos de convicción que den paso a la acusación. A la o a el fiscal le corresponde de forma exclusiva el ejercicio de la acción penal pública, en ese sentido, en la etapa de instrucción fiscal, si encuentra elementos que hagan variar la calificación jurídica de su imputación, la o el fiscal en busca de deducir una adecuada acusación (que también es su facultad), tiene la potestad de pedir la reformulación de los cargos propuestos en la audiencia de formulación; y, tal como ocurre en esa diligencia, ***no puede la o el juez, en la audiencia de formulación de cargos, entrar a valorar en este momento procesal si es que fiscalía cuenta o no con tales o cuales elementos, pues no le compete***. La recolección de aquellos elementos en busca de una acusación es exclusiva facultad del fiscal. El juez puede entrar a determinar la suficiencia de los elementos con los que cuenta fiscalía y que sustentan la acusación en el momento procesal oportuno, en donde el órgano jurisdiccional resolverá motivadamente llamando a juicio a una persona por determinado delito, o dictará el sobreseimiento».[43]

En la doctrina ecuatoriana se ha señalado que si bien en la audiencia de formulación de cargos la defensa puede realizar ejercicios de contradicción, los mismos se limitarían para el tema de las medidas cautelares; así Iván Ulloa manifiesta lo siguiente: «A partir de la introducción del Código de Procedimiento Penal, el cual fue derogado por el actual Código Orgánico Integral Penal, se le concedieron ciertas facultades a Fiscalía General de Estado, las cuales entre otras consiste en tener la titularidad del poder punitivo, facultad que se ve reflejada en el artículo 410 de la norma penal vigente y en el artículo 195 de la Constitución, es decir que mediante estas normas se le concede a Fiscalía el monopolio de la acción penal, lo que deviene en que posterior a la investigación previa, el fiscal de considerar que cuenta con los suficientes elementos de convicción puede formular cargos en contra del sospechoso ya que así regula el artículo 590 del Código Orgánico Integral Penal, para lo cual en audiencia oral pública y contradictoria fijada previamente por el Juez a solicitud del fiscal se formulará cargos en contra del sospechoso, así como el fiscal determinará el tiempo de duración de esta y por último peticionará al Juez las medidas cautelares que estime necesario para lograr la comparecencia del procesado a juicio… Consecuentemente el único punto de debate que se puede plantear en la instrucción fiscal son las medidas cautelares…».[44]

---

[43] https://www.derechoecuador.com/si-la-jueza-o-el-juez-tiene-la-posibilidad-de-negar-la-reformulacion-de-cargos-pedida-en-audiencia-por-la-o-el-fiscal. Documento accedido: 10.10.2020. Lo resaltado es nuestro.

[44] Cfr. Ulloa Clavijo, Iván Mauricio. «La aplicación del debido proceso en el procedimiento directo y su influencia en la ciudad de Cuenca», *Tesis de Maestro en Derecho penal*, Cuenca, 2018, p. 13.

Tampoco se ignora las exigencias de control disciplinario o administrativo para la Fiscalía, como lo señalado por Alfonso Zambrano, Profesor de la Universidad Católica Santiago de Guayaquil, quien ha señalado lo siguiente: «Hoy la fiscalía es órgano de la función judicial (Art. 178. Párrafo 4, Const. Pol., y Art. 281 del Código Orgánico de la Función Judicial) y está sometido al control disciplinario del Consejo de la Judicatura (Art. 178, Const. Pol., y At. 254 del Código Orgánico de la Función Judicial)».[45] Sin embargo, resulta contradictorio que en sede disciplinaria si se controle la imputación y no en el proceso penal donde está generando efectos e incidencias en la esfera de los derechos humanos de los justiciables.

No obstante, camino diferente nos invita a recorrer la siguiente reflexión de Ricardo Vaca, Profesor de la Pontificia Universidad Católica del Ecuador, quien ha indicado lo siguiente: «las investigaciones deben cumplirse de manera oficial, dentro de un proceso penal instaurado en legal y debida forma, contando con el Juez Penal que se constituye en garantista de los derechos fundamentales de involucrados, procesados, víctima».[46] Y si a ello agregamos el derecho constitucional de no ser privado del derecho a la defensa en ninguna etapa o grado del procedimiento (artículo 76° constitucional, inciso (7), literal (a)), entonces es violatorio al mismo que no se pueda contradecir los cargos formulados.

Sin embargo, si Ecuador no asume el principio de imputación y limita a la defensa a explicar al juzgador que *por todos los santos* su patrocinado no va a sustraerse de la acción de la justicia, para efecto que no se dicte la prisión preventiva o tratando de convencer a su defendido que lo mejor es aceptar su responsabilidad, acceder a los mecanismos de simplificación procesal y así recibir alguna bonificación en la pena, porque la Corte Suprema ecuatoriana ya ha señalado que los Jueces no están autorizados para controlar los cargos imputados por la fiscalía, entonces los convocados a proteger los derechos fundamentales en el proceso penal se habrán convertido en convidados de piedra; pero es un camino que los que nos adherimos a la verdad, a la justicia, a la protección de los derechos humanos, al Estado constitucional de derecho y a lo ético, no vamos a recorrer, máxime si los que ejercen autoridad están para servir y no para ser servidos.

Frente a ello, ***y en segundo lugar, tenemos aquellos sistemas legales que postulan el control jurisdiccional material de la formulación de imputación;*** para ello, se deberá celebrar la audiencia correspondiente, con presencia de las partes, y en donde el Juez, luego de escuchar la imputación, así como, los planteamientos y peticiones de la defensa, emitirá el auto correspondiente, de cuyo tenor se desprenderá el relato fáctico imputativo que determinará el objeto del proceso penal, produciendo los efectos procesales señalados en la ley, como el tipo de medida cautelar a imponerse al imputado, así como la vinculación tanto de la acusación como de la sentencia que en su momento se emita, o en su defecto los mecanismos tanto alternos como de simplificación procesal que se acudan para solucionar el conflicto penal, a los hechos previamente imputados y controlados judicialmente.

Para esta segunda variante del modelo imputativo resulta paradigmático el sistema jurídico mexicano, el cual presenta un extenso programa constitucional en

---

45 Cfr. Zambrano Pasquel, Alfonso. *Estudio Introductorio al Código Orgánico Integral Penal,* Editorial CEP, Quito, 2004, p. 46.

46 Cfr. Vaca Andrade, Ricardo. *Derecho procesal penal ecuatoriano,* Tomo I, Ediciones Legales, Quito, 2014, p. 537.

materia penal, el cual presenta como hitos fundamentales para nuestro ensayo, por un lado, la reforma constitucional de 2008, la cual al modificar el primer párrafo del artículo 20° constitucional se estableció que el proceso penal será acusatorio y oral, pero que necesita ser contextualizado con el quinto párrafo del artículo 19° constitucional, el cual ha establecido que: «Todo proceso se seguirá forzosamente por el hecho o hechos delictivos señalados en el auto de vinculación a proceso»; y por otro lado, la reforma constitucional de 2011, la cual al modificar el artículo 1° constitucional fortaleció el marco de protección de los derechos humanos, reconociendo su progresividad.

Continuando con la revisión normativa mexicana, se debe citar al Código Nacional de Procedimientos Penales de 2014, en donde se reiteró que el proceso penal será acusatorio y oral (artículo 4°), pero se incorpora la figura de la formulación de imputación, cuya definición ha sido tomada de la fuente chilena y colombiana, al señalar que es la comunicación que el Ministerio Público efectúa al imputado, en presencia del Juez de Control, que desarrolla una investigación en su contra respecto de uno o más hechos que la ley señala como delito (artículo 309°), para ello expondrá al imputado el hecho que se le atribuye, la calificación jurídica preliminar, la fecha, lugar y modo de su comisión, la forma de intervención que haya tenido en el mismo, así como, el nombre de su acusador, salvo que, a consideración del Juez de Control sea necesario reservar su identidad en los supuestos autorizados por la Constitución y por la ley (artículo 311°); ahora bien, el Juez de Control a petición del imputado o de su defensor, podrá solicitar las aclaraciones o precisiones que considere necesarias respecto a la imputación formulada por el Ministerio Público (artículo 311°).

Asimismo, en la misma audiencia denominada inicial, la fiscalía solicitará el auto de vinculación a proceso, en la medida que se haya formulado la imputación, se haya otorgado al imputado la oportunidad de declarar, de los antecedentes de la investigación expuestos por el Ministerio Público, se desprendan datos de prueba que establezcan que se ha cometido un hecho que la ley señala como delito y que exista la probabilidad de que el imputado lo cometió o participó en su comisión, y no se actualiza una causa de extinción de la acción penal o excluyente del delito (artículo 316°). En esa línea, la norma adjetiva mexicana permite a la defensa contradecir la solicitud de auto de vinculación a proceso, sea contradiciendo los datos de prueba que obran en la carpeta de investigación (artículo 117°, fracción VII) o desahogando medios de prueba en la audiencia inicial (artículo 315°). Concluido el debate, el Juez de Control resolverá lo conducente, así si dicta auto de vinculación a proceso será por el hecho o hechos que fueron motivo de la imputación, donde el proceso se seguirá ***forzosamente*** por el hecho o hechos delictivos señalados en el auto citado (artículo 316°) y a lo que también se someterá las formas anticipadas de terminación del proceso, la apertura a juicio o el sobreseimiento (artículo 318°); en cambio, si el juzgador dicta auto de no vinculación a proceso, ordenará la libertad inmediata del imputado, revocando las providencias precautorias y las medidas cautelares anticipadas que se hubiesen decretado; sin embardo, dicha resolución judicial no impide que el Ministerio Público continúe con la investigación y posteriormente formule nueva imputación, salvo que en el mismo se decrete el sobreseimiento (artículo 319°).

Finalizando nuestro breve recorrido normativo de la legislación adjetiva mexicana, concluida la investigación y la fiscalía formula acusación, la misma solo podrá formularse por los hechos y personas señaladas en el auto de vinculación a proceso, aunque se efectúe una distinta clasificación, la cual deberá hacerse de conocimiento a las partes (artículo 335°); este dato es relevante porque permite afirmar ***que el sistema de justicia penal mexicano ha adoptado el modelo imputativo***, porque la acusación se encuentra condicionada o subordinada al relato fáctico fijado en el auto de vinculación a proceso, el cual, a su vez, es la expresión del control jurisdiccional material de la formulación de imputación (artículo 316°) y de la premisa que la litis se ha fijado en la investigación, esto es, en la audiencia inicial mexicana; y este análisis no se ve alterado cuando México adopta la fórmula que la sentencia de condena no podrá sobrepasar los hechos probados en juicio (artículo 407°), porque como el juicio descansa a su vez en la acusación (artículo 348°), ya hemos determinado que la acusación a su vez descansa en el auto de vinculación a proceso y éste en la formulación de imputación.

Ahora bien, y como es usual en la interpretación jurídica, ha sido la Corte Suprema mexicana quien, con precedentes vinculantes denominados *jurisprudencia*,[47] estableció el marco para entender el sistema de justicia penal mexicano - aunque cuestión distinta es si acertó o si ha incurrido en yerros como sus pares chileno y colombiano. Así, en la Jurisprudencia (Registro 2005048) precisó que la formulación de la imputación se realiza cuando el Ministerio Público considere oportuno formalizar el procedimiento por medio de la intervención judicial y, para ello, debe solicitar al juzgador la celebración de una audiencia para que pueda comunicarle al investigado la formulación de la imputación.

Sin embargo, esta posición de la Corte mexicana en reducir la imputación a un acto de comunicación que formaliza el procedimiento y no como el presupuesto de la resolución judicial que fija la litis del proceso como es el ya mencionado auto de vinculación a proceso, simplemente preocupa. Y esta sensación aumenta cuando se reflexiona la siguiente cita de José Daniel Hidalgo Murillo quien ha señalado lo siguiente: «¿Cuál es el criterio que se desprende de las tesis aisladas y de jurisprudencia en México? Nuestros Ministros de la Primera Sala y los Magistrados de los Colegiados de Circuito tienen poco conocimiento del modelo procesal penal acusatorio, lo confunden con el modelo procesal penal acusatorio adversarial y, han asumido algunos criterios que, de madurar, pueden perjudicar la implementación del proceso penal acusatorio en México... Al mes de agosto del 2020 el concepto «adversarial» se ha utilizado, por nuestros tribunales federales en la tesis de jurisprudencia 75 veces, de las cuales 15 se emplean en el rubro y las 75 en el texto; ocho de ellas son tesis de jurisprudencia. El concepto de «acusatorio adversarial» se utiliza 48 veces».[48]

Al respecto, parece una constante de las Altas Cortes de nuestra región el equivocarse a la hora de construir las grandes líneas del proceso penal, de seguro porque se sigue interpretando la norma procesal desde el principio acusatorio cuando

[47] El primer párrafo del artículo 217° de la Ley de Amparo ha establecido lo siguiente: «La jurisprudencia que establezca la Suprema Corte de Justicia de la Nación, funcionando en pleno o en salas, es obligatoria para éstas tratándose de la que decrete el pleno, y además para los Plenos de Circuito, los tribunales colegiados y unitarios de circuito, los juzgados de distrito, tribunales militares y judiciales del orden común de los Estados y del Distrito Federal, y tribunales administrativos y del trabajo, locales o federales».

[48] Cfr. Hidalgo Murillo, José Daniel. «¿Qué pasa cuando la imputación y no la acusación fija la litis del proceso penal? En: *Revista INMEXIUS. Revista de Derecho penal y procesal penal,* Año IV, N° 45, México, 2020, p. 09.

en realidad debe ser a través del principio de imputación, que exige establecer el contenido de la imputación, los ejercicios de contradicción y defensa, los niveles o test de control judicial propios de un modelo que ha adoptado el modelo imputativo.

No obstante, tales equivocaciones no restan importancia al sistema procesal penal mexicano que incluso se erige como referente para toda la región, superando incluso al chileno en razón al momento confuso que experimenta tanto su Judicatura como la doctrina en torno al modelo imputativo conforme lo explicado en los párrafos anteriores. En efecto, la legislación mexicana ha regulado la audiencia inicial con sus estancias procesales correspondientes: (a) el control de legalidad de la detención por flagrancia o la ordenada por fiscalía por razón de caso urgente, (b) la formulación de la imputación con o sin preguntas de aclaración por parte de la defensa, (c) la declaración del imputado, (d) la solicitud de auto de vinculación a proceso con o sin desahogo de pruebas de descargo, reflejando el respectivo auto el ejercicio del control jurisdiccional material de la imputación así como la fijación de la litis, (e) la medida cautelar y (f) la fijación del plazo de cierre de la investigación, sin perjuicio que la audiencia y el mismo proceso concluya a razón de un acuerdo reparatorio, suspensión condicional del proceso a prueba, procedimiento abreviado o la aprobación judicial de criterios de oportunidad.

Claro está como la litis se fija en la audiencia inicial podemos identificar el doble giro del modelo imputativo mexicano - giro alrededor de imputación y vinculación -, la de vinculación hace girar, mejor dicho, debe hacer girar todas las instituciones procesales en torno suyo. Desde la responsabilidad que cabe al Ministerio Público, el proceso pende de la formulación de imputación que se hace al imputado en presencia del Juez de Control. Desde la responsabilidad que cabe al Juez de Control, a partir de la apreciación de la imputación y los datos de prueba, así como del ejercicio de contradicción efectuada por la defensa, el juez acoge o rechaza la imputación y gira el proceso en torno a la vinculación a proceso.[49]

Por otro lado, tenemos que mencionar el Código Procesal Penal panameño de 2008, el cual, en su artículo 280° señala lo siguiente: «Cuando el Ministerio Público considere que tiene suficientes evidencias para formular imputación contra uno o más individuos, solicitará audiencia ante el Juez de Garantías para tales efectos. En esta audiencia el Fiscal comunicará oralmente a los investigados que se desarrolla actualmente una investigación en su contra respecto de uno o más delitos determinados. La imputación individualizará al imputado, indicará los hechos relevantes que fundamentan la imputación y enunciará los elementos de conocimiento que la sustentan. A partir de la formulación de imputación hay vinculación formal al proceso».

Ahora bien, la adopción del modelo imputativo es evidente en Panamá, al precisar el segundo párrafo del artículo 340° de la norma adjetiva panameña que la acusación sólo podrá referirse a hechos y personas incluidos en la formulación de la imputación, aunque efectuare una distinta calificación jurídica; y, concluyendo nuestro recorrido normativo, la recurrente fórmula que la sentencia emitida en la audiencia de juicio contendrá la enunciación de los hechos y de las circunstancias que hubieran sido objeto de la acusación (artículo 427° del Código panameño).

[49] Cfr. Benavente Chorres, Hesbert / Hidalgo Murillo, José Daniel. *Código Nacional de Procedimientos Penales Comentado*, 5ta. Edición, Editorial Flores, México, 2020, p. 483.

Sin embargo, el dato relevante en el modelo panameño es el cambio de rumbo en torno a la formulación de imputación por parte de la Corte Suprema. Así, en una primer momento la Alta Judicatura señaló que: «(La) *formulación de la imputación (es) un acto de mera comunicación (que) permite a la Fiscalía de la Causa, poner en conocimiento a un ciudadano la situación de investigado por su posible participación en un delito y por consiguiente, su calidad de imputado. La naturaleza jurídica de la formulación de imputación permite la comunicación de un cargo y otorgar al ciudadano la oportunidad de defenderse y, es a partir de ese momento cuando inicia formalmente la investigación y comienzan a contarse los plazos previstos en los artículos 291 y 292 del Código Procesal Penal*».[50]

En ese contexto, Boris Barrios, Profesor de la Universidad Nacional de Panamá, ha indicado que la Corte Suprema panameña había entendido la imputación como un acto de comunicación exenta de control jurisdiccional, en donde la defensa podía contradecir la medida cautelar solicitada en audiencia, apreciándose la influencia chilena y colombiana;[51] situación que ha cambiado cuando la Alta Judicatura ha precisado lo siguiente: «La formulación de imputación no implica que la persona investigada por el solo hecho de la comunicación realizada se halla vinculado a la investigación, ello opera luego de que el Juez de Garantías de la causa, en ejercicio de la facultad jurisdiccional de que goza, estima los elementos aportados con la imputación formulada, confrontando los hechos y el derecho aplicable al caso».[52]

Apreciamos, como la Corte Suprema ha entendido el modelo imputativo así como que a través de la garantía del Juez se puede controlar la imputación por medio de la inmediación nutrida por la contradicción de la defensa; en donde la expresión «vinculación formal al proceso» del artículo 280° del Código panameño debe ser entendida como la emisión del auto correspondiente en la cual se exprese las razones por las cuales se tiene una imputación formulada en términos de ley y que a su vez conteste las peticiones y fundamentos de la defensa,[53] sin perjuicio que si el juzgador estime un razonamiento contrario a lo anteriormente indicado, emita la resolución que corresponda en términos que no se tiene una vinculación formal al proceso.

Enhorabuena por Panamá y agradecido a su Alta Judicatura por permitirnos compartir, en diferentes jornadas, la importancia para el debido proceso que la imputación se controle jurisdiccionalmente, dado que es una postulación fáctica que genera efectos procesales, como la fijación de la litis y la imposición de la medida cautelar, como ejemplos; contribuyendo al cambio de paradigma en la interpretación judicial.[54]

---

50 Sala Penal de la Corte Suprema de Justicia, en Fallo del 13 de agosto de 2014, bajo la ponencia del Honorable Magistrado Suplente, Wilfredo Sáenz Fernández.

51 Cfr. Barrios González, Boris. *La audiencia de imputación. Adaptada al cambio de jurisprudencia de la Corte Suprema hacia un control judicial efectivo,* 3ra. Edición, Librería & Editorial Barrios & Barios, Panamá, 2020, p. 25.

52 Sala Penal de la Corte Suprema de Justicia, en Fallo del 12 de Marzo de 2019, bajo la ponencia del Honorable Magistrado, Luis Mario Carrasco.

53 Solamente una imputación que supere el control jurisdiccional material, dota de mayor certeza al juzgador a la hora de resolver las demás peticiones que se pueden plantear en la audiencia inicial o de imputación; por ejemplo, de la gravedad de la imputación se desprende la necesidad de una prisión preventiva, siendo arbitrario que la atención judicial tenga su centro de gravedad en el arraigo a un domicilio, a una familia o a una fuente de labores.

54 Participación que realizamos junto con el Profesor José Hidalgo en diferentes ocasiones en Panamá; para mayores detalles, consúltese: Hidalgo Murillo, José Daniel. *El control judicial de la imputación en Panamá,* Librería & Editorial Barrios & Barios, Panamá, 2019.

Por último, ***el modelo imputativo presenta una tercera variante en la región, la cual está dada por una formulación de imputación que realiza la fiscalía por escrito, comunicándole al Juez y notificándolo a los demás sujetos procesales.*** Se aprecia la ausencia de audiencia que, prima facie, nos permita afirmar un control jurisdiccional material de la imputación, con el riesgo de caer, si se nos permite la expresión, «en el consuelo de tontos», que a lo sumo el juzgador podrá devolver la imputación escrituralmente comunicada si la fiscalía ha incurrido en algún error formal.

Esta variante lo asume el Perú, país que, en el artículo 336° del Código Procesal Penal de 2004 ha señalado, en su numeral 1) que si de la denuncia, del informe policial o de las diligencias preliminares que realizó, aparecen indicios reveladores de la existencia de un delito, que la acción penal no ha prescrito, que se ha individualizado el imputado y que, si fuera el caso, se han satisfecho los requisitos de procedibilidad, dispondrá la formalización y la continuación de la investigación preparatoria.

En ese sentido, el numeral 2) del artículo citado precisa que la Disposición fiscal de formalización contendrá, entre otros puntos, los hechos y la tipificación específica correspondiente, salvo que recurra a tipificaciones alternativas, las cuales se tendrá que motivar. Asimismo, el numeral 3) del mismo artículo apunta que el fiscal, sin perjuicio de su notificación al imputado, comunicará su Disposición al Juez de la Investigación Preparatoria.

Ahora bien, a pesar que la imputación en el Perú se hace por escrito cuando la fiscalía emite su Disposición de Formalización y Continuación de la Investigación Preparatoria, aún se puede afirmar que el país ha adoptado el modelo imputativo, dado que, el numeral 2) del artículo 249° del Código peruano ha establecido que la acusación sólo puede referirse a hechos y personas incluidos en la citada Disposición, aunque se efectuare una distinta calificación jurídica. Concluyendo nuestro recorrido normativo, el país también ha adoptado la fórmula que la sentencia emitida en juicio no podrá tener por acreditados hechos u otras circunstancias que los descritos en la acusación y, en su caso, en la acusación ampliatoria, salvo cuando favorezcan al imputado, de conformidad con el numeral 1) del artículo 397° del texto adjetivo peruano.

Sin embargo, ¿es incorrecto que la imputación penal esté por escrito? No, al contrario debe estar por escrito para mayor certeza y seguridad jurídica tanto para el Juez y sobre todo para el imputado; los hechos por los cuales una persona corre el riesgo que se le prive de su libertad por años deben estar en papel y con la garantía de su imposible modificación, salvo cuando favorezca al imputado. En esa inteligencia, la oralidad no excluye la exigencia de escrituralidad en los más importantes actos procesales, como es la imputación, la acusación y la sentencia, como ocurre en la legislación peruana.

Por otro lado, ¿opera un control jurisdiccional material de la imputación en el Perú? Sí, pero a través de un mecanismo diferente a una audiencia de formulación de imputación (Chile, Colombia, Panamá y Ecuador) o de vinculación a proceso (México), denominado tutela de derechos, regulado en el artículo 71° del texto adjetivo peruano; en efecto, no es suficiente entender que el Juez pueda devolver la formalización de la investigación a la fiscalía para que subsane cuando aprecia que la comunicación no cumple con las formalidades previstas en el numeral 2) del artículo 336° CPP peruano, sino que se tiene que fortalecer el ejercicio de la defensa técnica a través de la tutela de derechos porque está en juego los efectos procesales que genera la formalización de la investigación o formulación de imputación, esto es, la fijación de la litis y la imposición de medidas de coerción, como ejemplos; y a ello nos dedicaremos en los capítulos siguientes del presente texto.

En suma, en los países latinoamericanos se aprecia tanto el modelo acusatorio como el modelo imputativo, en función al momento procesal en que se fija la litis; así, en este último, que cada vez es el dominante en la región, la investigación no puede seguir viéndose como una etapa preparatoria, en donde la fiscalía investiga en función a una sospecha o una hipótesis fáctica que en cualquier momento puede variar, sino se debe de ver como la fase donde se fija el objeto del proceso penal, debiendo la acusación respetar el previo relato fáctico imputativo, el cual, a su vez debe estar sometido a control judicial.

1.3. ERRORES A LA HORA DE INTERPRETAR EL MODELO IMPUTATIVO

Resulta por lo menos curioso, que sean las Altas Cortes quienes hayan incurrido en yerros a la hora de interpretar el proceso penal; así lo hemos en identificado en Chile, Colombia, Ecuador y México, quienes han considerado que es el modelo acusatorio lo que impera en sus países, incluso que presenta una tendencia o rasgo a lo adversarial propio del juicio por jurado lego norteamericano, sin considerar que sus propias legislaciones vinculan a la acusación con el cuadro fáctico fijado en la imputación formulada en la etapa de investigación, y que en el caso del sistema mexicano, con remisión al auto de vinculación a proceso, el cual expresa el control jurisdiccional material realizado a la imputación de fiscalía.

Asimismo, la Corte Suprema peruana también ha incurrido en errores a la hora de interpretar el modelo imputativo, adoptando posturas teóricas incompatibles con el mismo, como es el caso del razonamiento probatorio probabilístico propio de una epistemología relativista postulada por teóricos, los cuales, si se nos permite la expresión: «les faltan horas de litigio», como es el caso de la denominada Escuela de Girona, pero hay de aquellos operadores que les hacen caso; así, en el presente apartado fundamentaremos tres equivocaciones que ha incurrido la mencionada Corte.

1.3.1. PRIMER ERROR: HABER ADOPTADO EL RAZONAMIENTO PROBATORIO PROBABILÍSTICO

Que peligroso para las instituciones procesales, principalmente la sentencia, el asumir que el razonamiento judicial no descansa en la certeza, sino en la probabilidad. Que peligroso es estar en manos de un Juez que no posea la capacidad de tener certeza de lo vivo y de lo muerto; que aprovechándose del mínimo margen de error de la prueba de ADN cuestiona la certeza judicial, lo cual sería el absurdo equivalente que todos los padres de familia al mirar a sus hijos *duden* si son suyos y por ende a inundar los juzgados con demandas, las cuales serían tramitadas por jueces, quienes no quieren asumir la autoridad de la certeza.

Que peligroso es contar con jueces que no puedan resolver con la certeza de aquellos daños producidos por un hecho que la ley señala como delito, que no tenga autoridad para decidir desde la defensa legítima o desde de la situación de necesidad, porque como todo es probable, prefiero la probabilidad de la condena y por ende de la prisión, antes que de la absolución; jueces que al estar divorciados con la verdad, no comprenden que la misma se alcanza a través del material probatorio. ***Sin embargo, detrás de aquellos teóricos sin experiencia en el proceso andan los detractores de la verdad que han encontrado en la probabilidad su estandarte, y a sus acólitos a aquellos operadores que no cuentan con bases dogmáticas sólidas, coherentes con las categorías del pensamiento.***

Así, en primer lugar, identificamos aquella corriente que niega la verdad como fin del proceso penal. Al respecto, Peña Cabrera ha indicado lo siguiente: «nuestro proceso penal no se dirige a la obtención de una verdad histórica como falazmente lo hacía el proceso inquisitorial, son las partes en un sistema adversarial quienes dirigen la actuación probatoria, por ende, es una verdad formal a la que aspira arribar nuestro procedimiento penal».[55] (2007:134).

En principio, no merece mayor atención aquella idea que postula lo adversarial antes que a la verdad, menos aun cuando a esta última se la pretende atacar a través del desdén que produce el proceso inquisitivo, cayendo en el absurdo que uno es equivalente del otro o bien que presentan una relación de exclusividad, cuando todo proceso judicial debe descansar en la verdad, más aún en un Estado constitucional de derecho.

A pesar que levantar una campaña en contra de la verdad es tan absurda, podemos afirmar que Peña Cabrera cae en la denominada *tradición irracionalista de la prueba*, la cual presenta un amplio espectro de posturas que conciben a la actividad probatoria en sede judicial como un sinsentido, si es que el sentido que se busca es de corte cognitivista;[56] o bien, como un ritual retórico, que en efecto desempeña funciones importantes;[57] o bien como una actividad discursiva respecto de la cual sólo pueden realizarse evaluaciones en términos de *grados de coherencia* de las estructuras resultantes de aquella, generalmente historias o narrativas.[58]

En segundo lugar, se cuenta con aquella corriente que diferencia la verdad de la certeza, dado que, esta última alude a un estado psicológico, a una convicción subjetiva que puede provenir de fuentes diversas: intuiciones, deseos, sentimientos, actos de fe, propagando política, etc.; al respecto, Taruffo indica lo siguiente: «la verdad es objetiva y depende de la realidad de los hechos de los que se habla, mientras que la certeza es un estado subjetivo, referido a la psicología de quien habla, y corresponde a un grado elevado (o muy elevado cuando se habla de «certezas absolutas») de intensidad del convencimiento del sujeto».[59]

Asimismo, Taruffo postula que la verdad tampoco coincide con los conceptos de verosimilitud y probabilidad: «sustancialmente la verosimilitud indica el grado de capacidad representativa de una descripción respecto a la realidad»;[60] y, por lo que se refiere al concepto de probabilidad, Taruffo apunta que la misma concierne a la existencia de razones válidas para juzgar como verdadero o como falso un

---

55 Cfr. Peña Cabrera Freyre, Alonso Raúl. *Exégesis del Nuevo Código Procesal Penal*, 1era Edición, Editorial Rodhas, Lima, 2007, p. 134.

56 Cfr. Taruffo, Michele. *La prueba de los hechos*, 2da. Edición, Editorial Trotta, Madrid, 2005, p. 28.

57 Cfr. Ferrer, Jordi. *La Valoración Racional de la Prueba*, Editorial Marcial Pons, Madrid, 2008, p. 62.

58 Cfr. Taruffo, Michele. Ob. Cit., p. 32.

59 Cfr. Taruffo, Michele. *Simplemente la verdad. El juez y la construcción de los hechos*, Editorial Pons, Madrid, 2010, p. 101.

60 Cfr. Taruffo, Michele. *Simplemente la verdad...*, Ob. Cit., p. 185.

enunciado,[61] esto es, se limita a proporcionarnos información acerca de la verdad o falsedad de un enunciado.

En esa inteligencia, el marco teórico propuesto por Taruffo gira en torno que la verdad absoluta puede ser una hipótesis abstracta en un contexto filosófico amplio, pero que no se puede sostener racionalmente que una verdad absoluta pueda y deba ser establecida en algún dominio del conocimiento humano, incluyendo el judicial. Frente a ello, consideramos que hemos caído en el ámbito de la epistemología relativista, en donde el estatus de relatividad de la verdad por correspondencia que se obtiene como resultado de indagaciones empíricas, conduce a sostener que en el proceso judicial, las pruebas recabadas sólo permiten realizar un juicio *aproximado* del valor de verdad de las conclusiones alcanzadas, en términos de probabilidad.

Así, para Marina Gascón los modelos de valoración racional de la prueba judicial son necesariamente modelos probabilísticos: «Existen al menos dos grandes esquemas o modelos de valoración racional de la prueba que suponen una distinta formulación de los SP: a) los basados en la aplicación de instrumentos matemáticos al proceso de valoración y b) los basados en esquemas de confirmación. Ambos modelos se corresponden con las dos grandes nociones de probabilidad: la matemática o estadística, que entiende que la probabilidad se predica de sucesos y se interpreta en términos de frecuencia relativa de la clase de eventos a la que pertenecen; y la lógica o inductiva, que se predica de proposiciones y no de sucesos, y se corresponde con el uso común de probablemente, posiblemente, presumiblemente algo es verdad».[62]

Sin embargo, ha sido la denominada *Escuela de Girona* quien ha llevado a sus últimas consecuencias la probabilidad, al reducir el razonamiento probatorio a un razonamiento probabilístico, que más interrogantes que soluciones genera. Así, Jordi Ferrer Beltrán precisa que la verdad no constituye la condición necesaria de la prueba, evitándose así responsabilizar al juez por los errores epistémicos que incurra; en ese sentido, agrega que el razonamiento probatorio es probabilístico y la certeza racional sobre una hipótesis fáctica es inalcanzable.[63]

Ahora bien, el problema de no llegar a la verdad con la prueba es que se abre la puerta de la manipulación para fabricar culpables: *puedes estar en el lugar equivocado, en el momento equivocado, y con el razonamiento de probabilidad podrás ser declarado culpable.* En esa línea, y con tono sarcástico, bienvenido el *máster del razonamiento de lo probable,* y allí vamos los latinos, como bienvenido el *máster de la psicología del testimonio,* el cual si conlleva compartir conocimientos para los peritos, enhorabuena, porque serán ellos quienes procesarán la información según su experticia y decidirán objetivamente lo que comunicarán al juzgado, donde aquello que no sirve, sencillamente se excluye; pero, si lo que se busca es el testigo perfecto, el cual haya visto los hechos que declara con las perfectas condiciones y así creerle a su memoria, simplemente es inexistente, descuidándose el dato que los jueces necesitan conocer es la explicación de los hechos desde la prueba científica, esto es, desde

---

61 Cfr. Taruffo, Michele. *Simplemente la verdad...,* Ob. Cit., p. 107.

62 Cfr. Gascón Abellán, Marina. «Sobre la posibilidad de formular estándares de prueba objetivos». En: *Revista Doxa. Cuadernos de Filosofía del Derecho.* N° 28, México, 2005, p. 132.

63 Cfr. Ferrer Beltrán, Jordi. *Prueba y verdad en el derecho,* 2da. Edición, Editorial Marcial Pons, Madrid, 2005, pp. 68-73.

la criminalística del testimonio, la cual, la Escuela de Girona no pretende reconocer, al desdeñar tanto a los criminólogos como a los criminalistas, a los que, desde estas líneas les decimos que no agachen la cabeza, ni silencien sus voces ante aquellos que ignoran el proceso y sus pruebas.

Por otro lado, Girona adopta un discurso donde se pretende sustituir la verdad por algún equivalente llámese funcional, como es la verdad teleológica que justifica el razonamiento probabilístico y que no tolera métodos pseudo-científicos; sin embargo, cuando se profundiza en su análisis queda la sensación del desconocimiento en torno al razonamiento judicial desde las evidencias que produce en el operador «certeza» en torno a determinados eventos, como por ejemplo: sujeto muerto (primera verdad), cuchillo incrustado en el corazón de aquel sujeto (segunda verdad), corazón destrozado por el cuchillo y con el respectivo desangrado en la persona (tercera verdad), huellas del procesado en el mango de aquel cuchillo (cuarta verdad) y presencia de material biológico del imputado en las uñas de la víctima, así como vestigios propios de una lucha en el cuerpo y cara tanto de la víctima como del procesado (quinta verdad). Del ejemplo, el juzgador cuenta con los elementos suficientes para emitir con certeza una sentencia condenatoria; en cambio, si la prueba científica no acompaña el cuadro fáctico imputativo, ni siquiera se puede justificar una condena con un razonamiento probabilístico, simplemente se absuelve. Claro está, que cuando se afirma que la verdad no existe porque se define el razonamiento probatorio como *únicamente* probabilístico, entonces abrimos las puertas a lo que sea.

Pero estamos en la época de los equivalentes funcionales justificados con el argumento: *no se puede invocar lo que no se puede probar,* limitándonos de nueva cuenta a un razonamiento de lo probable, como sería el siguiente ejemplo: *como la voluntad, al ser un estado mental, no se puede probar entonces manejemos un conjunto de indicadores que nos permita hablar de un «probable» dolo, el cual es suficiente para encerrar a cualquiera, sea por prisión preventiva, sea por sentencia condenatoria;* y en ese contexto nos denominamos: *funcionalistas, normativistas, probabilistas o juristas del Siglo XXI;* flaco favor le estamos haciendo al Derecho tanto penal como procesal penal, que siempre han sido caracterizados por su rigurosidad al estar en juego la privación de la libertad personal.

Ahora bien, la Corte Suprema peruana plasmó en la Sentencia Plenaria Casatoria N° 01-2017/CIJ-433, su posición en torno al razonamiento probatorio; lo primero que identificamos es la definición de estándar de prueba, así en el fundamento décimo sétimo señala que la misma guarda relación con la garantía de presunción de inocencia, concretamente con su regla de juicio, concerniente al in dubio pro reo y que requiere para la condena «una convicción judicial más allá de toda duda razonable».

Lo segundo que identificamos en la Sentencia Plenaria Casatoria (fundamento vigésimo tercero) es que la Corte Suprema ha adoptado el criterio que el estándar o grado de convicción varía según la actividad procesal: persecución, procesamiento, acusación, enjuiciamiento y condena. Así, en el literal f) del punto vigésimo noveno de la mencionada sentencia, la Corte Suprema precisó lo siguiente: «Para iniciar diligencias preliminares solo se exige elementos de convicción que sostengan una «sospecha inicial simple», para formalizar la investigación preparatoria se necesita «sospecha reveladora», para acusar y dictar el auto de enjuiciamiento se precisa «sospecha suficiente», y para proferir auto de prisión preventiva se demanda «sospecha grave» -la sospecha más fuerte en momentos anteriores al pronunciamiento de una sentencia-. La sentencia condenatoria requiere elementos de prueba más allá de toda duda razonable.

En ese contexto, el problema que advertimos es que la Corte Suprema del Perú ha introducido en nuestro sistema de justicia penal un modelo de valoración de la prueba no mencionado en nuestra legislación y que es propio para el juicio por jurado y no del juicio por jueces-abogados, haciéndonos partícipes, innecesariamente, de los errores de un modelo tildado como subjetivo e indeterminado, así como observado por la comunidad académica de aquellos países cuya legislación ha introducido la duda razonable, como es el caso de Colombia, Chile y México.

Al respecto, Accatino, Profesora de la Universidad Austral de Chile, ha indicado lo siguiente: «El problema es, sin embargo, que la imprecisión del estándar no permite establecer con claridad cuál es ese grado de duda tolerable... Aunque se diga que mal de muchos es consuelo de tontos, algo puede atenuarse la responsabilidad del legislador chileno si se observa que su entusiasmo por la fórmula de la prueba más allá de toda duda razonable ha sido compartido también en otros sistemas jurídicos de tradición continental, en los que ha sido incorporada también a sus códigos de procedimiento penal - como ocurrió, por ejemplo, recientemente en Italia y Colombia - o ha sido invocada por la doctrina y la jurisprudencia para definir el nivel de prueba necesario para tener por probada la acusación en el proceso penal y superar la presunción de inocencia».[64]

De la imprecisión que arroja la duda razonable, agregamos que la legislación peruana no la adopta, sino que ha recurrido al modelo da la sana crítica, de conformidad con los artículos 158° numeral 1) y 393° numeral 2), todos del Código Procesal Penal; modelo de valoración que implica, según Barrios, reglas de procedimiento entre las que podemos mencionar: que se trata de un razonamiento lógico o analítico; o un razonamiento dialéctico; se expresa en forma de motivación o argumentación; atiende al análisis individual y conjunto de la prueba; que atiende al concepto de órgano, objeto y medio de prueba; y se informa de la equidad y los principios que gobiernan el proceso y la prueba.[65] Sin embargo, en el siguiente apartado vamos a detenernos un poco más en comentar la sana crítica, por ahora basta indicar que la Alta Corte peruana empezó mal en torno al estándar probatorio.

Ahora bien, no ignoramos la presencia de la duda, sea positiva o negativa, así como las razones que rodean a la misma. Por ejemplo, cuando a raíz de la revisión de maletas en el aeropuerto, la policía encuentra en una de ellas paquetes de cocaína, y el dueño de la maleta le señala que esos paquetes no son suyos y que la maleta fue manipulada por una tercera persona de nombre X; al respecto, ante la duda (positiva), la policía tiene que proceder a la detención por delito flagrante y que sea dentro del proceso donde se esclarezcan los hechos. En cambio, si en un juicio oral por homicidio, la evidencia actuada nos coloca únicamente al acusado enterrando un cadáver, sin más pruebas que lo vinculen como el autor o partícipe que haya privado de la vida, entonces la duda (negativa) conllevará que el Juez lo

[64] Cfr. Accatino, Daniela. «Certezas, dudas y propuestas en torno al estándar de la prueba penal». En: *Revista de Derecho de la Pontificia Universidad Católica de Valparaíso,* Vol. XXXVII, Valparaíso, 2011, pp. 493-494.

[65] Cfr. Barrios González, Boris. *Teoría de la sana crítica. Interpretación, valoración y argumentación de la prueba,* Editorial Ubijus, México, 2018, p. 08.

absuelva, a menos que sea castigado por el ilícito penal de encubrimiento real, previsto en el artículo 405° del Código Penal peruano. En esa inteligencia, la duda negativa claro que se sustenta en razones, pero a diferencia del juicio por jurado lego, el Juez profesional tiene el deber de motivar en la sentencia sus dudas, argumentos vinculados a la prueba de los hechos y a la teoría del delito, si a ello se lo etiqueta duda razonable entonces no habría inconveniente alguno.[66]

Pero, el problema es que la Corte Suprema, en la multicitada sentencia plenaria, nunca abandonó el concepto de ***lo probable*** cuando transitó por cada etapa del proceso penal (fundamento vigésimo cuarto). Así, se disponen diligencias de investigación preliminar porque el hecho delictivo es probable; se formaliza la investigación, fijándose el objeto de la litis, porque el hecho delictivo es probable; se impone la prisión preventiva, porque el hecho delictivo es probable; se apertura el juicio, porque el hecho delictivo es probable; y llegamos a la sentencia condenatoria porque el hecho delictivo es probable, y lo es porque el Juez no tiene ***duda*** para desestimar tal probabilidad: ***jamás la Corte Suprema llegó a la certeza judicial.***

En suma, a pesar que la Corte Suprema cita el trabajo en torno a la verdad y el proceso penal de Klaus Volk,[67] Profesor de la Universidad de Múnich, no ha sido coherente con su planteamiento, porque al asumir que la verdad es la finalidad del proceso penal, implicaría abandonar el concepto de lo probable y todo constructo contraria a la verdad a nivel de fundamentación de la sentencia. Además, conllevaría a afirmar que la Escuela de Girona se ha equivocado, que el razonamiento probatorio que postula es inaplicable para cualquier proceso judicial que entiende que una sentencia justa es aquella que descansa en la verdad, así como, que el Estado debe asumir responsabilidad por los errores judiciales que ha costado la afectación de derechos fundamentales; que postular una *verdad teleológica* acompañada con *jueces exentos de responsabilidad por errores epistémicos,* constituye un discurso que en vez de erigirse en barrera de contención a la violación de derechos humanos, justifica la arbitrariedad estatal.

1.3.2. SEGUNDO ERROR: QUE EL HECHO INVESTIGADO PUEDE VARIAR

El camino de la epistemología relativa asumido por la Escuela de Girona nos conduce a un juzgador que solamente puede resolver en torno a lo probable; que

[66] Al respecto, la Segunda Sala del Tribunal Supremo español, en la sentencia STSE 220/2015, 09 de Abril, en el fundamento noveno señaló lo siguiente: «(...) Para la condena por un delito de blanqueo como por cualquier otro, es necesaria la certeza más allá de toda duda razonable, basada en parámetros objetivos y racionales, de que concurren todos y cada uno de los elementos del delito: una actividad delictiva previa idónea para generar ganancias o bienes; operaciones realizadas con esos bienes con la finalidad de ocultar su origen y aflorarlos en el mercado lícito; y, en el caso del tipo agravado, que el delito previo esté relacionado con el tráfico de drogas tóxicas, estupefacientes o sustancias psicotrópicas. Ninguna de esas cuestiones se puede «presumir» en el sentido de que pueda escapar a esa certeza objetivable. No basta con una probabilidad o sospecha más o menos alta». En ese orden de ideas, se aprecia la relación entre la prueba de los hechos y la teoría del delito, en donde el Juez encuentra el espectro temático para fundamentar las dudas que presenta con relación a un determinado caso. La Corte Suprema peruana toma la cita de la ejecutoria española en el fundamento vigésimo primero de la Sentencia Plenaria Casatoria N° 01-2017/CIJ-433.

[67] Fundamental consultar el siguiente texto: Volk, Klaus. *La verdad sobre la verdad y otros estudios,* (traducción de Eugenio Sarrabayrouse), Editorial Ad-Hoc, Buenos Aires, 2007, en específico el capítulo titulado: «verdad y derecho material en el proceso penal», pp. 51-82, en donde el jurista alemán defiende la siguiente premisa: «la exigencia del convencimiento del juez es un elemento necesario para una legitimación normativa particularmente basada en valores jurídicos materiales, originada no sólo en representaciones procesales de la justicia».

justifica su postura magnificando un insignificante margen de error de la prueba de ADN, descuidando que con la misma se ha podido esclarecer tantos casos y que de lejos es superior a la prueba de grupos sanguíneos.

Pero, como todo es probable y por ende relativo, los hechos que se están investigando también debería serlo; pero ello es una postura que ningún procesalista serio aceptaría, dado la regla de la inmutabilidad del objeto de la litis, la cual responde a los principios de certeza y seguridad jurídica.

No obstante, la Corte Suprema peruana, en el fundamento sétimo del Acuerdo Plenario N° 02-2012/CJ-116 precisó lo siguiente: «Lo expuesto explica que una de las características del hecho investigado es su variabilidad durante el curso de la etapa de investigación preparatoria - o, mejor dicho, «delimitación progresiva del posible objeto procesal» -, y que el nivel de precisión del mismo - relato del hecho histórico y del aporte presuntamente delictivo de los implicados por la Fiscalía - tiene un carácter más o menos amplio o relativamente difuso».

Lo señalado por la Alta Judicatura peruana es una equivocación, al contraponerse con el numeral 2) del artículo 336° del Código Procesal Penal peruano, el cual exige «los hechos específicos» a la hora de dictarse la Disposición Fiscal de Formalización y Continuación de la Investigación Preparatoria; por ende el citado enunciado normativo excluye toda referencia a hechos más o menos amplio o relativamente difusos, los cuales se aceptarían a lo sumo durante la práctica de diligencias preliminares de investigación, pero no es legalmente permitido cuando se formaliza la investigación, esto es, cuando se formula imputación.

Asimismo, el yerro de la Corte Suprema del Perú se da al contraponer su postura con lo establecido en el numeral 2) del artículo 349° de la norma adjetiva, el cual ha indicado que: «La acusación sólo puede referirse a hechos y personas incluidos en la Disposición de Formalización de la Investigación Preparatoria»; en esa inteligencia, el relato fáctico materia de la formalización de la investigación queda inmutable, invariable, inmodificable y a lo que deberá someterse tanto la acusación, así como la sentencia que se dicte en juicio; por tanto, la variabilidad del hecho investigado o la delimitación progresiva del objeto procesal que hace mención la Alta Corte, quedó zanjada cuando se formuló imputación, esto es, se formalizó la investigación.

Sin embargo, ¿cómo se debe proceder si después de formalizada la investigación surgen nuevos hechos o nuevas personas? Observando el procedimiento legalmente establecido, ningún hecho o persona que no haya sido previamente imputado no podrá ser incluida en el relato fáctico de la acusación, de lo contrario se estaría inobservando el principio de congruencia previsto en el numeral 2) del artículo 349° del Código Procesal Penal.[68] Por tanto, la fiscalía peruana deberá emitir una Disposición Fiscal escrita en la que se amplía o se modifica el relato fáctico y las personas señaladas en la Disposición de Formalización y Continuación de la Investigación Preparatoria, debiendo ser comunicada al Juez y notificada a los de-

[68] Al respecto, Diego Falcone, cuando comenta esta situación desde la legislación chilena, indica lo siguiente: «... por una correcta realización del derecho a la información del imputado, durante la etapa de investigación, como por estrictas razones procedimentales vinculadas con el principio de congruencia - que, en todo caso, también encuentran su fundamento en la no afectación posterior de dicho derecho, debido a cambios sorpresivos de hechos en la acusación -, la llamada reformalización de la investigación resulta del todo admisible». Cfr. Falcone Salas, Diego. Ob. Cit., p. 211.

más sujetos procesales, en términos de lo que dispone los numerales 2) y 3) del artículo 336° del texto procesal, y así producirá los efectos procesales correspondientes, como la medida de coerción, la terminación anticipada del proceso o la continuación de las diligencias de investigación, de conformidad con el numeral 4) del artículo 338° del Código Procesal Penal; todo ello, sin perjuicio del derecho al control judicial de la nueva imputación que el procesado afectado goza a través de la tutela de derechos, de acuerdo con el artículo 71° de la multicitada norma adjetiva.[69]

Ahora bien, ¿qué ocurre si los nuevos eventos se descubren en la etapa intermedia? No se ignora que la ley procesal no contiene reglas para la reapertura de la investigación,[70] sin embargo, es evidente que después de presentado el requerimiento acusatorio, la víctima constituida en actor civil podrá solicitar la nulidad del cierre de la investigación, para efecto que se dé su reapertura y así la fiscalía pueda enderezar el procedimiento con la ampliación del relato fáctico de la formalización de la investigación conforme lo explicado en el párrafo anterior y en atención a los artículos 104° y 350°, numeral 1), literal h) del Código Procesal Penal peruano, dado que, solo con tal enderezamiento procesal se podrá preparar mejor el juicio.

Claro está, que el Juez de la Investigación Preparatoria peruano podrá declarar infundada la nulidad planteada so pretexto que la ley prohíbe retrotraer el proceso a periodos ya precluidos (artículos 153°, numeral 2) y 154°, numeral 4) de la norma adjetiva). Si así fuesen los términos del auto, la parte afectada podrá interponer el respectivo recurso de apelación al generarle un gravamen irreparable (artículo 416°, numeral 1), literal e) de la norma procesal) al no ordenarse la reapertura de la investigación para efecto de ampliar la formalización de la investigación, y de esta manera sea la Sala quien logre tal cometido, previa declaratoria de nulidad del cierre de la investigación, en términos de lo que dispone el artículo 154°, numeral 3) de la multicitada ley adjetiva.

A pesar de la poca respuesta que nos ofrece la etapa intermedia, vuelve la claridad en sede de juicio oral, porque si de la actuación de la prueba se aprecia que no fue un tocamiento sexual, sino un acto sexual el comportamiento indebido del procesado, el artículo 374° del texto procesal peruano autoriza una acusación complementaria,[71] en donde se incluya el hecho nuevo o una nueva circunstancia que

---

69 En realidad, todo país que asuma el control judicial de la imputación y que el auto que se emita contendrá el relato fáctico imputativo materia de litis, debe asumir la necesidad de una nueva audiencia para que se dicte un nuevo auto que contenga el objeto litigioso; ello es imperativo en legislaciones como la mexicana, en donde el artículo 19° constitucional, quinto párrafo, exige que el objeto litigioso se defina en el auto de vinculación a proceso, el cual es emitido por el Juez de Control en la audiencia inicial.

70 Por tanto, la solución es más sencilla en normatividades como la mexicana que ha regulado el procedimiento de reapertura de la investigación, de conformidad con el artículo 333° de la ley procesal, el cual se podrá incoar, en los términos señalados en la ley, para efecto del dictado de un nuevo auto de vinculación a proceso.

71 En el Derecho comparado latinoamericano podemos identificar diferentes modelos en torno a modificar la acusación en juicio, por un lado, el modelo mexicano que solamente autoriza un cambio en la clasificación jurídica en los alegatos de apertura o de clausura de la fiscalía, en términos de lo que dispone el artículo 398° de la norma adjetiva mexicana; ello es coherente con el modelo imputativo con control judicial practicado en la audiencia inicial asumido por el país azteca. Por otro lado, tenemos el modelo dominicano que ha regulado la ampliación de la acusación en el artículo 322° del texto procesal, pero que autoriza la inclusión de un nuevo hecho o una nueva circunstancia; al respecto, estamos ante una regla peligrosa, que no tiene justificación ni en el modelo imputativo, ni en el modelo acusatorio.

no haya sido mencionado en su oportunidad, aun si modifica la calificación jurídica (si no la modifica no se tendría porque impedir la formulación de la acusación complementaria, por argumento a maiori ad minus), y una vez que se haya garantizado el derecho de defensa, la sentencia que se dicte podrá fundarse en la mencionada acusación, de conformidad con el numeral 1) del artículo 397° del Código Procesal Penal peruano.

En esa inteligencia, lo señalado en la fase de juzgamiento no significa adoptar la tesis de la Corte Suprema peruana en torno a la variabilidad del hecho investigado, sino que la razón de la verdad que el juzgador está encontrando con la actuación de la prueba, le obliga a no dictar sentencia a espaldas de la misma; incluso aún si la fiscalía, pese a ser advertida, no formula acusación complementaria: si la verdad de la prueba le advierte que la menor de edad fue víctima de violación sexual y no de actos contra el pudor como lo señaló la acusación, no puede sentenciar obviando la verdad, so pretexto que no le favorece al acusado.

Por el contrario, la afirmación legal que la formalización de la investigación fija el objeto de la litis del proceso penal y por ende de su inmutabilidad, salvo el supuesto de reformalización analizados ut supra, exige su respeto para los efectos procesales que genera desde la investigación, como la verdad también exige su estricta observancia por parte del juzgador, para que no se convierta en una mesa de partes de cualquiera de los sujetos procesales. En suma, un marco de reflexión que la Corte Suprema ocupa participar.

1.3.3. TERCER ERROR: QUE EL ESTÁNDAR PROBATORIO SON LOS NIVELES DE SOSPECHA

En nuestro modelo procesal (en donde los hechos son fijados en la formulación de imputación para efecto de dotar de seguridad jurídica a los justiciables) exige que si el Juez condenará al acusado será porque las pruebas lo han conducido a ello; es decir, que de la sospecha que motivó a la policía detener en flagrancia o para iniciar investigaciones penales, se haya pasado a la certeza para dictar una sentencia condenatoria e imponer cadena perpetua o treinta y cinco años de pena privativa de libertad, como ejemplos.

Es que la sospecha tiene una utilidad procesal limitada, breve y sobretodo controlada por el cuadro fáctico correspondiente, que no justificará una intervención policial por sospecha porque el detenido tiene tatuajes, es de piel oscura y se encontraba caminando en un espacio urbano de raza caucásica o porque sus ropas nos hacen dudar de él. Porque semejante intervención no legitimará las actuaciones policiales posteriores: «y del interior de sus prendas, cuando el policía X **metió sus manos** en los bolsillos delanteros del pantalón del sospechoso, se encontró sobrecitos de hierba con olor característico de la marihuana, por lo que se procedió a su detención». En donde el Juez no puede prestarse para lo mentiroso, lo farsante y menos para evadir una obligación legal con interpretaciones contrarias a su literalidad, como sería el caso de eludir las reglas normativas del registro de personas, previstas en el artículo 210° del Código Procesal Penal peruano, habiendo legislaciones más rigurosas en torno a los criterios de pudor, dignidad y revisión por el mismo sexo, como son los casos del artículo 269° del Código Nacional de Procedimientos Penales mexicano y el artículo 176° del Código Procesal Penal dominicano.

Asimismo, y eso debemos siempre de insistir, la sospecha es inaplicable para condenar a una persona, al haber adoptado la legislación peruana el modelo de la sana crítica.[72] En efecto, el numeral 1) del artículo 158° del texto adjetivo precisa lo siguiente: «En la valoración de la prueba el Juez deberá observar las reglas de la lógica, la ciencia y las máximas de la experiencia, y expondrá los resultados obtenidos y los criterios adoptados». Asimismo, el numeral 2) del artículo 393° de la norma adjetiva indica lo siguiente: «El Juez Penal para la apreciación de las pruebas procederá primero a examinarlas individualmente y luego conjuntamente con las demás. La valoración probatoria respetará las reglas de la **sana crítica**, especialmente conforme a los principios de la lógica, las máximas de la experiencia y los conocimientos científicos».

Frente a ello, la Corte Suprema peruana, en el fundamento décimo sexto del Acuerdo Plenario 04-2015, señaló lo siguiente: «El sistema de valoración de prueba que ha acogido nuestra legislación procesal es el de la sana crítica. Un sistema de sana crítica o valoración racional de la prueba no limita la posibilidad de establecer criterios determinados para la valoración, por el contrario, estos servirían de pautas para el juez que, apoyado en un conocimiento sobre la ciencia o la técnica, resolverá sobre la base de un sistema de valoración regido por verdaderos criterios de conocimiento que garanticen a la vez un adecuado juzgamiento».

Ahora bien, ¿qué es la sana crítica? Como criterio de valoración de la prueba, tiene sus orígenes en los artículos 147° y 148° del Reglamento del Consejo Real Español, para luego ser adoptado en el artículo 317° de la Ley de Enjuiciamiento Civil española de 1855; por tanto, atinadas es la siguiente reflexión en torno a la sana crítica del insigne maestro y magistrado español Santiago Sentís, quien fuera profesor de las Universidades del Litoral y de La Plata: «el concepto y la expresión nos pertenecen: son netamente hispánicos. Fuera de nuestros países, la sana crítica, como sistema de valoración de la prueba, o mejor como expresión de esa valoración, no se encuentra».[73] En cuanto a su conceptualización es usual que la doctrina la elabore desde las razones que puede invocar el juzgador para invocar el cumplimiento del modelo de valoración probatoria. Así, las razones que se invocan son las lógicas, las científicas, las técnicas y de experiencia.[74]

Al respecto, Lazo indica lo siguiente: «Así, las razones científicas se refieren a las que una determinada ciencia o arte acepta como intersubjetivamente válidas o compulsivamente obligatorias dentro de su área. Se obtienen típicamente de informes periciales o de expertos en un área determinada. Las técnicas se emparentan con las científicas y prácticamente son lo mismo. Se trata de razones que se apoyan en el conocimiento de personas conocedoras de alguna materia, aunque esta no sea ciencia en sentido estricto (un curador de arte, por ejemplo). Las de experiencia, se refieren a aquellas que pertenecen al acervo o conocimiento común de personas

---

[72] Aunque ello también es aplicable en otras legislaciones latinoamericanas; así tenemos el artículo 172° del Código Procesal Penal dominicano, así como, el artículo 380° del texto procesal panameño. Por otro lado, tenemos legislaciones donde la sana crítica «convive» con la duda razonable; así tenemos los artículos 297° y 340° del Código Procesal Penal chileno, así como los artículos 265° y 359° de la norma adjetiva mexicana.

[73] Cfr. Sentís Melendo, Santiago. *La Prueba,* Editorial EJEA, Buenos Aires, 1980, p, 259.

[74] Cfr. Barrios González, Boris. «Teoría de la sana crítica». En: *Revista Opinión Jurídica,* Vol. 02, N° 03, Universidad de Medellín, Medellín, 2003, pp. 99-132. González Castillo, Joel. «La fundamentación de las sentencias y la sana crítica». En: *Revista Chilena de Derecho,* Vol. 33, N° 01, Valdivia, 2006, pp. 93-107. Laso Cordero, Jaime. «Lógica y sana crítica». En: *Revista Chilena de Derecho,* Vol. 36, N° 01, Valdivia, 2009, pp. 143-164. Zubiri de Salinas, Fernando. «¿Qué es la sana crítica? La valoración judicial del dictamen experto». En: *Jueces para la democracia,* N° 50, Madrid, 2004, pp. 52-62.

morales, incluyendo las leyes de la naturaleza. Las razones jurídicas se refieren a la cita de normas legales, de principios o doctrinas generalmente aceptadas por la comunidad legal, en la medida que sean aplicables a lo que se discute (...) el razonamiento judicial definitivamente parece ser más no monotónico que monotónico, sobre todo por el recurso al argumento presuntivo. Solo cuando los hechos ya han sido establecidos es monotónico o deductivo, por la vía de subsumirlos a la premisa general contenida en la norma aplicable al caso. Como es obvio, este proceso inferencial típicamente deductivo se logra en la parte final del razonamiento y es posible gracias a la, por decirlo así, "parte no monotónica" del razonamiento».[75]

Sin embargo, a pesar que de las críticas que han recibido algunas razones que dotan de contenido a la sana crítica, como las provenientes de la experiencia,[76] es un modelo aceptado para la adecuada motivación de la sentencia, debido que, «el juez debe dar los motivos por los que adquiere su convicción, lo que es una importante garantía para asegurar que resolverá la litis según allegata et probata, pues, al tener que ponderar la prueba y dar las razones de su convencimiento, necesariamente tiene que apreciar en mejor forma los datos probatorios. No le es permitido obrar prima facie, sin formarse una entera convicción, sino que, por el contrario, debe llegar a un pleno conocimiento del facta probandi a través de un estudio razonado de la prueba, pues la sentencia no puede apoyarse en un juicio dubitable, sino en hechos realmente demostrados en juicio».[77]

Pero, a pesar que la sana crítica excluye una condena por sospecha sino por hechos probados durante el plenario, la Corte Suprema peruana, en la citada sentencia plenaria casatoria, desarrolla el criterio de la sospecha en los fundamentos vigésimo tercero y vigésimo cuarto, definiéndola como un estado de conocimiento intermedio, de diferente intensidad, a partir de datos inculpatorios, que se erigen en elementos de convicción sobre la base de actos de investigación, obtenidos en el curso de la averiguación del delito, que autorizan a dictar diversas decisiones y medidas limitativas, así como practicar determinadas actuaciones. De esa manera concluye la Alta Corte peruana que para iniciar diligencias preliminares solo se exige elementos de convicción que sostengan una «sospecha inicial simple», para formalizar la investigación preparatoria se necesita «sospecha reveladora», para acusar y dictar el auto de enjuiciamiento se precisa «sospecha suficiente».

---

75 Cfr. Laso, Jaime. Ob. Cit., pp. 144-145 y 160.

76 Para Ángel Martínez, citado por Boris Barrios, «las máximas de la experiencia nada tienen de jurídico y, por lo tanto, carecen de aptitud para la valoración de la prueba, ya que debe entenderse que la experiencia es un conjunto de aciertos y de fracasos, empíricamente considerados. La experiencia es el resultado de la observación reiterada de todo cuanto acontece en el mundo que nos rodea» (*Teoría de la sana crítica*, Ob. Cit., p. 125). Al respecto, el profesor Barrios comenta lo siguiente: «Las máximas de la experiencia entran, entonces, en el escenario del conocimiento general y notorio; es decir, que las máximas de la experiencia tienen que ser un conocimiento general y notorio para que puedan ser reveladas en el proceso penal como una posibilidad de juicio de valor relativo para explicar el hecho o el fenómeno en unidad con los demás medios de prueba; no obstante, las máximas de la experiencia no pueden, de ninguna manera, suplirla prueba. Ahora bien, es inadmisible que el juez alegue o sustente un criterio en la sentencia, fundándolo en su experiencia personal o que arguya un convencimiento de la prueba alegando máxima de experiencia sin expresión ni sustentación, pretendiendo, con ello, relevarse del deber de objetivar el análisis probatorio general; y es que las máximas de la experiencia, en esencia, no se fundan en juicios personales, sino en un carácter general y notorio» (Ídem, p. 126).

77 Cfr. Paillás Peña, Enrique. *Estudios de Derecho probatorio*, Editorial Jurídica de Chile, Santiago, 1991, p. 24.

Al respecto, asumimos que la Corte Suprema del Perú adopta el esquema de la sospecha para las decisiones tanto de fiscalía como del órgano jurisdiccional porque las mismas se sustentarían en información obtenida durante la investigación aún no actuada ante el juez, por lo que se deberá proceder en función que el órgano imputativo actúe con objetividad, lealtad y buena fe, así como, por los resultados del ejercicio de contradicción de la defensa. Sin embargo, cuando se está ante el acto procesal de la sentencia emitida en la audiencia de juicio, ya no hay espacio para la sospecha o la duda positiva para condenar, sino ante la aplicación de las reglas de valoración de la sana crítica, y tal desarrollo está ausente en la multicitada sentencia plenaria casatoria, porque de la sospecha, el punto vigésimo noveno de la sentencia termina con la duda razonable para fundamentar la sentencia, alejándose del fundamento décimo sexto del Acuerdo Plenario 04-2015 emitido por la misma Corte Suprema peruana.

En suma, un desarrollo contradictorio por parte de la mencionada Alta Corte en torno al proceso penal, por haber dejado de lado el discurso de la verdad, de la inmutabilidad del cuadro fáctico imputativo, así como de la sana crítica; recorriendo el camino de la probabilidad, de la sospecha y de la duda razonable, este último propio del juicio por jurado lego; ojalá que se reflexione y se realice el enderezamiento de curso correspondiente. En esa línea, el modelo imputativo adoptado por el Perú viene aparejado por el principio de imputación, que no debe ser enemigo de la verdad, y cuyo contenido o niveles vamos a desarrollar en el capítulo siguiente, considerando que es aplicable en aquellos países donde el multicitado modelo se ha implementado.

1.4. EL CONTROL CONVENCIONAL DEL MODELO IMPUTATIVO

En un ensayo que publicamos en España en 2012, en torno al control de convencionalidad en el proceso penal, se afirmó que, en la actualidad, los catálogos de derechos y garantías previstas en las Constituciones nacionales resultan insuficientes. En ese sentido, los Estados nacionales, desde el siglo pasado, se han unido para emitir documentos internacionales donde se reconozcan los derechos humanos a un estándar internacional y se establezcan órganos de supervisión y control.[78]

En esa línea, desde la actuación del jurista mexicano Sergio García Ramírez como juez de la Corte Interamericana de Derechos Humanos, a través de su voto razonado en el caso Mack v. Guatemala (2003), así como, en su voto concurrente en los casos Tibi v. Ecuador (2004) y Vargas Areco v. Paraguay (2006), se empezó a consolidar en el órgano jurisdiccional supranacional interamericano aquella doctrina denominada como *control de convencionalidad,* el cual gira en torno a la confrontación entre el hecho confrontado y las normas de la Convención Americana, de conformidad con el artículo 1.1 del Pacto de San José.[79]

---

[78] Cfr. Benavente Chorres, Hesbert. *La investigación judicial y el control de convencionalidad en el proceso penal. Concepto y modalidades,* Editorial J.M Bosch, Barcelona, 2012, p. 176. Se publicó una versión para Latinoamérica con el título: «El Juez de Control en el proceso penal acusatorio y oral», Editorial Flores, México, 2012.

[79] Esta doctrina, para el caso de la CIDH conlleva el ejercicio de su jurisdicción supranacional en aquellos asuntos contenciosos puestos a su competencia, en la que anteponen los convenios internacionales de derechos humanos suscritos por un determinado país ante las normas y actos internos que realicen los órganos públicos del país suscriptor. Dicha doctrina fue asumida por la Corte por primera vez en el caso Arellano v. Chile (2006) e invocado en otros casos como por ejemplo, Trabajadores cesados del Congreso v. Perú (2006), La Cantuta v. Perú (2006), Rosendo Radilla v. México (2009), Rosendo Cantú y Otra v. México (2010), Ibsen Cárdenas e Ibsen Peña v. Bolivia (2010), Cabrera García y Montiel Flores v. México (2010), entre otros.

Para nosotros, el control de convencionalidad es aquel examen o test de verificación que efectúa, por un lado, las autoridades nacionales (jurisdiccionales o administrativos) de aquellos Estados contratantes de tratados internacionales de derechos humanos, y por otro lado, los organismos supranacionales de protección de derechos humanos en aquellos casos sometidos a su competencia contenciosa, y en el marco de su jurisdicción internacional subsidiaria en el marco del sistema (universal o regional), por el cual ante la incompatibilidad del acto o legislación interna con el tratado internacional de protección de derechos humanos suscrito, se antepone o se privilegia el documento supranacional.

El objeto de verificación gira en torno a actos de autoridad - entre ellos, las normas legales - que, en el caso de las autoridades nacionales, encuentra su justificación en las atribuciones que les confieren los ordenamientos a los que se hallan sujetos y las disposiciones del Derecho internacional de los derechos humanos, a las que se encuentran vinculados por diversos actos de carácter soberano -ratificación o adhesión a un tratado, reconocimiento de una competencia- los Estados a los que corresponden esos órganos nacionales. En el caso de los organismos supranacionales encuentran su justificación en la propia normatividad supranacional que los crea y dota de atribuciones jurisdiccionales, en aras de una adecuada protección a los derechos humanos.

Asimismo, si bien las sentencias emitidas por la CIDH ha aplicado la Convención Americana sobre Derechos Humanos o Pacto de San José, ello no impide que dicho control se despliegue, por idénticas razones, en lo que toca a otros instrumentos de igual naturaleza, integrantes del *corpus iuris* convencional de los derechos humanos de los que es parte el Estado: Protocolo de San Salvador, Protocolo relativo a la Abolición de la Pena de Muerte, Convención para Prevenir y Sancionar la Tortura, Convención de Belém do Pará para la Erradicación de la Violencia contra la Mujer, Convención sobre Desaparición Forzada, entre otros. Lo señalado se justifica dado que, la finalidad del control de convencionalidad es la conformidad entre los actos internos y los compromisos internacionales contraídos por el Estado, que generan para éste determinados deberes y reconocen a los individuos ciertos derechos.

Ahora bien, el artículo 8.2.b del Pacto de San José ha establecido como garantía judicial, el derecho del inculpado a la comunicación previa y detallada de la acusación formulada. En ese contexto, ¿el modelo imputativo sería no convencional toda vez que el Pacto de San José hace mención de la acusación y no de la formulación de la imputación o de la formalización de la investigación?

De ninguna manera, por un lado, porque el Pacto de San José no tiene como finalidad la regulación del proceso penal, sino la consolidación en el Continente Americano de un régimen de libertad personal y de justicia social fundado en el respeto de los derechos esenciales del hombre,[80] por ende, es asunto de cada Estado contratante el regular el proceso punitivo en la medida que la legislación interna reguladora no vulnere los derechos humanos que el Estado, internacionalmente, se obligó a respetar al suscribir el correspondiente tratado.

Por otro lado, porque el derecho humano que los países de la región que han suscrito el Pacto de San José deben garantizar es que al imputado se le

80 Preámbulo del Pacto de San José.

notifique la acusación; pero si el objeto litigioso se va a definir en un momento procesal anterior a la misma, como es en la formulación de la imputación o la formalización de la investigación, entonces la referida obligación debe extenderse también a este último acto, máxime si el relato fáctico materia de la imputación o de la formalización debe ser el mismo que asuma la acusación, bajo sanción de nulidad.

Esto último no es baladí, porque de la garantía judicial citada en el artículo 8.2.b del Pacto de San José se desprende dos reglas: a) la comunicación previa al inculpado del relato fáctico incriminador y, b) la comunicación detallada al inculpado del relato fáctico delictivo; al cumplirse con las mismas, el imputado podrá ejercer su derecho de defensa (artículo 8.2.d del Pacto de San José). Frente a tal marco, si el objeto de la litis se fija en la imputación o formalización de la investigación, entonces la misma tendrá que ser notificada al imputado, siendo relevante que el cuadro fáctico presente los detalles necesarios en torno a las circunstancias de tiempo, lugar y modo que actualiza un tipo penal, para que se pueda ejercer la defensa (si tales circunstancias la fiscalía no puede identificar entonces tendría que disponer el no ejercicio de la acción penal). Igualmente, el ejercicio del derecho a la defensa se realiza en audiencia ante el Juez, en donde es lógico que los hechos de la imputación previamente notificados sean los mismos que se discutan en la respectiva audiencia, esto es, lo que se denomina control de identidad fáctica; sin embargo, el mismo será analizado en el siguiente apartado.

Así, es convencional tanto la formulación de imputación así como la acusación ambas previamente notificadas al inculpado con el cuadro fáctico incriminador detallado para efecto que se pueda ejercer la defensa; todo ello en razón, que en el modelo imputativo, es con la formulación de la imputación o la formalización de la investigación donde se fija la litis del proceso penal y a lo que la acusación deberá limitarse y, por ende, el propio juicio penal.

En ese sentido, el razonamiento se funda en el ya comentado derecho a la notificación de la acusación y por ende de la imputación que condiciona a la acusación, previsto en el ya citado artículo 8.2.b del Pacto de San José, siendo convencional por lo señalado en el presente apartado tanto para los países de la región que han adoptado el modelo acusatorio, así como para aquellos países que han adoptado el modelo imputativo, garantizándose el derecho a la defensa también señalada en el artículo 8.2.d del citado Pacto.

Finalmente, si se piensa en Europa, donde las Altas Cortes así como la doctrina se han decantado en explicar el proceso penal desde el modelo acusatorio, no habría obstáculo alguno si se adopta el modelo imputativo, esto es, que con la imputación formulada en la etapa de investigación se fije el objeto de la litis; en la medida, como ocurre en Latinoamérica, se permita el control judicial y que el imputado pueda ejercer su defensa; además, con la garantía que la acusación que se emita al concluir la investigación observe el cuadro fáctico previamente imputado. En efecto, si el artículo 6.3.a del Convenio Europeo para la protección de los derechos humanos y de las libertades fundamentales exige el derecho del imputado a la notificación de la acusación detallada, con mayor razón si un país europeo asume la imputación como marco que fija el objeto litigioso y a lo que la acusación deberá observar, respetándose el derecho de defensa señalado en el artículo 6.3.c del citado Convenio.

1.5. EL CONTROL JUDICIAL DEL MODELO IMPUTATIVO

Si la acusación es controlada en audiencia, resolviendo el Juez las peticiones formuladas por los sujetos procesales en torno al requerimiento acusatorio notificado, incluyendo la revisión de la medida cautelar o de coerción, la aplicación de mecanismos alternativos de resolución de controversias, así como de mecanismos de simplificación procesal, entonces con mayor razón se requiere del control judicial en la formulación de imputación o formalización de la investigación, al determinar el cuadro fáctico que vinculará no solamente la acusación sino a todas las instituciones procesales señaladas líneas arriba.

Claro está que no nos vamos a limitar al argumento por mayoría de razón para justificar el control judicial de la imputación, sino que planteamos la siguiente interrogante: ¿Por qué la litis debe fijarse al formalizarse la investigación? Es muy probable que se afirme que al ser la investigación informal y objetiva, lo más apropiado sería esperar que la misma concluya y sea con la decisión de la fiscalía de acusar donde se introduzca el objeto litigioso, el cual será el fundamento del juicio y del ejercicio de defensa del acusado.

Sin embargo, ¿cuál hipótesis fáctica se tendría que manejar durante la investigación para efecto de imponer una medida cautelar, la aprobación judicial de un acuerdo reparatorio o de la aplicación de criterios de oportunidad, o bien para suspender el proceso y someter al imputado a un régimen de prueba, o para que el juzgador dicte sentencia en un procedimiento abreviado? Es evidente que debe ser un cuadro fáctico que relacione al imputado como autor o partícipe de un hecho señalado en la ley como delito, dejando a salvo los derechos de contradicción y defensa correspondientes, para efecto que el Juez, vía inmediación, resuelva motivadamente y conforme a derecho. En esa inteligencia, el Juez resolverá las peticiones anteriormente indicadas en torno a la delictuosidad y gravedad de los hechos que se maneje en el cuadro fáctico y que los actos de investigación o datos de prueba puedan soportar, siendo coherente que la defensa cuestione tales tópicos o bien gestione el caso acudiendo a los citados mecanismos alternativos o simplificados de terminación del proceso.

Lo que buscamos resaltar es que la etapa de investigación no se reduce a una fase de recolección de material probatorio para fundamentar la acusación y preparar la defensa,[81] sino que es una etapa procesal que si bien ha sido diseñada para indagar la presencia de un hecho delictivo, así como su dañosidad, implica además la postulación de una hipótesis fáctica que va a generar efectos procesales, los cuales inciden en esferas tan determinantes en un Estado constitucional de derecho como son los derechos fundamentales (v.gr. la imposición de la prisión preventiva) y la solución del conflicto penal (v.gr. suspensión del proceso a prueba o el procedimiento abreviado), por tanto, es un cuadro de hechos que el juzgador no puede pasar por alto, porque al hacerlo perderá el material para fundamentar sus decisiones.

Ahora bien, ¿en cada audiencia ante el Juez, durante la etapa de investigación, se tendrá que analizar si el cuadro fáctico es o no delictivo? Al respecto, el Juez Supremo peruano Neyra Flores, basándose en dos sentencias emitidas por la Corte

[81] Definición que las legislaciones latinoamericanas son recurrentes en emplear: artículo 181° CPP chileno; artículo 259° CPP dominicano; artículo 213° CNPP mexicano; artículo 272° CPP panameño; y artículo 321.1 CPP peruano.

Suprema peruana,[82] señaló que no se debería discutir la tipicidad en una audiencia de prisión preventiva. En ese sentido, no falta razón el citado comentario porque si en cada audiencia el relato imputativo va a cambiar o variar, y no solamente en razón a la iniciativa de parte sino también de manera oficiosa, ello nos conduciría a una falta de certeza o seguridad jurídica.

El cuadro fáctico así como su delictuosidad debe de ser fijado por el juzgador en un determinado momento de la investigación, permitiendo a la fiscalía su promoción y a la defensa su respuesta, debiendo emitir el Juez la correspondiente resolución en donde se les indique a las partes: ***que X es el relato fáctico, así como Y su calificación jurídica,***[83] ***por el cual Z queda vinculado al proceso penal;*** la citada resolución judicial es el producto del control jurisdiccional material de la imputación, que dota a las partes de la necesaria certeza para que desde el citado cuadro fáctico imputativo procedan a discutir la medida cautelar, los mecanismos alternativos o aquellos que simplifican el proceso, por ejemplo, y claro está al juzgador para proceder a resolverlos. En cambio, si el juez al controlar la imputación, ***emite resolución judicial donde no se vincula al imputado al proceso penal,*** porque los hechos no constituyen delito o siéndolos no se cuenta con los suficientes indicios para afirmar la probable autoría o participación del imputado, conllevará que no se procedan a discutir las figuras mencionadas líneas arriba, pudiendo reanudarse las diligencias preliminares de investigación, salvo que el auto del juez también declare el sobreseimiento de la causa. Todo ello ha sido asumido y desarrollado en México, cuyo sistema es un gran aporte no solamente al modelo imputativo, sino al procesalismo.[84]

Volviendo al comentario de Neyra Flores, claro que no será necesario discutir la tipicidad durante el debate de la prisión preventiva, porque la misma ya fue resuelta por el juzgador a la hora de vincular al imputado a proceso; idéntica respuesta se daría en las demás peticiones que se han puesto a conocimiento del Juez; claro está que tampoco existe oposición en los casos de revisión legal de situaciones jurídicas impuestas por el operador al surgir nuevos elementos de convicción, como es el caso de la cesación de la prisión preventiva o para el dictado de un auto de sobreseimiento.

---

82 Casación 626-2013 Moquegua y Casación 564-2016 Loreto.

83 Es de ordinario que se posibilite el cambio de clasificación jurídica en la acusación y/o en los alegatos iniciales o de clausura en la audiencia de juicio oral.

84 En el sistema mexicano, la fiscalía formula imputación en la audiencia inicial, solicitando al Juez de Control que dicte el auto de vinculación a proceso (artículos 309° y 311° Código Nacional de Procedimientos Penales: CNPP), posibilitando a la defensa ejercicios de contradicción y probanza, entre ellos la declaración del imputado (artículos 312°, 314° y 315° CNPP), resolviendo el Juez con la resolución que corresponda, así si existen datos de prueba en torno a la existencia de un hecho que la ley señala como delito y la probabilidad que el imputado lo cometió, entonces emite auto de vinculación a proceso, donde el proceso se seguirá forzosamente por los hechos allí señalados (artículo 316° CNPP), incluyendo las formas anticipadas de terminación del proceso, la apertura a juicio o el sobreseimiento (artículo 318° CNPP); continuando la audiencia inicial con la imposición de medidas cautelares y la fijación del plazo de cierre de la investigación (artículo 307° CNPP), finalizando la audiencia inicial y prosiguiendo el proceso, a menos que las partes hayan optado por una conclusión anticipada del proceso. No obstante, en caso que no se reúnan los requisitos de ley, el Juez de control dictará un auto de no vinculación del imputado a proceso y, en su caso, ordenará la libertad inmediata del imputado, para lo cual revocará las providencias precautorias y las medidas cautelares anticipadas que se hubiesen decretado, sin embargo, dicha resolución no impide que el Ministerio Público continúe con la investigación y posteriormente formule nueva imputación, salvo que en el mismo se decrete el sobreseimiento (artículo 319° CNPP). Cualquiera que sea el sentido de la resolución, es apelable sin efecto suspensivo (artículo 467°, fr. VII CNPP).

Que conveniente es un control judicial desde el inicio, sin esperar la conclusión de la investigación, porque solamente con un objeto litigioso controlado judicialmente y de carácter inmutable - a menos que se vuelva a solicitar un nuevo auto de vinculación el cual es precedido por la nueva imputación - justifica las decisiones judiciales que afectan derechos fundamentales o solucionan anticipadamente el conflicto penal adoptadas desde la investigación formalizada. Incluso dota de respuesta para evitar forzar el proceso penal por hechos que no presentan ninguna delictuosidad o expectativa de prueba probable alguna, no habiendo justificación alguna para prolongar hasta la etapa intermedia los efectos estigmatizantes del proceso punitivo, que desde un inicio no se debió de haber aperturado.

Ahora bien, ¿cómo contestar la crítica que el auto que vincula al imputado a proceso implica regresar a la instrucción judicial? Porque el control judicial no significa violación de derechos fundamentales, máxime por las condiciones que rodean el citado control que a su vez conllevan la observancia de principios procesales.

Así, en primer lugar, es un órgano diferente al Juez quien postula la imputación u objeto litigioso, como es el caso del Ministerio Público, respetándose la objetividad e imparcialidad correspondiente. En segundo lugar, el control será desarrollado en audiencia, con presencia de las partes, para efecto de observar la inmediación y contradicción. En tercer lugar, el auto deberá presentar la respectiva fundamentación fáctica, probatoria y jurídica, respetándose la garantía de motivación judicial. Por último, la revisión judicial a través de los recursos impugnatorios, permite que el contenido del auto, el cual delimita a su vez el objeto del proceso punitivo, sea sometido al criterio de la doble conformidad judicial.

Por otro lado, el control judicial de la imputación requiere que, de previo, estudiemos el contenido que debe presentar la imputación y los ejercicios de contradicción que se pueden realizar, temas que abordaremos en los capítulos siguientes, y de esta manera examinar la respectiva fundamentación que el operador debe realizar para efecto que pueda cumplir con el cometido del control; por tanto, se insiste, lo tocaremos más adelante.

Finalmente, ***el control judicial de la imputación implica que el Juez en audiencia emita la respectiva resolución judicial,*** el cual dota de certeza al objeto litigioso que a su vez se deberá de observar a lo largo del proceso, sin que sea suficiente que el Juez señale: *se tiene por recibida la imputación de la fiscalía,* porque ello reflejaría que el operador es una mesa de partes, un convidado de piedra en su propia audiencia, adoptando una actitud totalmente contraria a la labor de control jurisdiccional, pese a los argumentos, reclamos o peticiones de la defensa. En México, la referida resolución judicial se denomina ***auto de vinculación a proceso;*** en el Perú, si su comunidad jurídica refuerza su importancia, se conoce como ***auto de tutela de derechos.*** Para los demás países de la región que han adoptado el modelo imputativo si no se asume la práctica judicial de dictar la correspondiente resolución judicial de control de la imputación, no solamente incurren en el error de no entender la dinámica del modelo que han asumido, sino que estarían incumpliendo con la norma legal que al establecer que la imputación se plantea en audiencia, en automático se aplica la regla procesal, ***que toda audiencia concluye con la respectiva resolución del Juez.***

CUADRO N° 01
POR EL MOMENTO PROCESAL EN QUE SE FIJA LA LITIS

Modelo acusatorio → La litis se fija en la acusación, sin estar condicionado a un relato fáctico previamente imputado → (TEDH; CIDH)

No se contraponen al modelo imputativo

Costa Rica / Guatemala / República Dominicana / Venezuela

Sin perjuicio de mencionar que la imputación se da a conocer en fiscalía

Con el derecho que el imputado conozca la imputación y la acusación que lo podría colocar en el modelo imputativo

Modelo imputativo → La litis se fija en la formulación de imputación o formalización de la investigación, en donde la acusación está vinculada a los hechos y personas previamente imputadas

1
La imputación se formula en por audiencia y sin control judicial

Chile / Colombia / Ecuador

La ausencia de resolución judicial obedece a una mala praxis por parte de los operadores: La ley exige que la imputación sea en audiencia, con presencia de la defensa para ejercicio de contradicción, entonces se requiere que el Juez se pronuncie mediante auto motivado en torno si la imputación cumple con los requisitos de ley y que a su vez permita vincular al imputado a proceso: ***interpretar antes que legislar.***

2
La imputación se formula en audiencia y con control judicial

Panamá / México

El Juez dicta auto de vinculación a proceso

3
La imputación es escrito y la defensa puede acudir a la tutela de derechos

Perú

El Juez dicta el auto de tutela de derechos correspondiente

Fuente propia

CAPÍTULO II

EL PRINCIPIO DE IMPUTACIÓN O PRINCIPIO IMPUTATIVO

2.1. CONCEPTO DEL PRINCIPIO DE IMPUTACIÓN O PRINCIPIO IMPUTATIVO

Desde nuestro ensayo en torno a la teoría del caso y la teoría del delito publicado en España en el 2011 hemos hecho público los peligros para nuestro sistema de justicia penal, que se espera sea justo, cuando se busca contraponer (enemistar) la verdad con la solución de la controversia, así como la teoría del delito con la estrategia procesal; sin ignorar las palabras de Zaffaroni[1] en torno a una despolitización peligrosa del Derecho penal cuando se desconocen las bases discursivas del sistema (antropología filosófica, teoría del conocimiento, teoría del Estado, solamente para citar algunos ejemplos), por razón de concentrarnos únicamente en la coherencia dogmática de un constructo estratificado del delito; al respecto, es un riesgo que no pretendemos eludir y que, por el contrario, se debe incorporar como fundamento para la elaboración, justificación y aplicación de nuestra pragmática de la imputación penal y, en concreto, del principio de imputación o principio imputativo.

Este absurdo ejercicio de buscar contrincantes donde no los hay se ve materializado cuando se empezó a capacitar a los operadores en nuestra región Latinoamérica con técnicas de litigio provenientes del modelo de juicio por jurado estadounidense, ensalzándose extrañas expresiones tales como: a) no dejes de objetar, b) conforme a la técnica abogado, c) se ocupa del testigo de acreditación, d) abogado porte usted un bio-traje o bien guantes o kit de criminalista cuando en la audiencia de juicio oral toque usted los objetos admitidos como prueba (cuando si los objetos han sido examinados pericialmente opera la clausura epistémica y lo que cabe es su devolución, su destrucción o su almacenaje, y andar con guantes en la audiencia de juicio es apreciar a un letrado confundido con un criminalista de campo); y la más circense de todas: ***El juez se contamina,*** por ende no vea los documentos, no vea los dictámenes periciales o salga de la sala de audiencia para que se pueda probar la grabación y una vez conseguido el ok, señor juez puede usted regresar.

---

[1] Fundamental revisar la obra de Zaffaroni: *Lineamientos del Derecho penal,* la cual es una investigación que el profesor argentino la ha venido trabajando en un conjunto de videos reproducible vía YouTube en la página de la Editorial Ediar.

Groseras equivocaciones en razón a la ausencia de una filosofía del sistema por parte de quienes capacitan o de aquellos que buscan adornarse como académicos cuando la propia carencia de bases discursivas o bien de experiencia en el litigio permiten calificar de *extrañas* las ideas o conceptos que para una adecuada solución del conflicto penal han planteado. Ello, por ejemplo, se aprecia con la definición de la teoría del caso, en donde los capacitadores, claro salvando contadas excepciones, la mezclaron con las técnicas de litigio norteamericanas, elaborando un método de litigio, pero que a su vez desatendieron el principio de imputación al no comprender que el objeto de la litis se fija con la formulación de la imputación o la formalización de la investigación preparatoria.

En esa línea, la confusión con la teoría del caso ha llegado a ribetes trágicos cuando en el artículo 371° del Código de Procedimientos Penales colombiano,[2] interpretado por la Corte Constitucional colombiana en la sentencia C-069/09,[3] así como en el artículo 367° del Código Procesal Penal panameño,[4] se exige que la fiscalía cuente con una teoría del caso, la cual deberá ser expuesta en los alegatos iniciales propios de la audiencia de juicio oral, obligando, como ocurre en México,[5] que la defensa también exponga el suyo, y claro cuando se capacita del contenido de tal teoría, el expositor aconseja tener un ***lema o frase clave, combinar argumentos jurídicos con emocionales para efecto de mantener el control de la atención del operador, así como de objetar la teoría del caso de la contraparte, revelando que lo que se considera como argumento fuerte, realmente es débil***; todo un ejercicio sesgado porque no estamos ante un juicio por jurado sino ante juzgador profesional.

---

2 Artículo 371.- «Antes de proceder a la presentación y práctica de las pruebas, la Fiscalía deberá presentar la teoría del caso. La defensa, si lo desea, podrá hacer lo propio.
Al proceder a la práctica de las pruebas se observará el orden señalado en audiencia preparatoria y las reglas previstas en el capítulo siguiente de este código».

3 «La llamada teoría del caso no es más que la formulación de la hipótesis que cada parte pretende sea acogida y aceptada por el juez en la sentencia, de acuerdo con los elementos fácticos, jurídicos y probatorios que se han acopiado y habrán de presentarse y valorarse en la etapa del juicio».

4 Artículo 367.- «Inmediatamente, el Presidente del Tribunal ordenará al Fiscal que presente su teoría del caso, luego al querellante y finalmente al defensor y a los intervinientes si los hubiera. El Juez, atendiendo a la complejidad del juicio, podrá limitar el tiempo de las intervenciones».

5 El nuevo sistema procesal penal, a través del principio de contradicción, garantiza la igualdad procesal de las partes prevista en el artículo 20, apartado A, fracción V, de la Constitución Política de los Estados Unidos Mexicanos, reformado mediante Decreto publicado en el Diario Oficial de la Federación el 18 de junio de 2008, en la medida en que se les permite escuchar de viva voz las argumentaciones de la contraria para apoyarlas o rebatirlas y observar desde el inicio la manera como formulan sus planteamientos en presencia del juzgador. Así, tanto el Ministerio Público como el imputado y su defensor, deben exponer al juzgador su versión de los hechos con base en los datos que cada uno de ellos aporte, a fin de lograr convencerlo de su versión, la cual ha sido denominada en la literatura comparada como «teoría del caso», que puede definirse como la idea central o conjunto de hechos sobre los que versará la participación de cada parte, a efecto de explicarlos y determinar su relevancia, dotándolos de consistencia argumentativa para establecer la hipótesis procesal que pretende demostrarse y que sustentará la decisión del juzgador, la cual deberá vincularse con los datos aportados para desvirtuar aquellos en que se apoyen las afirmaciones de su contraparte, de manera que la intervención de las partes procesales puede resumirse en: presentación, argumentación y demostración. En otras palabras, la teoría del caso se basa en la capacidad argumentativa de las partes para sostener que está acreditado un hecho que la ley señala como delito y la probabilidad de que el imputado lo haya cometido o haya participado en su comisión, o bien, que existe alguna excluyente de responsabilidad o la destrucción de la proposición que se realiza contra el imputado y que desvirtúa las evidencias en que se apoya». Primera Sala de la Suprema Corte de Justicia de la Nación mexicana, registro 160185.

Para nosotros, desde el modelo imputativo, la teoría del caso es un método de trabajo que permite dar un solo sentido o significado a los hechos, normas y material probatorio, que constituyen la médula espinal de toda argumentación jurídica; debiendo ser elaborado por las partes desde el primer momento en que han tomado conocimiento de los hechos y de esta forma transitar por las etapas del proceso penal con una estrategia o plan de trabajo que no ignora que el objeto litigioso se determinó al formularse la imputación.

Ahora bien, en esa línea, resulta evidente que si vamos a elaborar un argumento jurídico frente a la probable comisión de un delito, necesitamos saber qué es el delito, de lo contrario de qué vamos a argumentar. Frente a ello, es evidente que el concepto surge en función al corte que efectuemos en la historia del pensamiento jurídico-penal; así, estará aquella elección en torno de partir del *Malleus Maleficarum* de Krämer y Sprenger publicado en 1486, al considerar que algunos de sus núcleos permanecen en la actualidad a pesar de su estructura inquisitorial de inspiración demonóloga;[6] por otro lado, podemos citar otra opción que es aquella que postula que frente al problema penal somos herederos del racionalismo, en concreto de la razón práctica de Kant y que, ya sea desde un neokantismo[7] o bien desde un

[6] «La creencia en el poder de las brujas era un prejuicio de la época. El Malleus lo refuerza al extremo con la garantía del saber académico de su tiempo. No en vano Krämer hizo algo no del todo claro para obtener el apoyo de la Universidad de Köln. Todas las emergencias posteriores explotaron y profundizaron prejuicios; es lo que se llama una política völkisch o popularista (no populista, que es otra cosa muy diferente). El Malleus garantiza la reproducción de la clientela: a la mujer no se la torturaba para que confesase, sino para que revelase los nombres de sus cómplices, y la mera mención de un nombre dado bajo tortura autorizaba a torturar también a la persona mencionada. Toda emergencia cuida que la clientela no se termine, porque si se agota pierde sentido su poder punitivo, como le había sucedido al Papa después de las masacres de los cátaros y otros herejes. Esta es, en su mayor síntesis, la estructura fundacional del poder punitivo ilimitado, trabajada durante doscientos años y sintetizada tardíamente por el Malleus en 1494, pero que hasta hoy se ha mantenido en todas las fabricaciones de emergencias que se hicieron en los seis siglos posteriores». Cfr. Zaffaroni, Eugenio Raúl. *La Cuestión Criminal*, 2da. Edición, Editorial Planeta, Buenos Aires, 2012, p. 49.

[7] Cardenal apunta que: «a diferencia de Kant, entendieron que la posibilidad del conocimiento científico no se reduce al ámbito de las ciencias naturales y que, por lo tanto, debía corregirse la distinción que aquél había establecido entre conocimiento científico y metafísica, entre ciencia y filosofía. La singularidad del conocimiento que proporcionan las ciencias del espíritu radicaría en la especificidad de sus categorías a priori, y en la consiguiente diferencia entre el conocimiento acerca del contenido de la realidad que se obtiene a través ellas y el que se obtiene a partir de las formas a priori de las ciencias naturales. A pesar de la identidad del procedimiento epistemológico y de la eventual identidad de la materia cuyo contenido se conoce científicamente, la aplicación de formas a priori distintas daría lugar a un contenido diverso de esa materia eventualmente unitaria. Sólo en este sentido cabría hablar de una diversidad del método y del objeto de las ciencias naturales y las ciencias culturales. Este planteamiento general se desarrolla de forma diversa por las dos direcciones del neokantismo: la Escuela de Marburgo y la Escuela sudoccidental o de Baden». Cfr. Cardenal Motraveta, Sergi. «El tipo penal en Beling y los neokantianos», *Tesis doctoral,* Universitat de Barcelona, Barcelona 2002, p. 298. Para el Derecho penal la influencia de la Escuela de Baden es notoria al postular la necesidad de analizar las diferentes categorías del sistema de la teoría del delito mediante referencias valorativas, así tenemos el pensamiento, por ejemplo, de Mezger y Roxin, aunque con consecuencias de ubicación y contenido de los elementos del delito distintos (al primero se le atribuye el causalismo valorativo y al segundo un normativismo teleológico); y ello es lógico cuando se ingresa al campo de las valoraciones, al partir de la premisa que los entes existen pero están desordenados, siendo el caso que, el orden lo ponen los valores, los cuales *no son,* sino simplemente *valen* desde la perspectiva de quienes imponen los valores. Para nosotros, necesitamos datos de la realidad para efecto de advertir si el sistema está o no protegiendo bienes jurídicos tutelados por la ley (labor de la criminología crítica), así como para resolver si se está ante una

neoidealismo[8] se puede analizar el fenómeno delictivo; incluso el Profesor Gracia Martin, seguidor de la corriente finalista, en su último post subido en su página de Facebook recurre al juicio kantiano de lo analítico a priori para explicar la acción final, así como a lo sintético a priori para fundamentar el injusto personal y la culpabilidad.[9]

Asimismo, se puede partir de un concepto estratificado del delito, siendo dominante el que postula las siguientes categorías: conducta, tipicidad, antijuridicidad y culpabilidad, y que si bien reconocen una o varias funciones de las normas legales al momento de configurar tales niveles (por ejemplo, la función de valoración de la norma que nos permite establecer si un comportamiento es o no ilícito - antijurídica - y la función de determinación de la norma, la cual se erige en el reproche - culpabilidad - que se realiza al autor por no haberse motivado en el mandato imperativo de la norma pese a tener la capacidad para hacerlo), también procuran vincular el discurso desde la teoría de la pena,[10] en donde no hay pena sin culpabilidad (como por ejemplo ha señalado el artículo 12° del Código Penal colombiano), y en el caso de inimputables que sufren un trastorno mental que les impide determinarse en las normas, se ha regulado reemplazar la pena por la medida de seguridad, en la medida que el inimputable haya cometido una conducta típica y antijurídica que denote su peligrosidad.

---

conducta no solamente infractora a un deber jurídico subyacente al tipo penal, sino ofensiva a los citados bienes jurídicos, en el marco de un proceso penal (criminalística e investigación forense), sabedores de la objeción neokantiana en torno a una contaminación de la ciencia de la cultura por parte de la ciencia de la naturaleza, pero que a la vez es irrelevante ante las propias necesidades epistémicas para resolver un conflicto jurídico puesto a conocimiento de las autoridades judiciales.

8 Fundamental los aportes de Zaczyk a quien haremos referencia más adelante, y a su fórmula del reconocimiento recíproco o mutuo (similar Frisch), la cual podemos compartir pero con las exigencias epistémicas señaladas en la nota anterior.

9 «Especialmente a los penalistas: No puedo abandonar este mundo sin dar a conocer la construcción metódica que ya tengo a punto de culminar y que he tenido que interrumpir por este contratiempo; una construcción que, hasta donde alcanzo a ver, es una auténtica novedad, y que ya llevaba tiempo elaborando epistemológicamente. Basándome en los conocimientos de la Antropología cultural y en la evolución, pero sobre todo en la Analítica trascendental de Inmanuel Kant, creo poder demostrar que el concepto de acción final es producto de un juicio analítico, o sea que es una tautología a priori; pero lo verdaderamente fantástico es que, operando como lo hacen las Ciencias experimentales, se puede demostrar que los conceptos de injusto «personal» y de «culpabilidad» son resultados de «juicios sintéticos a priori», y por lo tanto «necesarios»; la única diferencia es que en las Ciencias del ser, los conceptos sintéticos a priori son «absolutos», y en las del espíritu y del deber ser «relativos» (pues la síntesis depende de un punto de vista valorativo esencial previo desde el que se liga la síntesis), pero esto no afecta en lo más mínimo a que la síntesis sea «necesaria». Espero terminar con los cantos de sirenas hechizantes de los funcionalismos y sus falsas teorías de la imputación (todas a posteriori y, por tanto, arbitrarias), y que la nave de la Dogmática jurídico penal vuelva a tomar el surco de la Razón jurídica. Confío dar a conocer estos resultados a lo largo del primer trimestre de 2021". El recurso al juicio sintético a priori o dicho de otra forma a lo racionalmente empírico (*todo lo que sucede tiene una causa*), permite describir los fenómenos que podemos saber necesariamente sobre nuestra experiencia (deductivo empírico: aun cambiando el predicado no cambia el sujeto, a pesar que ello puede, por ejemplo, resistir las leyes de la física); claro está se aprecia una deuda académica que nos deja el apreciado Maestro Gracia Martin en torno a cómo anticiparnos a la experiencia de forma necesaria en el campo del Derecho penal y que a la vez sea un relativismo justificado, así como si se está siguiendo la dicotomía que los conceptos de analítico y sintético son de carácter lógico y los conceptos de a priori y a posteriori son epistémicos o bien, si se sigue a Frege en torno a que las distinciones de a priori, a posteriori, analítico y sintético son de carácter epistemológico.

10 «El esclarecimiento del nexo entre la fundamentación de la pena y el concepto de delito concierne a la teoría general del delito». Cfr. Pawlik, Michael. *Das Unrecht des Bürgers Grundlinien der Allgemeinen Verbrechenslehre*, Mohr Siebeck Verlag, Tubingen, 2012, p. 52.

Sin embargo, Hruschka ha sido crítico del citado constructo precisando que «el concepto de delito ni siquiera se deriva de las teorías de la pena. En efecto, las teorías de la pena tienen que ver con la pena en cuanto consecuencia jurídica asociada al delito, y no con el concepto de delito expresado entre los presupuestos de la consecuencia jurídica».[11] Sin embargo, ¿responde a una lógica de sistema la falta de nexo conceptual entre la teoría del delito y la teoría de la pena? Del pensamiento de Jakobs se advierte un no, dado que, para el Profesor emérito de la Universidad de Bonn, el delito es el quebrantamiento de la norma y la pena es el restablecimiento de la vigencia de la norma quebrantada por el delito. No obstante, sería un error considerar que Jakobs se centra en una teoría de la pena para explicar el delito, por el contrario Jakobs postula una teoría de la imputación basada en la teoría de las normas para efecto de explicar el delito. En esa línea, podemos identificar aquel constructo que basado en la función imperativa de las normas plantean un concepto estratificado de la imputación; en efecto, ya sea partiendo de la norma como expectativa institucionalizada (Jakobs) o bien de la norma objetiva de conducta (Hruschka, Mañalich), se procura identificar un conjunto de reglas de imputación, ya sea para adscribir el tipo objetivo (riesgo permitido, prohibición de regreso, principio de confianza y la autopuesta en peligro por parte de la víctima) como el tipo subjetivo (el dolo como conocimiento), lo cual es observable en el pensamiento de Jakobs, o bien el formular dos niveles de imputación: imputatio facti e imputatio iuris, en el caso de Hruschka. En suma, la coherencia relacional[12] que presentarían tanto la teoría de las normas como la teoría de la imputación, ha conllevado que se afirme la presencia del principio de imputación sea individualizadora o totalizadora[13] e incluso, y refiriéndonos al campo del aspecto objetivo del tipo penal, la superación del dogma o principio de causalidad.[14]

---

11 Cfr. Hruschka, Joachim. *Estudios sobre la teoría de la imputación*, Editorial Aranzadi, Navarra, 2005, p. 256.

12 Este criterio permite distinguir el tipo de relación según el grado de proximidad temática entre los eventos vinculados: «si los eventos comparten un tópico, hablamos de relaciones de adyacencia y si, aparte de eso, un evento implica el otro, hablamos de relaciones de causalidad» (Ibáñez Orellana, Romualdo / Moncada Mahuelquin, Fernando / Santana Covarrubias, Andrea. «Organización retórica y relaciones de coherencia en el abstract de biología», *Estudios Filológicos*, N° 56, Valdivia, 2015, p. 57); el sentido temático predominante es el de causalidad o implicancia, esto es, si se imputa responsabilidad penal es (implicancia) por la infracción de una norma penal (de comportamiento, conducta o primaria), infracción que justificaría la aplicación de la norma de sanción (secundaria) por parte del juzgador. La expresión «causalidad» utilizada en esta nota no la equiparamos con su sentido en la teoría del delito, al respecto véase la nota siguiente.

13 Sin embargo, es necesario precisar el doble sentido de la imputación en la teoría del delito; así, por un lado, se cuenta (1) con la imputación individualizadora, esto es, según el elemento analítico del delito que se esté estudiando, así se habla de imputación objetiva para los elementos objetivos del tipo penal (que a su vez se diferencia en el modelo de imputación del resultado: Roxin, del modelo de imputación del comportamiento: Jakobs y Frisch) e imputación subjetiva que se refiere a la atribución del dolo o la culpa (que, en el caso del dolo, presenta diferentes modelos explicativos: volitivo psicológico, volitivo normativo, cognitivo psicológico y cognitivo normativo), reservándose, según Mir Puig, la expresión imputación personal a la adscripción de los elementos de la culpabilidad; y, por otro lado, (2) con la imputación totalizadora o generalizada que se refiere al juicio de adscripción de todos los elementos de la responsabilidad penal a través de un conjunto de criterios (usualmente identificados como *imputatio facti* e *imputatio* iuris) que justifica la imposición de la sanción penal (Hruschka, Kindh*ä*user y Mañalich).

14 Cuando se afirma que la imputación ha superado la causalidad, es una expresión identificada en los estudios de la denominada imputación objetiva: «el propio concepto de causalidad - no ya su relevancia - ha sufrido directa y violentamente los embates del concepto de «Imputación» como un serio aspirante a su reemplazo» (Piña Rochefort, Juan Ignacio. «Causalidad e imputación. Algunas

Frente a este sucinto panorama en torno a cómo construir la teoría del delito, es lógico señalar que --el Derecho se fundamenta en la teoría de las normas, la cual, en el contexto jurídico-penal gira - aunque no excluyentemente[15] - en la imposición de una sanción a aquel infractor cuya conducta antinormativa es catalogada como delito. Sin embargo, estamos ante un marco incompleto de argumentación, cuando únicamente analizamos si hubo o no la infracción del deber jurídico o de la norma jurídica sin hacer ninguna referencia a los bienes jurídicos tutelados por la ley: la rueda de la imputación requiere tanto del principio de legalidad, pero también del principio de ofensividad como baremo de contención al Estado; de lo contrario podemos caer en un Estado autoritario debido a la función acrítica tanto del legislador como del operador quienes, por ingenuidad o mediante una malicia ocultada, son heraldos del inexistente Estado ético kantiano o de un Estado racional hegeliano, para efecto de justificar que solo por el quebrantamiento de la norma, aún en el caso de los ***deberes jurídicos inútiles***,[16] es suficiente para enviar a una persona a la cárcel, sea por prisión preventiva o por sentencia condenatoria sin la intención de valorar los datos de la realidad que permita afirmar o descartar la gravedad de la imputación; ***parecería que judicialmente resolvemos los temas por los artículos del Código Penal invocados por el Ministerio Público.***

---

consideraciones acerca de su ubicación y relevancia en el Derecho penal». En: *Revista Chilena de Derecho*, Vol. 30, N° 03, Santiago, 2003, p. 515); en esa inteligencia, la imputación objetiva ha pasado por las siguientes fases evolutivas: (1) la corrección de la causalidad a través del criterio de perseguibilidad objetiva de una finalidad (Honig); (2) la depuración de todo vestigio ontológico en la imputación objetiva, a través del denominado principio del riesgo (Roxin); y, (3) la continuación del giro funcionalista o normativista señalado en el punto anterior expresado, en un primer momento, por la infracción del rol social, y ahora caracterizado por la infracción de deberes jurídicos negativos y/o positivos (Jakobs y Pawlik).

15 Nuestra expresión se refiere a no desconocer que en el marco del proceso penal se busca la correcta gestión del conflicto penal, no solamente a través de la pena, sino también en la aplicación de los mecanismos alternativos propio de la justicia restaurativa, sin ignorar el principio de oportunidad, el cual conlleva el no ejercicio de la acción penal o el fenecimiento de la ya ejercida (Mercado Maldonado, Asael / Benavente Chorres, Hesbert. «El Estado en la gestión del conflicto. La reforma del proceso penal en Latinoamérica». En: *Revista Opinión Jurídica*, Vol. 09, N° 17, Medellín, 2010, pp. 57-70).

16 En Alemania, en 1929 se resolvió el caso denominado: *pelos de cabra*, en donde el dueño de una fábrica de pinceles adquirió a una empresa china pelos de cabra para elaborar sus productos, y, a pesar de que estaba obligado a desinfectarlos, se los entregó a sus empleadas omitiendo esa desinfección, contrayendo cuatro de ellas el bacilo de corbunco, lo que les provocó la muerte. El informe pericial puso de manifiesto, no obstante, que, aunque el empresario hubiera cumplido con su deber, las operarias tal vez habrían fallecido también, dado que no resultó acreditado que los desinfectantes hubieran podido destruir los gérmenes. El RG llegó a una condena con la fundamentación de que una causalidad del comportamiento del autor sólo puede excluirse «cuando concurre la certeza o una probabilidad rayana en la certeza de que el acontecimiento dañoso también se habría producido cuando no le hubiera precedido el comportamiento culpable» (RGSt 63, 214). Al respecto, ya sea que se pretenda resolver el caso desde la teoría de la evitabilidad o mediante la teoría del aumento del riesgo (Gimbernat Ordeig, Enrique. «Teoría de la evitabilidad versus teoría del aumento del riesgo». En: *Anuario de Derecho Penal y Ciencias Penales*, Volumen LXVIII, Ministerio de Justicia, Madrid, 2015, pp. 21-62), consideramos oportuno el análisis de Zaffaroni que se está ante un deber jurídico inútil para la protección de los bienes jurídicos y para ello es necesaria la prueba pericial científica que nos permita afirmar la inutilidad de un concreto deber jurídico cuando no es idónea para conjurar el riesgo o porque nos enfrentamos a lo imprevisible. Opinar, así sea de lege ferenda, de tipos de peligro que sancionen la sola infracción de la ley técnica que a su vez implicaría el quebrantamiento de la norma, grafica la insostenible afirmación de sancionar penalmente a una persona por la mera infracción del deber jurídico (así sea inútil para proteger los bienes jurídicos tutelados por la le), en razón a la arbitrariedad de las consecuencias de la teoría imperativa de las normas sin el límite del principio de ofensividad.

En ese contexto, consideramos que con la expresión: «imputación» conseguimos el tránsito del Derecho penal sustantivo (cuya dogmática se expresa principalmente en la teoría del delito) al Derecho penal adjetivo (cuyo equivalente dogmático es la teoría del proceso), en la medida que se observen determinados principios como el de legalidad, ofensividad y la responsabilidad por el hecho propio. En efecto, la infracción de la norma jurídico-penal a través de un comportamiento atentatorio de bienes jurídicos tutelados por la ley conlleva la imputación de un ilícito penal, la cual al ser comunicada por el órgano acusador al Juez (sea en un modelo imputativo o en un modelo acusatorio), y luego de escuchar a la defensa del imputado así como de valorar la prueba actuada en el proceso, emitirá la respectiva sentencia en clave absolutoria o condenatoria, salvo que se haya aplicado un mecanismo alternativo de solución de controversias.

Como se aprecia, no apreciamos una colisión entre las normas legales y la protección de bienes jurídicos, por el contrario tal relación permite invocar el argumento de la utilidad del deber jurídico como argumento para la imputación penal de un determinado conjunto de eventos a una determinada persona, como obra suya; por tanto, afirmar que la imputación descansa en la infracción de la norma no se opone cuando también se afirma que en razón de tal infracción se afectaron bienes jurídicos tutelados por la ley.

Así, en la teoría del Derecho se ha reconocido que el Derecho es un sistema de mandatos y prohibiciones, es decir, de normas.[17] En el ámbito del Derecho penal, Silva ha indicado que el injusto debería tener alguna relación con una determinada concepción previa acerca de la norma, que el injusto - de algún modo - negaría.[18] En cambio, Sánchez-Ostiz lo entiende en un sentido más amplio, esto es, que el concepto de norma es condición para poder entender la teoría del delito como una manifestación de una teoría general de la acción humana.[19]

En esa inteligencia, Sánchez-Ostiz emplea la perspectiva fenomenológica para definir a la norma como una «propuesta para regir la agencia»[20] y cuyo destinatario es el sujeto racional. Asimismo, y recurriendo a la perspectiva analítica, precisa la

---

[17] Raz resaltó que una de las características del Derecho es su carácter normativo, esto es, que el Derecho es normativo en tanto sirve, y está hecho para que sirva, como guía de la conducta humana (Raz, J. *The Concept of a Legal System: An Introduction to the Theory of Legal System*, Oxford, Clarendon Press, 1980, p. 03).

[18] Al respecto, ha identificado cuatro conceptos distintos de norma: «(1) un concepto de norma, procedente de la filosofía analítica del lenguaje, entendido como prohibición de causación de una lesión o mandato de evitación de ésta; (ii) un concepto de norma como baremo de valoración (la norma de valoración o norma de derecho, procedente del neokantismo); (iii) un concepto de norma como directiva de conducta para imputables e inimputables; y (iv) un concepto de norma como directiva de conducta dirigida sólo a imputables, los únicos que podrían infringirla». (Silva Sánchez, Jesús María. «¿Adiós a un concepto unitario injusto en la teoría del delito? A la vez, una breve contribución a la teoría de las medidas de seguridad». En: *InDret, Revista para el análisis del Derecho*, 3/2014, Barcelona, 2014, pp. 05-06).

[19] «y, por consiguiente, al comportamiento como momento antinormativo, como decisión de infracción, adoptada por el sujeto; lo cual supone entender que la norma cuenta con la capacidad de dirigirse del destinatario y que la atribución de conocimiento y voluntad al agente es algo más que un requisito formal: es la clave para entender al sujeto como agente». (Sánchez-Ostiz Gutiérrez, Pablo. *La libertad del Derecho penal. Estudios sobre la doctrina de la imputación*, Barcelona, Editorial Atelier, 2014, p. 20).

[20] Es un concepto que planteó en su conferencia virtual: «teoría de las normas», expuesta en el *Seminario Internacional de Investigaciones en Derecho Penal*», organizado por el Poder Judicial de Mendoza (Argentina) y celebrada el 09 de Julio de 2020.

necesidad de entender: (1) la norma como ley, (2) la norma como regla y (3) la norma como pauta.[21]

Al respecto, y porque lo consideramos relevante en nuestro estudio, resaltamos la norma como pauta, la cual va dirigido al juzgador para efecto que realice un ejercicio de medición y valoración en torno si el agente ha infringido la norma como regla.[22] Así, para Sánchez-Ostiz lo que se procura es la aplicación de los principios y reglas jurídicas, así como las normas penales y extrapenales, constitucionales e infra-constitucionales, siendo el ámbito de la norma como pauta más amplia que la norma de sanción (únicamente, en el entendido nuestro, como operación silogística formal no axiológica o en su defecto la consecuencia jurídica conectada a un supuesto de hecho[23]), pero manteniéndose la finalidad de la aplicación de la ley al suceso: *applicatio legis ad factum.*[24]

---

21 Ídem.

22 La «pauta» también ha sido empleada por Sánchez-Ostiz para analizar la libertad antropológica: «Parto de la base de que el ser humano se rige por normas o pautas... esta normatividad presupone que se puede imputar el proceso en el que alguien se ve inmerso, no como mero suceso, sino como un hecho, pues la presencia de una pauta en el momento de actuar permite afirmar que se ha obrado conforme, o contra, o más allá de la norma en cuestión... Por tanto, la libertad del agente apela a la existencia de pautas (normas) y estas presuponen la imputación... De donde deriva que obrar es emplear pautas, y las pautas suponen opciones. Por lo que el actuar no es algo determinado». (Sánchez-Ostiz Gutiérrez, Pablo. «La libertad del Derecho penal: ¿De qué hablamos cuando decimos libertad?». En: *Filosofía trascendental, fenomenología y Derecho natural,* Hildesheim, Zürich, New York, Olms Editor, 2018, p. 122).

23 Es el contexto del binomio norma de comportamiento / norma de sanción, en donde la primera supone un mandato o una prohibición dirigida al individuo, para que éste haga o no haga lo prescrito por la norma; por su parte, la segunda es aquella dirigida a los órganos encargados de hacer cumplir la ley, quienes deberán imponer una sanción en caso de la inobservancia de la norma de conducta (al respecto, consúltese: Silva Sánchez, Jesús María. *Aproximación al Derecho penal contemporáneo,* 2da. Edición, Montevideo, Buenos Aires, Editorial B de F, 2010, p. 505). Ahora bien, la amplitud antes señalada obedecería al dato que la norma sanción se deduce directamente del Código Penal, en cambio la norma como pauta recurre incluso a principios constitucionales para justificar la valoración del juez en torno a la infracción de la norma como regla; en contra, Robles quien afirma que: «Ni las normas de conducta, ni las de sanción aparecen formuladas directamente en los enunciados legales. De estos únicamente se extraen protonormas de sanción y protonormas de conducta» (Robles Planas, Ricardo. «Normas de conducta». En: *InDret, Revista para el análisis del Derecho,* 1/2019, Barcelona, 2019, p. 08). En ese sentido, opinamos que la amplitud de la norma como pauta de Sánchez-Ostiz coincide con la posición de Robles en torno a no equipararlo con la literalidad de la ley penal (en clave de la operación silogística formal no axiológica o como la consecuencia jurídica conectada a un supuesto de hecho), para ello señalamos como ejemplo el artículo IX del Título Preliminar del Código Penal peruano, el cual dispone: «... Las medidas de seguridad persiguen fines de curación, tutela y rehabilitación», esta enunciado es una pauta para el juzgador a la hora de aplicar las medidas de seguridad para aquellos inimputables que presentan, por la lesividad de su hecho para los bienes jurídico-penalmente protegidos, peligrosidad objetiva, donde la directriz implica la observancia de principios como la dignidad, humanidad y prevención, los cuales tienen en el Perú rango constitucional: artículos 1° y 139° constitucional, no limitándose el razonamiento judicial a la infracción de la norma como juicio hipotético, sino que, la operación de subsunción normativa se vea favorecida por el argumento principialista.

24 En el modelo de Hruschka se distinguen las reglas de comportamiento de las reglas de imputación, y en estas últimas identifica un doble nivel: la *imputatio facti imputatio facti* y la *imputatio iuris;* así, el hecho antijurídico (producto de la *applicatio legis ad factum*) es presupuesto para ingresar a la imputación de segundo nivel o imputatio iuris: «La imputación de segundo nivel es el juicio sobre el merecimiento del hecho... Si se emite este juicio, ello significa que ya ha tenido lugar la aplicación del sistema de reglas de comportamiento al hecho» (Hruschka, Joachim. «Reglas de comportamiento y reglas de imputación». En: *Anuario de Derecho Penal y Ciencias Penales,* Tomo 47, fascículo 03, Ministerio de Justicia, Madrid, 1994, p. 350). En cambio, opinamos que Sánchez-Ostiz equipara la

En ese sentido, las pautas normativas que requiere el juzgador solamente adquieren sentido a través de la pragmática del proceso penal; es decir, «la teoría del delito imputada»[25] por el órgano acusador quien asume la carga de la prueba, para efecto que el juez, respetando las garantías propias debido proceso (entre ellas el derecho de defensa), emita pronunciamiento de fondo o bien se recurra a los mecanismos alternativos de resolución de controversias; ello, debe originar la revisión de aquellos textos legales que regulan la exposición de la «teoría del caso» en la audiencia de juicio oral, convirtiendo la técnica o la estrategia en norma.[26]

Por lo que, son varios los tipos de pautas que tendrá que atender el Juez y no únicamente a la norma de sanción (en el sentido de entenderla como la consecuencia jurídica conectada al supuesto de hecho o bien de operación silogística formal no axiológica); y en esa inteligencia, una de las pautas centrales es la existencia real de un conjunto de hechos con sentido delictivo imputado al probable autor del mismo, sin soslayar la presencia de partícipes.[27] En ese orden de ideas, la imputación de los

---

applicatio legis ad factum a todo el juicio retrospectivo que realiza el juzgador: «las respectivas normas en juego (prohibiciones, prescripciones y permisiones) que operan en prospectiva son empleadas en la retrospectiva por el juzgador - el juez, el propio agente o un tercero - como baremo de medición. Hablamos entonces de tipos comisivos, tipos omisivos y tipos de causas de justificación, respectivamente» (Sánchez-Ostiz, *La libertad... Estudios sobre la doctrina de la imputación,* cit., p. 44).

25 Esta expresión debe ser entendida como una contestación para aquellos que comentaron, en el contexto latinoamericano, que la teoría del caso ha venido a sustituir a la teoría del delito y por ende es lo que debe ser explicada, incluso emocionalmente, en el proceso penal; así, citamos a Dondé quien (desde el contexto de la reforma constitucional mexicana la cual estableció que el proceso penal es acusatorio y oral en el primer párrafo del artículo 20° constitucional) mencionó lo siguiente: «La reforma constitucional de 18 de Junio de 2008 ha condenado al desuso a la teoría del delito» (Dondé Matute, Javier. «Crítica a la teoría del delito: bases para su destrucción». En: *Dogmática penal y teoría del delito,* México, Editorial Porrúa, 2012, p. 06). Tan desafortunado es el comentario que no merece mayor atención, solamente agregamos que la teoría del caso es un constructo argumentacional que no se limita a las tradicionales preguntas socráticas del qué, cómo, cuándo, dónde, por qué y para qué, sino debe corresponder a la relación dialéctica de las teorías del hecho, del delito, y sus consecuencias jurídicas, así como de la prueba, generando líneas de investigación y de litigación, según el estadio procesal en que nos encontremos, que logren gestionar el conflicto a través del esclarecimiento de los hechos, la reparación del daño y, sobre todo, el respeto a los derechos humanos (al respecto, consúltese: Benavente Chorres, Hesbert. *La aplicación de la teoría del caso y la teoría del delito en el proceso penal acusatorio,* Barcelona, Editorial J.M. Bosch, 2011, pp. 20 y sgts.).

26 Ello se aprecia en el artículo 371° del Código Procesal Penal colombiano, así como en los artículos 367° y 369° del texto adjetivo panameño.

27 Por conjunto de hechos delictivo nos estamos refiriendo a aquella acción u omisión (conducta humana) que ha afectado bienes jurídicos protegidos penalmente y que por la responsabilidad subjetiva que presentaría su autor conlleva la imposición de una sanción penal, sin perjuicio que en el proceso penal se aplique una salida alterna prevista en la ley y que coadyuve a una correcta gestión del conflicto jurídico-penal; lo señalado dota de sentido cuando nos referimos que el delito es la infracción de la norma de comportamiento, porque tales normas conectan comportamientos humanos y la protección de bienes jurídicos penalmente tutelados: «Los daños a bienes jurídicos pueden proceder de hechos naturales o de acciones humanas, pero en cualquier caso el Derecho que quiere intervenir en la realidad evitando lesiones no puede hacerlo más que mediante normas de comportamiento dirigidas a los ciudadanos». (Molina Fernández, Fernando. «Presupuestos de la responsabilidad jurídica (análisis de la relación entre libertad y responsabilidad). En: *Anuario de la Facultad de Derecho de la Universidad Autónoma de Madrid,* N° 04, Madrid, 2000, p. 195); ahora bien, cuando el Prof. Molina señala que la norma de sanción refuerza las normas primarias de comportamiento creando un contexto favorable a su cumplimiento (Molina Fernández, Fernando. *Antijuridicidad penal y sistema del delito,* Barcelona, Editorial J.M. Bosch, 2001, p. 873), ello no es incompatible con lo señalado al inicio de la presente nota en torno a los mecanismos alternativos de resolución de controversias, a menos que se considere que la justicia restaurativa no refuerza las normas primarias de conducta, lo cual por una razón consecuencialista (la cual entendemos que no se reduce al utilitarismo) no sería correcto.

hechos debe obedecer a una concreta tipificación previa de la conducta, permitiendo comprender cómo se actualizan los elementos objetivos, subjetivos y normativos de la tipificación; pero a su vez, la imputación desde los hechos deba permitir ser contestada, esto es refutada por la defensa, al invocar las causales de exclusión de la responsabilidad penal prevista en la ley.

Ahora bien, no se ignora el actual debate en torno si con la relación entre la teoría de las normas con las reglas de imputación se tendría que reformular lo que entendemos por injusto y culpabilidad,[28] a lo que al inicio del presente apartado lo presentamos como la discusión entre el concepto estratificado del delito y el concepto estratificado de la imputación. En esa inteligencia, lo cierto es que la mencionada reformulación no puede oponerse a lo establecido en la legislación (con especial atención a los principios constitucionales, entre ellos el multicitado principio de ofensividad), pero sobretodo que pueda conectarse con las categorías probatorias, cuya valoración judicial a través de la sana crítica permitirá establecer la relación entre los enunciados fácticos probados y la respuesta jurídico-penal.[29]

En efecto, es evidente que la fiscalía al formular cargos en contra de una determinada persona está formulando una imputación penal, y claro está que va a invocar la fundamentación jurídica correspondiente que guarda relación con la infracción a un determinado deber jurídico que a su vez nos conduce a un determinado tipo penal; por ende, existe una teoría de la imputación de por medio; sin embargo, la relevancia penal y por tanto la gravedad de la imputación radica en el cuadro fáctico que el órgano imputador plantee al imputado, quien tiene el derecho a contar con un abogado defensor y con conocimiento del juzgador, cuadro que a su vez tendrá que estar sustentado por elementos de convicción, los cuales se obtienen en razón de una investigación por pesquisas y técnico-científicamente conducido por los expertos y no limitado o dependiente de la percepción y memoria de los testigos, incluyendo la de la víctima.

---

28 Aunque tampoco se ignora que ante la aparición de un nuevo «paradigma» se vuelve a colocar en la mesa de la discusión la necesidad de reformular la teoría del delito; así, cuando Jakobs asume su teoría de la imputación a través de la acción culpable (subjetiva o moralmente voluntaria) de Hegel a través de la infracción de la norma cuyos únicos destinatarios son los imputables, originó que uno de sus discípulos Heiko Lesch afirmase que la culpabilidad jurídico-penal, injusto penal y hecho punible sólo son sinónimos que pueden ser adecuadamente reformulados en un sistema funcional del Derecho penal (Lesch, Heiko. *Der Verbrechensbegriff: Grundlinien einer funktionalen Revision*, Carl Heymanns Verlag, Colonia, 1999, p. 207). Asimismo, en el caso de Mañalich, quien al definir el delito como el quebrantamiento imputable de una norma de comportamiento (Mañalich Raffo, Juan Pablo. «El delito como injusto culpable. Sobre la conexión funcional entre el dolo y la consciencia de la antijuridicidad en el derecho penal chileno». En: *Revista de Derecho*, Vol. XXIV, N° 01, Valdivia, 2011, p. 90), identifica al delito doloso consumado como la figura paradigmática de imputación «ordinaria», dejando al delito tentado así como al delito imprudente, los cuales tienen en común son «sendas formas de error», el criterio de imputación «extraordinaria» (Mañalich Raffo, Juan Pablo. «Tentativa, error y dolo. Una reformulación normológica de la distinción entre tentativa y delito putativo». En: *Revista Política Criminal*, Vol. 14, N° 27, Santiago de Chile, 2019, pp. 297 y 305 nota 41).

29 Nos referimos que la teoría del delito es quien se adecúa a la potencia probatoria de los hechos, por ende el concepto jurídico que se maneje en torno a la conducta, al injusto y a la culpabilidad, incluyéndose las causales de exclusión debe tener probabilidad fáctico-probatoria, de lo contrario no sería útil para justificar el razonamiento judicial; por ejemplo, en el caso del dolo, Corcoy señala «que no tiene ningún sentido exigir un elemento en el dolo que luego no pueda ser apreciado» (Corcoy Bidasolo, Mirentxu. *El delito imprudente. Criterios de imputación del resultado*, 2da. Edición, Montevideo, Buenos Aires, Editorial B de F, 2008, p. 264).

Esto es la explicación pragmática de lo que se entiende por imputación penal, porque relacionamos el aspecto sustantivo del sistema penal con el aspecto adjetivo; porque una concreta imputación genera preguntas o inquietudes propias del Derecho penal como también del Derecho procesal penal; piénsese en el feminicidio: qué se entiende por mujer para efecto de determinar el sujeto pasivo, cuál es el alcance del abuso de confianza o del prevalimiento para entenderlo como cuestión de género y conectar la muerte de una mujer como feminicidio; ello son problemas de Derecho penal; sin embargo, también podemos preguntarnos: si la víctima que perdió la conciencia por las agresiones de su pareja, ¿podrá o no tener relevancia probatoria su declaración para explicar si se está ante una tentativa de feminicidio o bien si estamos ante unas lesiones graves por el dolo del agente o su arrepentimiento para privarle de la vida a su pareja? ¿Cómo iniciar una investigación por pesquisas frente a un caso de feminicidio? Ello son inquietudes propias del Derecho procesal penal, donde en materia probatoria también apreciamos una discusión entre la investigación sustentada en el testimonio frente a una investigación sustentada en las pesquisas, en la que, por ejemplo, la Corte Suprema peruana tomó posición al mencionar, en el fundamento trigésimo segundo del Acuerdo Plenario 01-2011, y de manera peligrosa que: «será la declaración de la víctima la que, finalmente oriente la dirección de la prueba corroborativa» y nos preguntamos: ¿si la víctima no se acuerda de los eventos, no prestó suficiente atención a los detalles o perdió la conciencia debemos archivar el caso? O ¿si la víctima narra una línea de eventos X (introducción del miembro viril del denunciado en la boca de la víctima), los criminalistas, los médicos legistas, los psicólogos forenses y demás expertos deben limitarse a esa línea para corroborarla o descartarla y en este último caso archivar la denuncia (ya no se revisarán otras cavidades o la localización de indicios dentro de los múltiples escenarios de los hechos: cómo se conocieron, qué personas o lugares se interrelacionan con los eventos)?

No obstante, la citada pragmática de la imputación penal (que en absoluto se equipara a la pretensión de dogmáticos como Kindhäuser o Mañalich que busca en la filosofía analítica del lenguaje encontrar la mencionada pragmática que más adelante explicaremos es un intento fallido), requiere no solamente de actividad probatoria sino de un discurso principialista o garantista, dado que, la imputación penal se postula en un sistema de justicia que exige el respeto a un debido proceso y por ende a los derechos humanos; frente a ello, a continuación comentaremos la relación entre la pragmática de la imputación penal y su sustento principialista.

En primer lugar, es propio del mensaje constitucional actual o moderno el reconocer la defensa de la persona humana *y el respeto de su dignidad* como el fin supremo de la sociedad y el Estado;[30] y siendo que el Derecho penal es el instrumento de sanción pública por excelencia, su utilización por parte del Estado solamente se justifica para proteger a la persona humana definida tanto en su dimensión individual como colectiva;[31] sin embargo, la sanción impuesta por aplicación

[30] Es el caso del artículo 1.1 de la Ley Fundamental alemana de 1949, el cual coloca la «dignidad humana» como basamento de los derechos fundamentales, siendo deber del Estado su protección. En nuestra región, por ejemplo, citamos el artículo 1° de la Constitución peruana.

[31] Al respecto, el Tribunal Constitucional peruano ha señalado que la persona es un «ser espiritual, dotada de autonomía y dignidad, y miembro de una comunidad de seres libres» (STC 2868-2004-PA/TC).

del Derecho penal no puede afectar el respeto de la dignidad del sentenciado (que entendemos es otra persona humana), constituyendo la norma constitucional citada en la principal pauta para el juzgador, como el equivalente a la *directiva primaria*.[32]

---

[32] Son varias las declaraciones internacionales que mencionan la dignidad humana, solo como ejemplos citamos la Declaración Universal de los Derechos Humanos de 1948, así como la Declaración Universal sobre Bioética y Derechos Humanos de la UNESCO de 2005. Asimismo, tampoco se ignoran aquellos estudios como de Macklin y Pinker sobre el escepticismo ante la dignidad, los cuales García critica al precisar que no existen razones suficientes «para descartar el concepto como inútil ni como estúpido, porque, primero, el que haya de descartarse el parloteo sobre la dignidad no implica que no pueda elaborarse un discurso significativo y fundamentado sobre ella» (Cfr. García Manrique, Ricardo. «La dignidad y sus dimensiones en la Declaración». En: Casado, María. (Coord.) *Sobre la dignidad y los principios. Análisis de la Declaración Universal sobre Bioética y Derechos Humanos UNESCO,* Madrid, Editorial Civitas, 2009, p. 47). Sin embargo, ¿la autonomía constituye el adecuado fundamento de la dignidad? Al respecto, Kant señalaba que «La autonomía es el fundamento de la dignidad de la naturaleza humana y de toda naturaleza racional... la idea de la dignidad de un ser racional es que no obedece a ninguna ley que aquella que él se da a sí mismo» (Cfr. Kant, Inmanuel. *Fundamentación de la metafísica de las costumbres,* México, Editorial Porrúa, 1983, pp. 48-49); en esa inteligencia, Atienza plantea contextualizar la definición recordando los tres imperativos categóricos kantiano: universalidad (igualdad), dignidad como autonomía y libertad como autonomía y así «verlos como dimensiones distintas de una misma realidad (una misma ley moral) y cada una de ellas contiene a la otra» (Cfr. Atienza, Manuel. «Sobre el concepto de dignidad humana». En: Casado, María. (Coord.) *Sobre la dignidad y los principios. Análisis de la Declaración Universal sobre Bioética y Derechos Humanos UNESCO,* Madrid, Editorial Civitas, 2009, pp. 92-93), pero esta *vuelta a Kant* como una especie de *vuelta a la razón,* que incluso conllevaría al absurdo de afirmar que los no kantianos no utilizan el argumento racional para justificar una postura, presenta inconvenientes; en primer lugar, porque la ética autónoma nos lleva a conducirnos por la vida sin importar las consecuencias, sino el motivo o el cómo: ¿quién podrá decir lo que a uno le beneficia?, lo cual es propio de una racionalidad sin límites, ni criterios, lo que permitiría confundirla con irresponsabilidad; y esta falta de límites ha originado que Atienza vaya incluso contra el propio criterio kantiano de sujeto moral como sujeto racional, al señalar que lo que importa en la dignidad es, por ejemplo, la capacidad de sentir: «supongamos... que aparecieran seres que no pertenecieran biológicamente a la especie humana... pero que estuvieran dotados de sensibilidad, de inteligencia, de capacidad de decidir, etc... ¿Sería esa una razón suficiente para negarles dignidad, esto es, para no tratarlos como a los seres humanos? No lo parece» (ídem, p. 84), y como tal capacidad de sentir lo tienen los animales, entonces el paso siguiente de Atienza es reconocerles dignidad: «Por ejemplo, si los chimpancés compartes con nosotros más del 99% del genoma (y poseen capacidades mentales que en muchos aspectos se asemejan a las nuestras), quizás no fuera absurdo pensar que también poseen algo de dignidad, o que la poseen en un grado inferior a los seres humanos» (ídem, p. 84); de esta última cita, Atienza concluye que la dignidad es gradual: «Las consecuencias normativas serían, entonces, distintas, según el grado de dignidad que se poseyera. Así, los seres humanos (en cuanto dotados de dignidad en sentido pleno) serían titulares de todos los derechos fundamentales, mientras que a ciertas clases de animales podrían reconocérseles el derecho a la vida o a no ser tratados de manera cruel pero, obviamente, no los derechos políticos o las libertad públicas» (ídem, p. 85); en ese contexto, el de afirmar que el animal X tiene el derecho Y pero no el derecho Z realmente no es una gradualidad sino un no reconocimiento, lo que conllevaría a cuestionar la *universalidad de la dignidad* que es un imperativo categórico kantiano que Atienza, como vimos en las citas anteriores, no está dispuesto a abandonar; pero al final lo abandona al precisar que entre los seres humanos también es posible una distinción en cuanto al grado de dignidad: «Se podría fijar un umbral a partir del cual el concepto dejara de ser borroso, esto es, la dignidad se poseyera en forma plena, de la misma manera que, por ejemplo, se podría establecer que a partir de 1.80 centímetros se es alto sin más, mientras que, hasta llegar ahí, podríamos admitir que alguien puede aproximarse en grados distintos, más o menos, a ser alto» (ídem, p. 85, nota 11); ahora hablamos de superar un umbral (que sabrá Dios cuál es) para que las personas humanas tengamos una dignidad plena y que al no superarlo seríamos equivalentes a los animales: ¿y si me considero perro y quiero que me traten como perro, quién podrá exigirme responsabilidad humana?, a ello nos referimos al acto de conducirnos por la vida sin importar las consecuencias; claro está

En segundo lugar, también es propio del discurso constitucional el deber primordial del Estado de garantizar la plena vigencia de los *derechos humanos*, así como proteger a la población de las amenazas contra su seguridad;[33] al respecto, el Tribunal Constitucional peruano ha precisado que los derechos humanos[34] deben ser concebidos como *bienes jurídicos*:[35] «Un derecho tiene sustento constitucional directo, cuando la Constitución ha reconocido, explícita o implícitamente, un marco de referencia que delimita nominalmente el bien jurídico susceptible de protección. Es decir, existe un baremo de delimitación de ese marco garantista, que transita desde la delimitación más abierta a la más precisa» (STC 1417-2005-PA/TC, fj. 10).

Sin embargo, debemos matizar que la dignidad y los derechos humanos, primera y segunda directiva, no se reducen al individualismo humano; por el contrario, la persona humana es social por naturaleza, afirmándose que su individualidad no alcanza la perfección sino en sociabilidad, y a través de esta última se construye

---

que el reconocimiento que somos diferentes no es un atentado a la dignidad, tendría uno que ser ingenuo en no reconocer que no existen dos personas humanas idénticas, pero ello no nos hace más dignos o menos dignos que otros; cuestión distinta es reconocer que existen grados de afectación a la dignidad que justifica un sistema diferenciado de responsabilidad y de sanciones. En segundo lugar, este clase de racionalidad desconoce la riqueza ontológica de la persona humana; así, para el Tribunal Constitucional peruano: «La dignidad de la persona es el presupuesto ontológico común a todos los derechos fundamentales» (STC 0011-2002-AI/TC, fj. 09) y «no puede perder su derecho a la dignidad por el hecho de encontrarse en una determinada circunstancia económica, social, religiosa, cultural, educativa, por ejemplo, o cuando se encuentra sometida a una especial situación jurídica a consecuencia del ejercicio, por parte del Estado, de su poder punitivo» (STC 4903-2005-PHC/TC, fj. 08); frente a ello, la razón moral de la dignidad y libertad no tiene por qué constituirse en adversario de las razones culturales y políticas identificadas en el discurso jurídico, cuestión aparte sería la razón antropológica dado la necesidad de equiparar o superar la libertad como «adquisición evolutiva de la especie» (Cfr. Fernández Carrasquilla, Juan. «Culpabilidad y libertad de voluntad». En: *Anuario de Derecho Penal y Ciencias Penales,* Tomo 66, fascículo 01, Ministerio de Justicia, Madrid, 2013, p. 127) o la razón fenomenológica como libertad básica (Sánchez-Ostiz, *La Libertad...,* cit., p. 114).

33 Consúltese el artículo 44° de la Constitución peruana. Al respecto, el citado marco constitucional dota de sentido al artículo IV del Título Preliminar del Código Penal peruano, el cual ha establecido que: «La pena, necesariamente, precisa de la lesión o puesta en peligro de bienes jurídicos tutelados por la ley».

34 Entendemos los derechos humanos como el «conjunto de bienes humanos debidos a la persona por ser lo que es (naturaleza humana) y valer lo que vale (dignidad humana), y cuyo goce o adquisición le depara grados de realización» (Cfr. Castillo Córdova, Luis. «La interpretación iusfundamental en el marco de la persona como inicio y fin del derecho». En: Sosa Sacio, Juan Manuel. (Coord.) *Pautas para interpretar la Constitución y los derechos fundamentales,* Lima, Editorial Gaceta Jurídica, 2009, p. 31). Asimismo, no es suficiente proclamar la dignidad y la libertad para llegar a una igualdad real, dado que la libertad reclama condiciones materiales mínimas para hacer factible su ejercicio; ello constituye el aspecto teleológico del Estado social y democrático de Derecho (STC 0008-2003-AI/TC, fj. 12 Perú), cuya presencia se justifica en una realidad imperfecta con necesidades y carencias sociales (desde esta plataforma podemos analizar la exclusión social y hasta qué punto el castigo penal se encuentra justificado).

35 Nos queda claro la necesidad que la doctrina postule los rasgos esenciales que permitan identificar al bien jurídico protegido y con criterios, no solamente lógicos, sino también axiológicos, su afectación por el comportamiento humano. En esa inteligencia, su equiparación al concepto de derechos humanos, en un sentido positivo, tendría la fuerza del reconocimiento de la comunidad jurídica internacional y la concreción de un ámbito restrictivo que incluso haría crítica al funcionamiento de sub-sistemas sociales (como el económico o la administración pública) como objeto de merecimiento de la tutela pena; pero, por el lado negativo, la necesidad de construir el significado de lo que se entiende por derechos humanos sigue latente.

la cultura, y con la cultura la suma de las demás instituciones;[36] por tanto, no compartimos el concepto de Jakobs en torno a la identidad normativa de la sociedad,[37] donde la persona humana se ve diluida en la sociedad, cuando lo cierto es que la persona humana construye y se construye (se reconoce) en sociedad.[38]

En tercer lugar, invocamos el principio de la *investigación oficial del delito*,[39] la cual, por mandato legal su dirección recae en el Ministerio Público. Al respecto, ¿qué debemos de entender por delito? Es usual en las codificaciones iberoamericanas afirmar que el delito es aquella acción u omisión[40] dolosa o culposa penada por la ley, por lo que, la imputación que se postule en el proceso penal gira en torno a un conjunto de circunstancias de tiempo, modo y lugar que se adecúa a los elementos de un determinado tipo penal, cuyo autor (así como el partícipe) presenta responsabilidad subjetiva;[41] asumiendo el órgano quien imputa la carga de la prueba de la existencia de tales circunstancias,[42] carga que se espera se cumpla en función a lo obtenido mediante las diligencias de investigación.

Frente al citado marco se entiende que es la fiscalía quien debe imputar los «hechos procesados»[43] como delito, acompañando los elementos de convicción nece-

36 En la conversación por redes sociales que mantuvimos con el profesor costarricense José Daniel Hidalgo Murillo, el citado docente manifestó lo siguiente: «no comprendemos la sociedad y a la persona en esa sociedad si no partimos de la naturaleza social... si la persona es social por naturaleza, no puede la autoridad - sea quien sea - asumir el derecho de sancionar cuando ha asumido la obligación de educar, de formar, de construir sociedad».

37 No se ignora que para Jakobs la «sociedad es la construcción de un contexto de comunicación», agregando que «la prestación que realiza el Derecho penal consiste en contradecir a su vez la contradicción de las normas determinantes de la identidad de la sociedad» (Cfr. Jakobs, Günther. *Sociedad, norma y persona en una teoría de un Derecho penal funcional,* Bogotá, Universidad Externado de Colombia, 1996, pp. 18 y 26). Tal planteamiento ha sido criticado como propio de un Derecho abstracto que se entiende con el sujeto ideal más no con el sujeto real (Cfr. Silva Sánchez, Jesús María. «Del derecho abstracto al derecho real». En: *InDret, Revista para el análisis del Derecho,* 4/ 2006, Barcelona, 2006, p. 04), lo que, probablemente ha motivado a Jakobs el referirse al miedo (*Angst*) de las personas: «en una sociedad en la que ninguna persona osa moverse libremente por miedo a la delincuencia, el derecho a la libertad de movimientos no es real, se mire como se mire» (Cfr. Jakobs, Günther. *La pena estatal. Significado y finalidad,* Madrid, Editorial Civitas, 2006, p. 139)

38 «El singular ahora debe imputar el respeto de que goza por sus operaciones según estándares socioculturales, no al todo colectivo, sino referirlo positivamente a sí mismo. Por eso en las condiciones modificadas, la experiencia de la valoración social va unida a una seguridad sentida de poder realizar operaciones o de poseer capacidades que son reconocidas por los demás miembros de la sociedad como valiosas (Cfr. Honneth, Axel. *La lucha por el reconocimiento. Por una gramática moral de los conflictos sociales,* Barcelona, Editorial Mondadori, 1997, p. 158).

39 Consúltese el numeral 4) del artículo 159° de la Constitución peruana.

40 Nos referimos al comportamiento humano, dado que, en países como el Perú o Colombia, las personas jurídicas no se le han reconocido capacidad para la responsabilidad penal; en esa inteligencia, y citando el caso peruano, la Ley 30424, su reglamento así como su modificatoria a través de la Ley 30835, señalan una responsabilidad administrativa; frente a ello, la piedra angular sigue siendo la responsabilidad civil subsidiaria regulada en el artículo 104° CP. Sin embargo, no se ignora las consecuencias accesorias reguladas en el artículo 105° CP, no obstante, y así lo señaló la Corte Suprema en el Acuerdo Plenario 07-2009, el Juez puede no imponerlas, por ejemplo, cuando el Fiscal no las ha solicitado o habiéndolo hecho, el juzgador considere que es intrascendente el nivel de intervención e involucramiento del ente colectivo en el hecho punible o en su facilitación o encubrimiento, considerando desproporcional la aplicación de las mencionadas consecuencias.

41 De conformidad con el artículo VII del Título Preliminar CP queda proscrita la responsabilidad objetiva.

42 Artículo IV del Título Preliminar del Código Procesal Penal peruano de 2004.

43 Debemos reconocer los aportes de los filósofos analíticos para la teoría del delito, dado que, al admitir que el Derecho descansa en juicios axiológicos no se opone, ni debería hacerlo, a los juicios lógicos o

sarios que al ser relacionados y valorados mediante la sana crítica,[44] permitan inferir la infracción dolosa o culposa de deberes o expectativas jurídicas,[45] que a su vez han

formales: «de la posesión de una cantidad determinada de datos se concluye, con ayuda de una regla, la presencia del hecho procesado» (Cfr. Kindhäuser, Urs. «Hechos brutos y elementos normativos del tipo». En: *InDret, Revista para el análisis del Derecho,* 2/2014, Barcelona, 2014, p. 06). Por otro lado, no se ignora la siguiente cita de Binding: «Wir wollen nicht Soziologie, nicht Rhetorik, sondern Jurisprudenz treiben» (Cfr. Binding, Karl. *Die Normen und ihre Übertretung: eine Untersuchung über die rechtmässige Handlung und die Arten des Delikts,* Volumen I, 4ta. Edición, Aalen, Scientia Verlag, 1965, p. 483) pero, ¿cómo practicamos jurisprudencia? Al respecto, Kindhäuser indica que el hecho procesado viene determinado por un juicio de valor, donde su punto de partida son las propiedades convencionales: «un estado de cosas real solo se convierte en hecho a través de su interpretación lingüística» (Kindhäuser, Urs. cit., p. 05); en ese sentido, no hay discusión que la interpretación jurídica dota de significado a los enunciados normativos, pero opinamos que la referencia lingüística requiere de un sustrato tanto antropológico como filosófico, ocupando la razón moral un lugar en la interpretación del jurista, sin caer en la ingenuidad del neo-constitucionalismo que el mejor operador es aquel que pondera más o que cita más veces los tratados internacionales de protección de los derechos humanos.

44 El criterio de valoración propio para el juicio por jurado como es la duda razonable en absoluto brinda un mejor marco de valoración probatoria como la sana crítica, la cual es una epistemología normativizada en reglas que no son ajenas al carácter ético y deontológico del Derecho (Cfr. Benavente Chorres, Hesbert. *La construcción de los interrogatorios desde la teoría del caso,* Barcelona, Editorial J.M Bosch, 2015, p. 365); sin embargo, no nos referimos a las seis formulaciones del estándar de prueba de Ferrer (Cfr. Ferrer Beltrán, Jordi. «Prolegómenos para una teoría sobre los estándares de prueba. El test case de la responsabilidad del Estado por prisión preventiva errónea». En: *Filosofía del derecho privado,* Madrid, Editorial Pons, 2018, pp. 404 y sgts.) que tampoco supera a la sana crítica, en sí y al menos para Latinoamérica, el razonamiento probatorio de la escuela de Girona no nos conduce a nada nuevo, suficiente un operador atento a las reglas normativas que en interpretación sistemática y con la perspectiva relacional de los medios de prueba, podrá explicar el ejercicio de razonamiento empleado: *la práctica judicial permite una mejor comprensión de las reglas normativas y la utilidad de los esquemas teoréticos que se proponen.*

45 Aquí seguimos la posición de Feijoo, quien luego de examinar lo indeterminado de recurrir al criterio del rol social postula que: «el único rol que interesa en Derecho penal es el de las expectativas del ordenamiento jurídico-penal en una determinada situación. Para ello las expectativas que existan en otros subsistemas sociales (otras ramas del Derecho, mercado, etc.) no operan más que como criterios de ayuda para determinar la permisión o tipicidad de determinadas conductas» (Cfr. Feijoo Sánchez, Bernardo. *Derecho penal de la empresa e imputación objetiva,* Madrid, Editorial Reus, 2007, p. 69). Sin embargo, aclaramos que la coincidencia gira en torno al recurso de la infracción de las expectativas jurídico-penal en un contexto de imputación global de los elementos del injusto, pero no en su postura en torno a una responsabilidad penal de las personas jurídicas, y no porque el Derecho positivo peruano no se la reconozca, sino porque no es necesario: un Derecho penal que se entiende con comportamientos humanos torna razonable las categorías del actuar en lugar de otro o bien en las reglas de imputación del empresario y, en cuanto a la indemnización por daños y perjuicios que asuma la persona jurídica, suficiente con recurrir a las reglas de responsabilidad civil subsidiaria: *no todas las empresas el Juez en lo Penal las va ir disolviendo, en cambio, en donde exista un hecho victimizante señalado en la ley como delito, entonces hay una reparación económica del daño que asumir, cuya cuantificación, claro está, descanse en afirmaciones fácticas probadas* (Cfr. Benavente Chorres, Hesbert. *La víctima, imputación del daño y el peritaje en evaluación de daños en el proceso penal acusatorio. Superando el concepto de daños no pecuniarios por su no cuantificación económica,* México, Flores editor, 2020, pp. 10 y sgts.); frente a ello, no compartimos estructuras argumentativas como la autorresponsabilidad de las personas jurídicas, sea a través de concepciones analíticas como el de French quien al señalar que las empresas se convierten en agentes morales capaces de acción colectiva en función lingüística de la estructura de decisión corporativa interna (Cfr. Gómez-Jara Díez, Carlos. *La responsabilidad penal de las empresas en los EE.UU.,* Barcelona, Editorial Universitaria Ramón Areces, 2009, pp. 92-95), nos conduce el ocultar al real agente: la persona humana, «el análisis de la acción a través del lenguaje se centra solamente en la comunicación y no al sujeto al que se refiere la misma» (Cfr. Cigüela Sola, Javier. *La culpabilidad colectiva en el Derecho penal: Crítica y propuesta de una responsabilidad estructural de la empresa,* Madrid, Editorial Marcial Pons, 2015, p. 32); tampoco argumentos del paradigma sociológico-funcional nos conduce al Derecho real, al

ocasionado la afectación del respectivo bien jurídico penal,[46] generándose como producto la actualización de un determinado tipo penal, cuya antijuridicidad se ve confirmada por la ausencia de causales de justificación; sin embargo, la antijuridicidad de la conducta no es suficiente para un Derecho penal sustentada en una responsabilidad subjetiva que en su sentido amplio nos conduce al principio de culpabilidad pero también a la identificación en la ley de las causales de su exclusión.

Sin embargo, es a través de la investigación de las circunstancias de tiempo, lugar y modo comunicadas en la noticia criminal; en efecto, la pragmática de la imputación penal exige que la fiscalía fije la base fáctica una vez agotada las primeras diligencias de investigación,[47] que permite inferir una «sospecha revela-

---

etiquetar a las personas jurídicas como «ciudadanos» empresariales, quienes presentarían con sus acciones delictivas una falta de fidelidad al Derecho, esto es, una «cultura empresarial de no cumplimiento del Derecho» (Cfr. Gómez-Jara Díez, Carlos. *Fundamentos modernos de la culpabilidad empresarial,* Lima, Ara editores, 2009, p. 351); pero no nos debe causar sorpresa, debido que, si solamente con la capacidad de sentir dotamos de dignidad a toda especie humana y no humana, y desde allí una gradualidad de derechos que en el mejor de los casos conlleva a la presencia de un ser superior a las mismas especies quien nos dice que los derechos 1, 2 y 3 se les reconoce a las especies A y B, en cambio los derechos 1,2,3,4 ad infinitum se les reconoce a la especie Z (recorriendo un camino peligroso de selectividad de los derechos que también puede darse en una misma especie como la humana), entonces qué más da modificar el concepto «ciudadano», despersonalizándolo de su relación con el orden político, levantándose de nuevo ese ser superior quien nos dice si las empresas son ciudadanos de derechos civiles y políticos o de derechos sociales, económicos y culturales; simplemente absurdo; por otro lado, tampoco es de recibo la heteroresponsabilidad de las personas jurídicas, incluso en su versión moderada, esto es, que la consecuencia jurídico-penal a imponerse no descansa en una culpabilidad por el hecho ajeno sino en un injusto no culpable por el hecho ajeno: «Solamente es posible verificar en la persona jurídica con base en la deficiente estructura de la organización un estado de injusto que solamente podría legitimar consecuencias jurídico penales, mas no la imposición de penas» (Cfr. Silva Sánchez, Jesús María. «La responsabilidad penal de las personas jurídicas en derecho español». En: *Comunicaciones en Propiedad Industrial y Derecho de la Competencia,* N° 65, Madrid, 2012, p. 32); sin embargo, se difumina el concepto de injusto penal, pudiendo ser cualquier situación de contrariedad con el deber jurídico y «que se han producido solo causalmente incluso por las fuerzas de la naturaleza» (Cfr. Gracia Martin, Luis. «Crítica de las modernas construcciones de una mal llamada responsabilidad penal de la persona jurídica». En: *Revista Electrónica de Ciencia Penal y Criminología,* 18-05, 2016, p. 08, nota 26); entonces ¿cuál es la situación jurídica de las personas jurídicas? En el caso de las sociedades, no podemos ignorar el acto de aportar bienes o servicios para el ejercicio en común de actividades económicas (artículo 1° Ley General de Sociedades peruana), asumiendo la sociedad responsabilidad civil con quienes ha contratado y frente a terceros de buena fe, dejándose a salvo la responsabilidad penal de los socios o administradores - personas físicas - (artículo 12° Ley General de Sociedades peruana); por tanto, se insiste, en el proceso penal las empresas asumen responsabilidad civil subsidiaria, dado el interés que se reparen de manera justa e integral los daños y perjuicios ocasionados por el delito, antes que el Estado asuma los pasivos sociales de estar disolviendo personas jurídicas.

46 Robles nos recuerda el estar atentos en no reducir la afectación en un sentido físico-naturalístico, al indicar lo siguiente: «En efecto, cada vez con más fuerza se entiende el delito como una puesta en cuestión del Derecho, como un ataque a la vigencia de la norma, como comportamiento que expresa una negación de derechos y libertades jurídicamente reconocidos» (Cfr. Robles Planas, Ricardo. «La teoría de la imputación objetiva. Algunas consideraciones sobre sus orígenes y su futuro». En: Frisch, Wolfgang. *La imputación objetiva del resultado. Desarrollo, fundamentos y cuestiones abiertas,* Editorial Atelier, Barcelona, 2015, p. 31).

47 No se ignora que la fiscalía requiere de referentes para la construcción de enunciados fácticos con probabilidad delictiva; esos referentes son las pruebas que el fiscal obtendrá de sus diligencias de investigación preliminares; pero, si la propia denuncia acompaña aquel material probatorio con la suficiente potencia para formalizar la investigación, entonces la norma adjetiva autoriza al fiscal que lo haga sin practicar mayor diligencias de investigación; asimismo, piénsese en los detenidos por flagrancia, si el informe policial acompaña el material probatorio pertinente y suficiente para hablar de una sospecha reveladora, el fiscal podrá formalizar la investigación sin ulteriores diligencias.

dora»[48] de un hecho probablemente delictivo, fundamentando el ejercicio público de la acción penal.[49]

No obstante, el ejercicio de la acción descansa en sí en el principio de imputación o principio imputativo, el cual definimos como ***la atribución de un hecho señalado en la ley como delito a uno o varios agentes, ello implica un juicio de demérito de la conducta por haber infringido la norma de comportamiento que dota de sentido al tipo penal, lesionando o colocando en peligro el bien jurídico tutelado en la ley.***

Ahora bien, más que desglosar el concepto acuñado lo importante sería dotar de contenido a la imputación penal, y en esa inteligencia consideramos que tal contenido está determinado por tres elementos: (1) ***las bases de la imputación***, las cuales nos conducen al cuadro fáctico; (2) ***la competencia del agente***, la misma que implica explicar la atribución de la conducta en razón a la infracción de un determinado deber jurídico por parte del agente y, (3) ***las consecuencias de la imputación***, la cual denota conocer la dañosidad de los eventos imputados, en razón que es considerada como criterio para la individualización judicial de la pena, así como para la reparación civil, dato relevante y que debe ser mencionado por la fiscalía cuando formula imputación (Colombia y Chile) o formaliza la investigación preparatoria (Perú) o solicita el auto de vinculación a proceso (México y Panamá), porque al conocerse la gravedad de la dañosidad de los eventos imputados se podrá ingresar al debate de determinadas peticiones como la prisión preventiva o la constitución por parte del agraviado en actor civil. Claro está, que en el siguiente apartado analizaremos estos componentes que los podemos denominar la ***trilogía de la imputación penal.***

---

48 La Corte Suprema de Justicia peruana en la Sentencia Plenaria Casatoria N° 1-2017/CIJ-433, precisó, conforme lo señala el artículo 336° del Código Procesal Penal, que para la sospecha reveladora se requiere contar con hechos o datos básicos que sirvan racionalmente de indicios de una determinada conducta delictiva, mediante la presencia de elementos de convicción con determinado nivel medio de acreditación. En este caso, los elementos de convicción han de ser racionales, descartándose las vagas indicaciones o livianas sospechas, de tal forma que la formalización de la investigación preparatoria debe apoyarse en datos de valor fáctico que impliquen más que una posibilidad y menos que una certeza, es decir, implica la probabilidad de la existencia de un delito.

49 En Latinoamérica se puede identificar los siguientes modelos: a) por decisión escrita de fiscalía sin control judicial, es el caso del Perú donde el Ministerio Público emite la Disposición de Formalización y Continuación de la Investigación Preparatoria, de cuyos hechos y personas deberá observar el posterior requerimiento acusatorio; en ese sentido, Perú diferencia un conjunto de peticiones que se discutirán en diferentes audiencias, como son los casos de prisión preventiva, de tutela de derechos ante ambigüedad de la base fáctica señalada en la Disposición de Formalización o de mecanismos técnicos de defensa como es el caso de la excepción por improcedencia de acción; b) por formulación de imputación en audiencia con control judicial; es el caso de México, que a diferencia del Perú, ha preferido la realización de un conjunto de actos procesales en una sola audiencia, denominada «inicial»; así, en la referida audiencia se dará el control de la detención, la formulación de imputación, el dictado del auto de vinculación a proceso (el cual refleja el control judicial de lo formulado por la fiscalía), la conclusión anticipada del proceso (a través de las figuras de la suspensión condicional del proceso a prueba o bien a través del procedimiento abreviado), o en su defecto fijar medidas cautelares así como el plazo de cierre de la investigación; todo ello, con el agregado que la acusación deberá observar los hechos y las personas señaladas en el auto de vinculación a proceso; c) por la acusación; es el caso de Venezuela, que a diferencia de los otros modelos no obliga que el requerimiento acusatorio respete una base fáctica anteriormente planteada, así como, el control judicial operaría en la etapa intermedia. Al respecto, consideramos que el modelo mexicano presenta más virtudes que la peruana o la venezolana, porque en la audiencia inicial, la defensa puede realizar ejercicios de contradicción para que no se aperture un proceso penal pero, si se apertura, tenga la garantía que no se va a variar la cuestión fáctica previamente conocida, debatida y controlada mediante resolución judicial.

2.2. CONTENIDO DE LA IMPUTACIÓN PENAL

En una del más del millar de audiencia de juicio oral que nos tocó dirigir, la acusación fiscal giraba en torno que X, al conducir el vehículo automotor Y, privó de la vida a Z, indicándose, por un lado, las circunstancias de tiempo y lugar y, por otro lado, la calificación jurídica: homicidio culposo por inobservancia a las reglas de tránsito. Lo resaltante era que ni la acusación, ni el acto procesal precedente y fundante del objeto litigioso, esto es, la formalización de investigación (o formulación de imputación), señalaba cómo es que X al conducir privó de la vida a Z, para que, de esta forma identificar la regla de tránsito incumplida, para dotar de sentido al pragma típico invocado. Ahora bien, presenta la siguiente explicación: ausencia del peritaje de causalidad o criminalística de hecho de tránsito, esto es, ante la ausencia de una investigación forense el completar el cuadro fáctico simplemente es una tarea imposible.

Sin embargo, Girona nos lanza la psicología del testimonio para efecto que se nos diga lo OBVIO: no se puede condenar sobre la base del testimonio dado la falta de confianza en la percepción y memoria del testigo; pero en vez de acudir al testimonio experto de los criminalistas y demás forenses, incluyendo criminólogos y victimólogos, la solución catalana es: PSICÓLOGOS DEL TESTIMONIO, insistiendo en una visión probatoria propia de inicios del Siglo XX, descuidando la necesidad de acudir al testimonio del experto.

No obstante, transitemos por la ruta de lo probable y de la psicología del testimonio: probable, la Fiscalía formuló imputación lanzando la teoría de homicidio culposo por infracción a las reglas de tránsito sin el respectivo peritaje, generando efectos procesales como la delimitación del objeto litigioso así como el dictado de medidas cautelares; en esa línea, por gracia sobrenatural tal imputación salió airoso del control judicial en etapa de investigación, y una vez cerrada la misma y formularse la respectiva acusación, vuelve a vencer dicha teoría, dado que, el juzgador, al concluir su audiencia intermedia resolvió que el caso ingrese a fase de juzgamiento. En ese sentido, el caso llegó a juicio para que sea el Juez de Enjuiciamiento quien dé la solución: sentencia absolutoria. No obstante, y lo que a continuación diremos nada hilarante provoca: cuántos años sin que el procesado pueda conducir al habérsele suspendido su licencia, cuál ha sido la merma económica que él y su familia sufrió por tal suspensión, sin mencionar los daños psicológicos y emocionales que el acusado habrá experimentado al habérsele sometido a los efectos estigmatizantes del proceso penal; lo más relevante, la frustración de la familia de la víctima ante la negligencia de la fiscalía a la hora de investigar los hechos y el tiempo considerado como perdido.

Por otro lado, tenemos el caso de la presunción de feminicidio o femicidio, por el cual se me planteó los siguientes hechos: Juana y Juan son convivientes, pero Juana ha desaparecido y su hermana ha comunicado la desaparición a las autoridades policiales, indicando que Juan se comunicó telefónicamente con ella, quien le dijo que ya no busque a Juana porque la ha matado, perdiéndose todo contacto. ¿Se puede hablar de una presunción de feminicidio? ¿Con el testimonio de la hermana se podrá superar el control judicial de la imputación formulada o de la investigación formalizada, emitiéndose, como por ejemplo señalan las legislaciones de México y Panamá, un auto de vinculación a proceso en contra de Juan como probable autor del delito de feminicidio y posteriormente obtener sentencia condenatoria? Claro, si encontramos un Juez *«gentil»* que condene por homicidio sin el cadáver, por ende, sin la necropsia, por tanto, sin saber si existió una privación de la vida; arropado por lo mediático, por la llamada telefónica que probablemente recibió de alguien o, también seamos gentiles, por inexperiencia.

Pero, ¿cómo es que llegamos a tal escenario? Porque los jueces no están controlando la imputación, simplemente se dan por comunicados, como si fuese el cumplimiento de una mera formalidad ¿Qué se debe hacer? Controlar la imputación; que lo Jueces empiecen a exigir y no a simplemente mirar las omisiones y negligencias del Ministerio Público, sin mayor respuesta; a no silenciarnos ante las carencias para realizar idóneas investigaciones forenses, evitando premiar al desatendido o el conformista que con una formalización «todos contentos»; criticando, regañando o sancionando a aquel fiscal que si quiere sustentar el por qué ejerce la acción penal sobre la base de una investigación forense, aun si implica invertir tiempo de familia o recursos propios.

Flaco favor le hacemos al Derecho penal cuando se condena sin investigación forense, entreteniendo a los operadores con capacitaciones en torno a la psicología del testimonio,[50] cuando si se le pregunta a un criminalista si con la testimonial aclara el caso, recibiremos como respuesta: **NO,** es con el análisis conjunto de los indicios lo que nos permitirá una lectura criminalística de los eventos. Pero, sobre todo, porque el testimonio que importa es la recibida por el Juez, por lo que, tendríamos que en audiencia convocar al psicólogo del testimonio, ingresando el juicio en una suspensión para efecto que evacúe su declaración, ignorándose que será el juez quien decida si se está ante un testimonio veraz, no por lo que le diga el psicólogo del testimonio, sino las ciencias forenses.

Sin embargo, la Corte Suprema peruana ha emitido pronunciamientos alejados de la investigación forense o criminalístico. Por ejemplo, en el fundamento trigésimo segundo del Acuerdo Plenario 01-2011/CJ-116, se mencionó que será la declaración de la víctima sexual la que, finalmente, oriente la dirección de la prueba corroborativa, desmitificándose la prueba médico forense como una prueba de actuación obligatoria ante la sola mención del tipo legal imputado. Lamentablemente en la política juez-legislador, el citado Acuerdo lanza por la borda la investigación científica del numeral 2) del artículo 321° del Código Procesal Penal peruano, así como, la defensa forense del numeral 3) del artículo 84° de la ley adjetiva peruana.[51] Con el debido respeto, la víctima puede decirnos A, luego retractarse a B, posteriormente cambiar a C para luego regresar al punto A, pero ello no debe condicionar la labor de los forenses: *supongamos que el médico legista le diga al fiscal, como la víctima manifestó penetración bucal no la voy a someter a examen médico alguno; aquí el fiscal tiene que decir SOY EL DIRECTOR DE LAS INVESTIGACIONES Y UN ACUERDO PLENARIO NO ME DIRÁ CÓMO DEBO DE INVESTIGAR, POR TANTO, MÉDICO LEGISTA PROCEDA A REVISAR A LA VÍCTIMA Y QUIERO UN INFORME FORENSE DE SU TRABAJO CON ELLA*; incluso su entorno familiar puede estar sufriendo daño emocional por lo que conocen, sospechan o intuyen lo que le pasó a su familiar, generándose conversaciones familiares o de círculos de amigos y conocidos donde ya «investigaron, juzgaron, condenaron y ejecutaron la pena en contra de aquel que consideran responsables», pero ello no influye a los forenses, y menos a los investigadores y por evidentes razones tampoco a aquellos que administran justicia.

---

50 ¿Cómo justificar el pronunciamiento judicial que sin la necropsia aún se puede condenar por homicidio? Al respecto, véase la tesis aislada 173543, emitida por el Segundo Tribunal Colegiado del Vigésimo Circuito (Chiapas, México).

51 Como la madre de la niña violada ha señalado que no fue el padrastro, entonces ¿ya no se le debe investigar?; porque la víctima afirmó penetración bucal, ¿ya no revisaré su cuerpo, ignorando al artículo 208° del Código Procesal Penal que indica que la víctima constituye escena de los hechos para efecto de la práctica de las pesquisas? ¿Resolveré según lo que indique los medios de comunicación, porque de lo contrario vendrá el organismo de control interno y me sancionarán? ¿Es un problema de empatía o de cumplimiento de la ley?

En un caso de violación sexual de persona con discapacidad intelectual, artículo 172° del Código Penal peruano, la Corte Suprema del Perú emitió la Casación 591-2016 Huaura, en el fundamento vigésimo segundo indicó lo siguiente: «En atención a lo expuesto, una interpretación del artículo 172 del CP en concordancia con la Convención sobre los Derechos de las Personas con Discapacidad, implica tener en cuenta que: a) el sujeto activo conozca que el sujeto pasivo padece de discapacidad intelectual que le impide prestar un libre consentimiento; b) el sujeto activo se prevalga de este conocimiento, y se aproveche de la discapacidad de la víctima en el momento de los hechos; y c) el sujeto pasivo padezca de discapacidad intelectual -conocida bajo el modelo médico como retardo mental- la que le impide comprender y consentir el acceso carnal o el acto sexual cometido, esto es, que su nivel de discapacidad no le permita, en el momento del hecho, consentir válidamente el acto sexual. *Esta determinación se efectuará según las circunstancias de cada caso en particular, y con el apoyo de las pericias psiquiátricas y psicológicas, cuya actuación es de rigor,* las que deben tener en cuenta los déficits intelectuales de la persona con discapacidad. Además, con los medios de prueba que aporten las partes».

Al respecto, es de recibo considerar que una persona, por ejemplo, mayor de edad, que presenta un cuadro de deficiencia mental leve per se no está privada de la capacidad de consentir un acto sexual; incluso, en la Convención sobre los derechos de las personas con discapacidad, se les ha reconocido los derechos a vivir de forma independiente y de elegir con quién (artículo 19°), al respeto de su privacidad (artículo 22°), así como al acceso a la salud sexual y reproductiva (artículo 25°). Ahora bien, es coherente con nuestra normatividad que sea la investigación forense que evidencie que la persona, por el cuadro mental que presenta, no cuenta con la capacidad cognitiva de entender y por ende consentir un acto sexual. Sin embargo, en la citada Casación 591-2016 Huaura (Perú), en su fundamento vigésimo sétimo describe una contradicción entre lo valorado por el psicólogo forense con lo declarado por la víctima, concluyó que se debe dar mayor peso al testimonio, incluso invocó el Acuerdo Plenario 04-2015/CIJ-116 con relación al sustento de los informes periciales; de nuevo, la primacía del testimonio frente a la investigación científico-forense, cuando la exigencia legal es que el operador realice apreciación conjunta de la prueba para efecto de arribar a una convicción de culpabilidad (artículos 393° y 394° del Código Procesal Penal peruano).

Ahora bien, recibida la noticia criminal, la fiscalía, con la colaboración de la policía de investigación o con capacidad para procesar la escena de los hechos, así como de los peritos, requiere practicar de diligencias de investigación, para confirmar, modificar o descartar el hecho delictivo denunciado; es decir, la investigación forense será lo que le permita al Ministerio Público fijar el cuadro fáctico imputativo, esto es, las circunstancias de tiempo, modo y lugar, que al conducirnos a un determinado tipo penal, definen las bases de la imputación.

En suma, la pragmática de la imputación penal exige que la fiscalía fije la base fáctica una vez agotada las primeras diligencias de investigación,[52] que permite

[52] No se ignora que la fiscalía requiere de referentes para la construcción de enunciados fácticos con probabilidad delictiva; esos referentes son las pruebas que el fiscal obtendrá de sus diligencias de investigación preliminares; pero, si la propia denuncia acompaña aquel material probatorio con la suficiente potencia para formalizar la investigación, entonces la norma adjetiva autoriza al fiscal que lo haga sin practicar mayor diligencias de investigación; asimismo, piénsese en los detenidos por flagrancia, si el informe policial acompaña el material probatorio pertinente y suficiente para hablar de una sospecha reveladora, el fiscal podrá formalizar la investigación sin ulteriores diligencias.

inferir una «sospecha reveladora» de un hecho probablemente delictivo, fundamentando el ejercicio público de la acción penal. Para ser más gráfico con el contenido de la imputación penal en los tres capítulos siguientes estudiaremos: las bases de la imputación, la competencia del agente y las consecuencias de la imputación.

CUADRO N° 02
LA PRAGMÁTICA DE LA IMPUTACIÓN PENAL

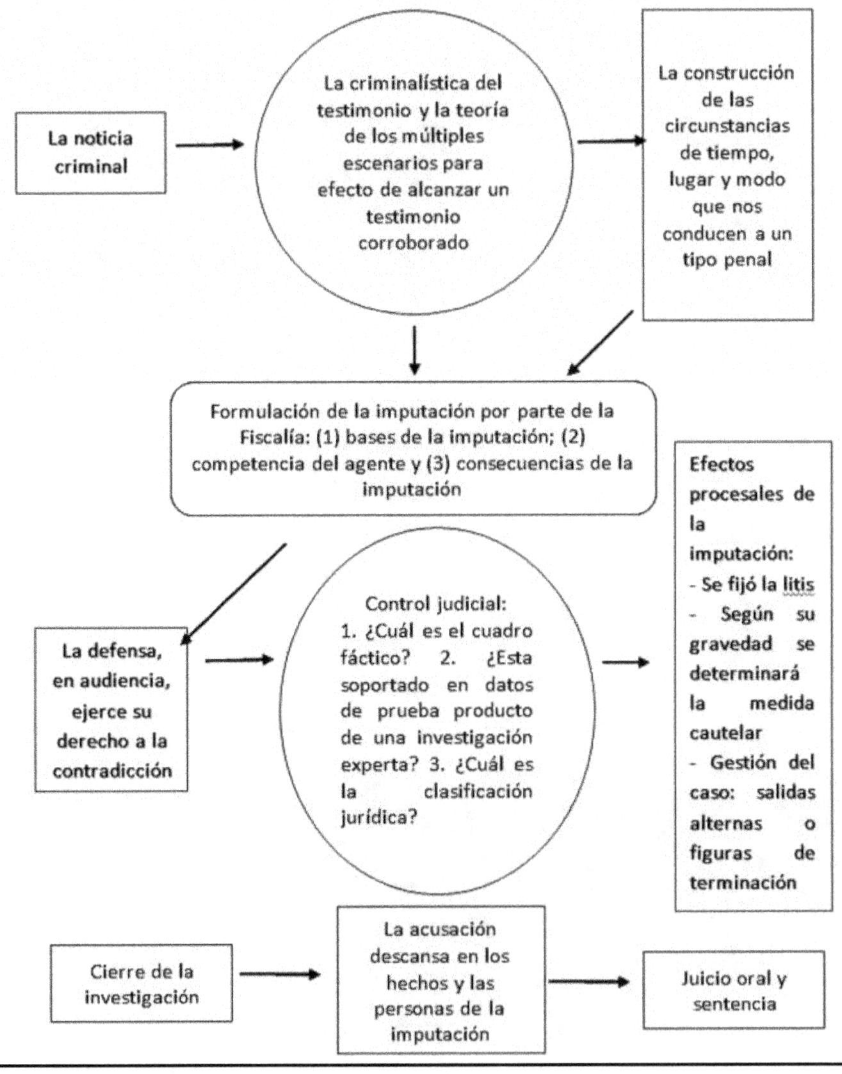

CAPÍTULO III

LAS BASES DE LA IMPUTACIÓN

3.1. CONCEPTO Y ESTRUCTURA DE LAS BASES DE LA IMPUTACIÓN

Cuando se afirma que el juzgador ocupa controlar el cuadro fáctico, los elementos de convicción y la clasificación jurídica, nos estamos refiriendo a las bases de la imputación formulada por la fiscalía. Otra forma de explicar sería que a través de tales bases, el órgano imputador está respondiendo a preguntas tales como: qué ocurrió, cómo ocurrió, quién lo hizo, contra quién lo hizo, cuándo y dónde lo hizo, así como si presenta relevancia jurídico-penal o es simplemente una historia, una narrativa sin mayor interés para el Derecho penal, y claro para responder estas preguntas ocupamos de una investigación por expertos, además del recurso a la teoría del delito.

Para nosotros ***las bases de la imputación*** consisten en aquellas circunstancias de tiempo, lugar y modo de un hecho probablemente delictivo; circunstancias fácticas cuya veracidad será discutida en el proceso penal y resuelto por el órgano jurisdiccional, en definitiva. Sin embargo, estamos postulando que tales bases constituyen un primer nivel o momento del principio de imputación, momento que se verá complementado con el estudio de la ***competencia del agente*** así como las ***consecuencias de la imputación;*** recordemos que todo ello le hemos denominado la ***trilogía de la imputación,*** cuya justificación la realizaremos a lo largo de los siguientes capítulos.

Ahora bien, el recurso a las bases de la imputación exige la precisión de un suceso, de un evento que actualiza a su vez un tipo penal. Sin embargo, tales bases pasan por tres momentos, los cuales son: (1) el testimonio referenciado por la investigación forense o por la dialéctica informativa; (2) la construcción de las afirmaciones fácticas; y, (3) la relevancia de la conducta. A continuación, comentaremos cada uno de estos momentos.

3.2. EL TESTIMONIO REFERENCIADO POR LA INVESTIGACIÓN FORENSE O POR LA DIALÉCTICA INFORMATIVA

Este primer momento denota el conocimiento, revisión, descarte y aceptación de enunciados fácticos de acuerdo a lo que se vaya obteniendo de la investigación forense o criminalística del testimonio, sin perjuicio de la evidencia documental y material; por ende, resulta vital el planteamiento metodológico que adopte la fiscalía para el adecuado esclarecimiento de los hechos; este planteamiento exige una participación activa de los investigadores y sus auxiliares, como por ejemplo lo exige el artículo 207° del Código de Procedimientos Penales colombiano;[1] es decir, debe ser el resultado de un fiscal que se involucra con sus criminalistas en el estudio, por ejemplo, del lugar de los hechos, de conformidad con el numeral 3) del artículo 330° del texto adjetivo peruano,[2] sin que se caiga en el error que el fiscal será llamado como testigo; en efecto, nos queda claro que a través de la noticia criminal se le comunica a la autoridad policial o a la fiscalía un conjunto de hechos que el denunciante considera que es delito, pero también debe quedar claro que el Ministerio Público, por razón de objetividad tendrá que dirigir la investigación para efecto de ejercer la acción penal o bien para archivar la denuncia ante la ausencia de presupuestos para formalizar la investigación; por tanto, en absoluto se le puede equiparar como una fuente de prueba que ha percibido los hechos.

Por otro lado, será una equivocación formalizar la investigación sobre la base de un testimonio no referenciado, so pretexto de una razón de trato preferencial a la víctima, de no discriminación, de veracidad para quien denuncie o haya sido testigo presencial de los hechos; ello en virtud a la exigencia normativa de indicios reveladores, elementos de convicción o datos de prueba en torno a la comisión de un delito y la probable autoría o participación del imputado; y ello exige que ***el testimonio esté referenciado*** en peritajes, en documentos, en prueba material, en suma en todo indicio obtenido por la criminalística del campo, el cual, al ser procesado en el laboratorio forense, se considere evidencia de la comisión de un hecho que la ley señala como delito.

Se aprecia que ***el testimonio referenciado debe ser producto de la investigación forense***, la cual, no se reduce al sentar al testigo en una silla, haciéndole pruebas de percepción y memoria, como equivocadamente Girona postula al desempolvar la psicología del testimonio, propio del Derecho probatorio de fines del Siglo XIX y gran parte del Siglo XX. Por el contrario, la investigación forense exige acudir a los especialistas o expertos, lo cual constituye, por ejemplo, mandato expresamente

---

1 «Recibido el informe de que trata el artículo 205, el fiscal encargado de coordinar la investigación dispondrá, si fuere el caso, la ratificación de los actos de investigación y la realización de reunión de trabajo con los miembros de la policía judicial. Si la complejidad del asunto lo amerita, el fiscal dispondrá, previa autorización del jefe de la unidad a que se encuentre adscrito, la ampliación del equipo investigativo.
Durante la sesión de trabajo, el fiscal, con el apoyo de los integrantes de la policía judicial, se trazará un programa metodológico de la investigación, el cual deberá contener la determinación de los objetivos en relación con la naturaleza de la hipótesis delictiva; los criterios para evaluar la información; la delimitación funcional de las tareas que se deban adelantar en procura de los objetivos trazados; los procedimientos de control en el desarrollo de las labores y los recursos de mejoramiento de los resultados obtenidos.
En desarrollo del programa metodológico de la investigación, el fiscal ordenará la realización de todas las actividades que no impliquen restricción a los derechos fundamentales y que sean conducentes al esclarecimiento de los hechos, al descubrimiento de los elementos materiales probatorios y evidencia física, a la individualización de los autores y partícipes del delito, a la evaluación y cuantificación de los daños causados y a la asistencia y protección de las víctimas.
Los actos de investigación de campo y de estudio y análisis de laboratorio serán ejercidos directamente por la policía judicial».

2 «El fiscal al tener conocimiento de un delito de ejercicio público de la acción penal, podrá constituirse inmediatamente en el lugar de los hechos con el personal y medios especializados necesarios y efectuar un examen con la finalidad de establecer la realidad de los hechos y, en su caso, impedir que el delito produzca consecuencias ulteriores y que se altere la escena del delito».
Idéntico razonamiento para el sistema mexicano, el donde el numeral 4) del artículo 131° del Código Nacional de Procedimientos Penales autoriza al fiscal el supervisar que no se pierdan, destruyan o se alteren los indicios.

señalado en el numeral 2) del artículo 321° de la norma adjetiva peruana;[3] ello exige entender que debemos acudir al personal policial pero que maneje la función de investigación, lo cual exige personal especializado en criminalística, dejando a salvo la competencia de detener y revisar al detenido, la misma que, puede realizar cualquier efectivo policial.

Asimismo, la investigación forense debe proporcionar a la fiscalía la información necesaria para decidir si formaliza o no investigación, y tal información puede confirmar la noticia criminal, modificar sus hechos o simplemente descartarla ante la falta de legalidad para formalizar la investigación por los eventos denunciados; por ello, se afirma que la investigación forense a su vez genera una dialéctica informativa, que permitirá la construcción del cuadro fáctico que constituirá las bases de la imputación penal. Ahora bien, a continuación, comentaremos determinados temas propios de la investigación forense.

En primer lugar, la investigación forense ocupa aceptar la presencia de múltiples escenarios de los hechos. Así, el lugar donde se encontró el cadáver o en donde el video sitúa al victimario y a su víctima de homicidio (lugar del hallazgo / lugar de los hechos), constituyen diferentes escenas de los hechos con interés criminalístico (y así, por ejemplo, se podrá ubicar indicios que nos permitan inferir un ingreso violento al lugar cerrado de los hechos o del hallazgo, o bien asumir la hipótesis que el victimario tenía libre acceso al lugar). Asimismo, los objetos también constituyen escenas fácticas, donde se debe analizar criminalísticamente para efecto de encontrar huellas o fluidos biológicos, que nos permitan identificar tanto a la víctima como al victimario. Pero también, las personas constituyen escenas de los hechos, dado que, el rostro, el cuerpo y las prendas de la víctima o del sospechoso pueden arrojar indicios de interés criminalístico.

Así, el testimonio referenciado exigirá el cruce de aquella información que se obtenga de la investigación forense de los múltiples escenarios fácticos, exigiéndose el respeto a la cadena de custodia, la incautación y el análisis en el laboratorio forense, para poder hablar de evidencias. Resultando relevante, por no decir extraño, ***que mientras algunos filósofos parten de lo imposible de la verdad, los criminalistas consideran que hay que encontrarla y llegar a ella.***[4]

Graficamos lo comentado cuando consideramos a la víctima como una escena o lugar de los hechos (piénsese en investigaciones por homicidio, lesiones, secuestro o violación sexual), al resultar su persona de interés para la criminalística. En efecto, ello permitirá ser exigente en actividades propias de preservación, localización y recojo de indicios que se puede encontrar en el cuerpo de la víctima o en sus

---

3 «La Policía Nacional del Perú y sus órganos especializados en criminalística, la Dirección de Policía Contra la Corrupción, el Instituto de Medicina Legal y los demás organismos técnicos del Estado, están obligados a prestar apoyo al Fiscal. Las universidades, institutos superiores y entidades privadas, de ser el caso y sin perjuicio de la celebración de los convenios correspondientes, están facultados para proporcionar los informes y los estudios que requiere el Ministerio Público. La Contraloría General de la República, conforme a sus atribuciones y competencia, a solicitud del Titular del Ministerio Público, podrá prestar el apoyo correspondiente, en el marco de la normativa de control».

4 En la Revista digital de periodicidad mensual del Instituto Mexicano de Estudios y Consultoría en Derecho (INMEXIUS), el cual soy su Director General, en lo correspondiente al N° 47 (Noviembre de 2020) se publicaron un conjunto de trabajos monotemático dedicado a la criminalística del testimonio, lo cual refuerza nuestra postura en cuanto a la importancia de no alejar a la verdad del proceso penal, ni tampoco a la investigación forense.

prendas, así como el traslado y procesamiento de los mismos en el laboratorio forense, además de su control y registro, los cuales están referidos al tema de cadena de custodia.

En esa inteligencia, la razón de trato humano y diferencial[5] a favor de la víctima convive con el tema de inspecciones o pesquisas en su persona; por tanto, ***el investigador no se debe limitar a lo que la memoria y la percepción nos pueden ofrecer, sino a lo que el propio cuerpo nos puede revelar y que, al emplear la apreciación conjunta de los indicios, la lectura forense de los hechos nos permitirá recorrer un camino más seguro que el propio acto de dar importancia al estigma: «los niños mienten, las mujeres mienten, los hombres mienten, las autoridades mienten, los particulares mienten, por último todos mienten o son olvidadizos o manipuladores inconscientes de su memoria», o cualquier slogan propio de la psicología del testimonio.***

En segundo lugar, tenemos la incautación de los indicios para su análisis y procesamiento en el laboratorio pericial, la cual resulta trascendental; en ese sentido, es usual en la legislación comparada reconocer la facultad de la policía que proceda a la incautación de los indicios, sin autorización del fiscal ni orden judicial, cuando se esté en el caso de flagrante delito o peligro inminente de su perpetración, de cuya ejecución dará cuenta inmediata al fiscal.[6] Asimismo, en el caso de las primeras diligencias de investigación sin detenido en flagrancia, será la fiscalía quien disponga la incautación, en la medida que exista peligro en la demora mientras se obtiene la orden judicial; sin embargo, en estos casos, el fiscal una vez que tomó conocimiento de la medida o dispuso su ejecución, requerirá al juez la respectiva resolución confirmatoria; en cambio, si no existe peligro en la demora, se deberá solicitar al juez la respectiva medida de incautación, debiéndose cumplir con los requisitos señalados en la legislación correspondiente.

Ahora bien, ¿el experto qué debe asegurar o incautar? Cualquier indicio relevante para el esclarecimiento de los hechos, el cual, una vez procesado en el laboratorio podrá constituirse en evidencia para el caso[7] ¿y ante la duda? Se incauta, es preferible que sea el Juez quien decida sobre la licitud de la incautación y lo relevante de lo incautado, sin perjuicio de mencionar que un experto no debería ignorar las reglas legales que regulan la búsqueda de información, máxime aquellas que dejan escaso margen para la interpretación, como es la regla que el secreto bancario y la reserva tributaria solamente se levanta por orden judicial.

Sin embargo, ¿quién es el experto? Tenemos al fiscal, a la policía especializada en criminalística y demás áreas de investigación policial, servicios periciales, orga-

---

5 El enfoque diferencial, por ejemplo, ha sido recogido en el artículo 5° de la Ley General de Víctimas mexicana, por el cual se reconoce la existencia de grupos de población con características particulares o con mayor situación de vulnerabilidad en razón de su edad, género, preferencia u orientación sexual, etnia, condición de discapacidad y otros, en consecuencia, se reconoce que ciertos daños requieren de una atención especializada que responda a las particularidades y grado de vulnerabilidad de las víctimas.

6 Así por ejemplo lo señalan los artículos 68.1.d, 218.2 y 259° del Código Procesal Penal peruano.

7 No se ignora el uso indistinto en la legislación de los términos indicios y evidencias; por ejemplo, en el caso peruano, su Corte Suprema los ha mencionado en los acuerdos plenarios 01-2006 y 05-2010; asimismo, tampoco se ignora el uso indistinto de escena de los hechos y lugar de los hechos, como ocurre por ejemplo en los artículos 192° al 194° de la norma procesal peruana; sin embargo, ello no impide afirmar que la expresión *indicios* es propio de la criminalística de campo, en cambio el término *evidencias* es producto del análisis en el laboratorio forense o de la criminalística de laboratorio.

nismos técnicos del Estado, universidades e institutos. Quienes no sean expertos, tienen facultades limitadas, por ejemplo, la policía no especializada podrá detener en flagrancia[8] e incautar los indicios hallados durante la detención, en la medida que de inmediato los ponga a disposición de la fiscalía quien realizará el respectivo control; en cambio, si no se está en la situación de flagrancia, las diligencias preliminares de investigación que disponga la fiscalía deberán ser realizadas por los expertos mencionados al inicio de este párrafo, para garantizar la calidad de la información que se vaya obteniendo.

En tercer lugar, cuando se comenta el tema de incautación de los indicios y su procesamiento en el laboratorio forense es usual que se haga referencia al principio de mismidad, así como la cadena de custodia. En ese orden de ideas, ha sido la jurisprudencia española quien ha trabajado el principio de mismidad, resaltando que todos los objetos, muestras o vestigios que integran la investigación penal, han de ser los mismos e idénticos a lo largo de todo el proceso penal desde su inicio hasta que son analizados en el laboratorio y puestos a disposición judicial.[9]

Ahora bien, llama la atención que mientras la Judicatura española se preocupa por la mismidad del indicio como piedra angular de la cadena de custodia,[10] un sector de la doctrina ibérica pone el acento en otra perspectiva, esto es, al conceptuar la cadena de custodia en torno a la historia cronológica de la muestra desde su recogida hasta su devolución, conservación o destrucción,[11] así como de la metodología técnica o científica que se emplea en los diferentes momentos de control y registro,[12] para efecto de garantizar la veracidad del indicio que a su vez nos conduzca a la veracidad de la explicación forense de un determinado cuadro fáctico.

En ese sentido, no se ignora que a nivel de indicios se evoque la expresión «verosimilitud», pero consideramos que no puede ser entendido como lo enemigo de la verdad, sino como una adecuación entre el entendimiento y el hecho, de carácter *provisional* expuesto por el forense, siendo el Juez quien, en *definitiva,* señale la verdad de los acontecimientos a la hora de dictar sentencia, pudiendo el lector apreciar nuestro alejamiento en torno al razonamiento probatorio postulado por Taruffo y que hicimos mención en el primer capítulo, al confundir la provisionalidad propio de aquel que no tiene la autoridad para sentenciar, con la certeza de lo verdadero que el Juez puede alcanzar desde la explicación científica.

---

8 No podemos ignorar la figura del arresto ciudadano.

9 STS 676/2016, de 22 de julio; asimismo, la citada resolución ha señalado lo siguiente: «A la hora de identificar al objeto intervenido, es necesario tener la seguridad de lo que se traslada y analiza es lo mismo en todo momento, desde el momento en que se interviene hasta el momento final que se estudia y analiza, y en su caso, se destruye».

10 SSTS 6/2010 de 27 de enero; 1190/2009, de 03 de diciembre; 2156/2012, de 12 de marzo y 607/2012 de 09 de julio. Auto TS 2197/2012, de 09 de febrero. Además, resulta muy gráfico lo mencionado en la STS 208/2014, de 10 de marzo: «(La cadena de custodia) es el conjunto de actos que tienen por objeto la recogida, el traslado y la conservación de los indicios o vestigios obtenidos en el curso de una investigación criminal, actos que deben cumplimentar una serie de requisitos con el fin de asegurar la autenticidad, inalterabilidad e indemnidad de las fuentes de prueba».

11 Cfr. Fernández de Simón Loro, Lourdes / Alonso Alonso, Antonio. «Estándares de toma de muestras con intervención corporal para estudios en Genética Forense». En: *Boletín Galego de Medicina Legal e Forense,* N° 20, Santiago de Compostela, 2014, p. 18.

12 Cfr. Gutiérrez Sanz, María Rosa. *La cadena de custodia en el proceso penal español,* Editorial Aranzadi, Pamplona, 2016, pp. 24 y sgts.

Volviendo al tema de la cadena de custodia, la Corte Suprema peruana se adhiere no a la doctrina sino a la jurisprudencia española; para ello, se cita el fundamento décimo del Acuerdo Plenario N° 06-2012/CJ-116, el cual indica lo siguiente: «Debe quedar claro, desde el principio de libertad probatoria, que la autenticidad del cuerpo del delito, de necesaria demostración, exige que el elemento de investigación utilizado para justificar la acusación es el mismo objeto encontrado en el lugar de los hechos y el mismo sobre el cual - si correspondiere - se realizaron los análisis forenses o periciales, y se establecieron los vínculos o inferencias respectivas... y el mismo que se exhibe en el juicio oral...».

Se aprecia la influencia de la mismidad del indicio a la hora de definir la cadena de custodia; sin embargo, el problema son lecturas, algunas ridículas y otras incoherentes. Entre las primeras podemos citar la exigencia que el investigador vaya *disfrazado* como *astronauta* a la hora de acudir al lugar o escena de los hechos para efecto de localizar y recoger indicios, descuidándose el origen del traje para los casos donde esté comprometida al bioseguridad del forense, como por ejemplo en la exhumación o en la práctica de estudios epidemiológicos en torno a enfermedades contagiosas para el ser humano. Asimismo, entre las segundas está el de limitar la cadena de custodia a etapas previas al análisis del indicio en el laboratorio forense, descuidándose la historia cronológica de la muestra, la cual exige cadena de custodia, y no solamente hasta la presentación de la prueba ante el juez[13] y que es la postura adoptada por la Alta Corte peruana, sino hasta la devolución o destrucción de la muestra.

Pero, la lectura incoherente no finaliza en lo indicado en el párrafo anterior, dado que, se ignora que en el laboratorio forense la mismidad del indicio no tiene espacio, porque el forense va ser ensayos, pruebas o test en el mismo, aún con el riesgo que la muestra se altere, modifique o incluso se agote, ingresando este último al escenario del peritaje irreproducible. Se agradece el cuidado en el lugar o escena de los hechos y que no se haya jugado futbol utilizando los indicios como balón, pero lo que el juzgador requiere al final es la coherencia de la explicación forense en torno al cuadro fáctico[14] y que lo conduzca a la convicción de culpabilidad del sentenciado, esto es, la metodología técnica y científica empleada no solamente en el control o registro del indicio (hasta su conservación, devolución o destrucción), sino en su análisis, procesamiento e interpretación que genera para el esclarecimiento de los hechos, esto es, que nos conduzca a la verdad.

Ahora bien, obsérvese que nuestro recorrido en lo que hemos denominado ***dialéctica informativa como primer momento para ir fijando las bases de la imputación***, parte de la necesidad de realizar una investigación exhaustiva, en donde seguir hablando de psicología del testimonio es regresarnos a los aportes del Derecho probatorio del Siglo XIX, y que si bien, hoy en día psicólogos y epistemólogos anglosajones lo están desempolvando, de seguro será que para ellos será un descu-

[13] Así, para Gutiérrez, para garantizar la preservación de las fuentes de prueba, se deben tomar todas las precauciones posibles para evitar la contaminación, asegurando, en definitiva, que desde su recogida hasta su presentación ante el órgano judicial, no han sufrido ningún tipo de alteración y que podrán por tanto desplegar toda su eficacia probatoria. Cita tomada de: López Valera, Manuel. «La cadena de custodia de las pruebas de ADN», *Tesis doctoral,* Universidad Nacional de Educación a Distancia, Madrid, 2018, p. 16.

[14] Incluso, los errores formales en las actas o formatos no hace perder eficacia a la cadena de custodia: Acuerdo Plenario 06-2012 emitido por la Corte Suprema peruana, fundamento décimo quinto, literal a).

brimiento, pero para otros es algo evidente: ***la libertad de una persona no puede quedar en manos de lo que recuerda un testigo;*** pero es que nos estamos volviendo teóricos de lo obvio, como sería el caso de invertir hojas de papel para afirmar que un juramento, una promesa o un crucifijo en la mesa del Juez no garantiza que los testigos declaren con verdad.

Entonces, ¿qué se requiere? De la investigación forense y dentro de la misma, la defensa forense, donde sean los policías de investigación, criminalistas, criminólogos, victimólogos, médicos forenses, psicólogos forenses, en suma todo experto en las ciencias forenses, quienes al analizar los indicios generen una lectura o interpretación coherente de los eventos; es decir, que al partir de las consecuencias nos permitan conocer sus causas. Por ende, resulta fundamental mantener un adecuado, eficaz y actualizado sistema de servicios periciales, donde el titular de la Fiscalía de un país, entidad federativa o de un distrito fiscal debe buscar que dicha área sea la que presente mayor presupuesto; sin incurrir en el error que todos los policías sean capacitados para procesar la escena de los hechos, como ha ocurrido en México, de conformidad con el artículo décimo transitorio del Código Nacional de Procedimientos Penales, ignorándose la especialidad del tema y por ende su razón de exclusividad. De no operar este cuadro, entonces serán los jueces que a la hora de controlar la imputación, emitan auto de no vinculación del imputado al proceso, estando facultados de motivar la resolución desde la responsabilidad del Estado en torno a las omisiones o negligencias de la fiscalía y de su investigación forense.

Sin embargo, una adecuada investigación forense conllevará a afirmar la no obligatoriedad de imputar los exactos hechos comunicados en la denuncia; al contrario, existe una lógica de síntesis fáctica producto de la confrontación forense entre tesis y antítesis; todo ello implica haber asumido la expresión ***dialéctica informativa,*** donde el cuadro fáctico está en constante movimiento de descubrimiento y condicionado, no por el recuerdo del testigo, sino por los métodos, técnicas y/ o instrumentos científicos que se empleen.

Por ejemplo, piénsese en una investigación forense por la comisión de un delito de violación (agresión) sexual, en donde se encontró semen en las prendas de la víctima; el detalle es que el ADN de la cabeza de los espermatozoides es habitualmente la fuente más importante de ADN, por lo que el forense puede comunicarle a la autoridad que realizar la prueba genética se puede caer en falso negativo si la muestra no es del propio semen del sospechoso, sino de su sangre o saliva, siendo más riesgoso la orina porque no es usual que se excreten células epiteliales. Aquí si resulta relevante el margen de error que el forense está comunicando y que puede influenciar en el curso de las investigaciones, siendo lógico que la Fiscalía, ante la duda de los expertos y la improbabilidad de salir de la misma, decida no ejercer acción penal. Sin embargo, no todo margen de error conlleva a la ausencia de convicción de culpabilidad por parte del juzgador, siendo un absurdo que se ataque la certeza judicial con el margen de error de la prueba de ADN, cuando el mismo es del 0.1%

Otro ejemplo está dado por la práctica de las denominadas pruebas especiales en la investigación de un homicidio. Así, el artículo 195° de nuestra ley adjetiva regula el levantamiento del cadáver con la presencia de la fiscalía, el médico legista y del personal policial especializado en criminalística. La razón de tales participaciones es la necesidad de contar con una hipótesis criminalística de la muerte, la cual será confirmada o descartada con el análisis de laboratorio forense y demás diligencias de investigación; sin embargo, aun si el cadáver está siendo conducido a la morgue, mientras no se cuente con la hipótesis forense o no se agoten los pasos necesarios para poder elaborarlo, los intervinientes no podrán retirarse del lugar del hallazgo, dado que, la finalidad de esta diligencia no se agota en el traslado del cadáver a la morgue, sino contar con una hipótesis forense.[15]

Asimismo, otra prueba especial es la necropsia, la cual se practica ante la probabilidad que se esté ante un caso de criminalidad y se requiera determinar la causa de la muerte. Así, debemos descartar una condena por homicidio sin contar con el cadáver, porque aun si se recibe la declaración de un testigo, se requiere por ley de la explicación forense o del experto, y al no localizarse el cuerpo, la respuesta legal sería calificarlo como un caso de desaparición forzada o su equivalente funcional de secuestro, o por último en una investigación pendiente de resolver que puede caer en el archivo ante el pasar excesivo del tiempo. En efecto, la lectura criminalística y/o forense de los eventos nos permitirá discutir si se actualiza o no el pragma típico del homicidio, y así lo entendió la Corte Suprema peruana, en el R.N. N° 1253-2018 La Libertad, en donde, en el fundamento décimo tercero, precisó la valoración de la prueba indiciaria desde la necropsia; por ende, no compartimos, en el marco de la jurisprudencia comparada,[16] el condenar por homicidio sin el cadáver, dado que, no responde a los criterios de valoración de la prueba propios de la sana crítica, la cual, a su vez exige conocimientos científicos para alcanzar la convicción de culpabilidad, y si la ciencia no nos explica cuál fue la causa de la muerte entonces por cuál comportamiento se le condenará al acusado.

Frente a todo lo señalado, se advierte que la dialéctica informativa propia de las diligencias de investigación, también revela que no es suficiente el testigo singular o la confesión por interpósita persona si está ausente la explicación criminalística o forense de los eventos, que tampoco se reduce, por ejemplo, en establecer una relación entre la personalidad del sospechoso con eventos de agresión sexual, para efecto de lograr una condena; se requiere de un contexto forense; y todo ello no puede ser eludido invocando la doctrina de género o cualquier otro argumento que vaya en contra de la necesidad de una investigación exhaustiva; no

---

15 Frente a obstáculos materiales, el artículo 195, numeral 2) del Código Procesal Penal peruano ha dispuesto lo siguiente: «El levantamiento de cadáver lo realizará el Fiscal, con la intervención, de ser posible, del médico legista y del personal policial especializado en criminalística. Por razones de índole geográfica podrá prescindirse de la participación de personal policial especializado en criminalística. El Fiscal, según las circunstancias del caso, podrá delegar la realización de la diligencia en su adjunto, o en la policía, o en el juez de paz». Se aprecia el riesgo de involucrar en una investigación penal a quienes no son expertos, peor aún sin brindarles un mínimo de pautas de lo que deberán hacer o la falta de mención de la necesidad de ocupar un informe criminalístico post facto.

16 Así, en el caso español, y partiendo del artículo 109bis, numeral 1) de la Ley de Enjuiciamiento Criminal - que no regula el tema de las pruebas, sino del ejercicio de la acción penal -, se cuenta con la STS 3838/2018, de 13 de noviembre de 2018, **donde se indica que no es imprescindible que aparezca el cadáver y se le practique autopsia para la condena por homicidio. Asimismo, en México, el Segundo Tribunal Colegiado del Vigésimo Circuito (Chiapas), en la tesis aislada 173543, indicó que** «la ausencia de práctica de la necropsia no es óbice para la comprobación del cuerpo del delito de homicidio, cuando existen diversos indicios aptos y suficientes para comprobar cuál fue la causa de la muerte». Al respecto, la pregunta sería, cuáles son esos indicios que presentan la misma idoneidad que la necropsia, ojalá no sean las lágrimas o un testimonio emotivo: «lo sé, lo vi con mis propios ojos», cuya falta de suficiencia también se explicaría si viésemos un video o unas fotografías, simplemente no sabemos si murió o no por causas naturales.

obstante, cuestión distinta es que la frustración de la víctima obedezca a la negligencia de las autoridades de investigación y juzgamiento, generando incluso a su favor el derecho a la indemnización por errores judiciales vía el proceso contencioso-administrativo.

Ahora bien, un comentario aparte nos genera el régimen legal de actas adoptado en los países de la región, donde es recurrente que se disponga que la actuación procesal, fiscal o judicial, se documenta por medio de acta, constituyendo una regla decimonónica, propia de la cultura del papel (Siglo XIX), apreciándose una tibia presencia de los medios técnicos sea a nivel legislativo o en la praxis, dado que, su empleo solamente opera en el contexto de lo posible, mas no del imperativo, obviándose que la criminalística hoy en día descansa en la utilización de la tecnología para la inspección del lugar o escena de los hechos, para las pesquisas o la propia cadena de custodia.

En esa línea, debemos partir de la diferencia entre el acto y el acta, porque si este último presenta defectos o irregularidades no significa que el acto no ocurrió, pudiéndose acudir a otros elementos de la misma actuación o actuaciones conexas para generar certeza que el acto se practicó; ello es lo que usualmente se conoce como la solución ante la prueba irregular, no atentatoria a derechos fundamentales.

Cuestión distinta es la licitud del acto, lo cual guarda relación con las causales de nulidad absoluta y que imposibilita toda valoración por parte del juzgador. En ese contexto, la dialéctica informativa que se genera a través de la práctica de diligencias de investigación, no puede realizarse a espaldas de la observancia de los derechos fundamentales, siendo relevante el derecho del abogado defensor de participar en todas las diligencias, aunque el artículo 84°, numeral 4) de la norma procesal peruana se ha previsto una excepción a esta facultad del defensor, la cual gira en torno a que no esté presente en la declaración prestada durante la etapa de investigación por el imputado que no defienda. Así piénsese en el deber de la fiscalía en notificar a la defensa para efecto que esté presente en una inspección, en una pesquisa o en la práctica de algún peritaje, por ejemplo, máxime si el enunciado normativo no hace ningún distingo, salvo la excepción ahí mencionada; incluso este deber de notificación opera aun con imputado no identificado, debiéndose acudir a la Defensa Pública, como defensa formal genérica o abstracta, en razón de garantizar la legalidad de la diligencia y el debido proceso.

Sin embargo, también opinamos que la facultad reconocida a la defensa en términos de lo señalado en el párrafo anterior presenta una debilidad: si el abogado defensor no cuenta con conocimientos forenses o criminalísticos, su presencia sería como un «invitado de piedra», que incluso podría legitimar lo que la fiscalía y su equipo forense estén realizando, incluyendo sus errores; frente a ello, si el defensor recibe la citación de la fiscalía para efecto que esté presente en la práctica de una diligencia, será su decisión de acudir o de esperar los resultados de la misma, para efecto de realizar observaciones de legalidad, licitud, pertinencia o utilidad, si fuese el caso.

Para evitar tales inconvenientes debemos formar una ***defensa forense,*** en donde la defensa puede recurrir a la asistencia reservada de un experto en ciencia, técnica o arte durante el desarrollo de una diligencia, siempre que sus conocimientos sean requeridos para mejor defender, debiendo el asistente a abstenerse en intervenir de manera directa (en el entendido que los forenses de la fiscalía hacen su trabajo, sin tener que coordinar con el forense de la defensa, pero no debería implicar obstaculizar o limitar que el forense de la defensa o el defensor realice registros de la criminalística de campo que se está realizando, de lo contrario, sería estéril lo regulado en el artículo anteriormente citado). Ello, por ejemplo, lo ha dispuesto el artículo 125°, numeral 9) del Código de Procedimientos Colombiano, así como el artículo 84°, numeral 3) del Código Procesal Penal peruano.

Por tanto, la dialéctica informativa, resultante de la investigación forense o criminalística del testimonio, debe brindar a la fiscalía los argumentos para decir NO al ejercicio de la acción penal, aun ante los reclamos de la víctima o de sus familiares y personas cercanas a la misma, o bien los fundamentos para decir SI al ejercicio de la acción punitiva, al contarse con indicios reveladores o un testimonio referenciado, incluso acompañada con la solicitud de medida cautelar como la prisión preventiva, si tal dialéctica nos arrojó eventos delictivos de suma gravedad para la convivencia social, aun con los reclamos del imputado o su entorno; todo ello, sin perjuicio de la defensa forense que debe conducir a la defensa técnica decidir cómo gestionará el caso del imputado frente a las autoridades.

3.3. LA CONSTRUCCIÓN DE LAS AFIRMACIONES FÁCTICAS

Aquí se está ante el segundo momento de las bases de la imputación y es el producto del procesamiento de la información obtenida de las fuentes de prueba; implica la capacidad del fiscal en valorar lo obtenido en dos escenarios: a) el poder fijar las circunstancias de tiempo, lugar y modo catalogados como el suceso o el evento; y, b) el poder relacionar las circunstancias fácticas con las fuentes de prueba, esto es, que los hechos que va a imputar deben ser susceptibles de ser probados o demostrados, teniendo en mente de no forzar las categorías probatorias que origine calificar el caso ya no de inverosímil, sino de absurdo.

En esa inteligencia, mediante la información dialécticamente obtenida de las diligencias preliminares de investigación, la fiscalía podrá elaborar el respectivo cuadro fáctico que será atribuido al imputado, al momento de formalizar la investigación preparatoria. La idea es que dicho cuadro pueda responder a las siguientes interrogantes: ¿quién lo hizo? ¿Contra quién?, ¿qué hizo? ¿Cómo lo hizo? ¿Cuándo lo hizo? ¿Dónde lo hizo? ¿Por qué lo hizo? ¿Para qué lo hizo? Con la claridad debida, sin recurrir a expresiones genéricas, ambiguas e indeterminadas, porque al formalizar la investigación, las afirmaciones fácticas construidas constituyen a su vez el objeto del proceso penal, a lo que deberá condicionarse la acusación y la respectiva sentencia.

Sin embargo, el formalizarse la investigación no significa que no se continuará investigando, por el contrario, se pueden ordenar la práctica de nuevas diligencias que complementen a las anteriores, cerrándose la investigación al vencerse el plazo señalado normativamente. Asimismo, los demás sujetos procesales podrán solicitar que la fiscalía practique diligencias de investigación, sin perjuicio que la defensa practique sus propias averiguaciones, para efecto de aportar elementos de convicción. El detalle es que el cuadro fáctico de la formalización de la investigación no se altere, a menos que se practique una nueva formalización.

Ahora bien, ¿qué entendemos por cuadro fáctico o el hecho? Para Bunge, el hecho es todo aquello de que se sepa o se suponga que pertenece a la realidad.[17]

[17] Cfr. Bunge, Mario. *La investigación científica*, Editorial Ariel, Barcelona, 1985, p. 717.

Asimismo, para Ernesto Rodríguez, la distinción entre hecho y concepto es que los conceptos simbolizan las relaciones empíricas y los fenómenos que vienen afirmados por el hecho; todo hecho se afirma como una relación de conceptos ya que cada término representa el fenómeno descrito por el hecho.[18]

Para Taruffo,[19] cuando se habla de construcción, definición o identificación del hecho, o de individualización del nivel de realidad o del grado de precisión en el que aquél es determinado, o también del modo en que las normas individualizan los hechos jurídicamente relevantes, parece evidente que no se hace referencia al hecho en cuanto ocurrencia de la realidad empírica, sino a enunciados, de distinta naturaleza, que se refieren a ocurrencias que se supone que suceden en el mundo de la realidad empírica. Los hechos del mundo real existen - cuando existen - según modalidades empíricas absolutamente independientes de la esfera de las determinaciones conceptuales, valorativas o normativas; no son los eventos del mundo real los que se construyen, definen o identifican, porque éstos suceden de forma absolutamente independiente de las categorías, de los conceptos y de las valoraciones que a ellos se refieren. Lo que se construye o se define en función de conceptos, valores o normas son enunciados relativos a hechos del mundo real o, en el caso de hechos particularmente complejos, versiones de segmentos de experiencia o de sectores de la realidad, que tienen alguna relevancia en el juicio.

En ese orden de ideas, el segmento de la realidad que lo procesamos como «imputación», constituye un conjunto de enunciados fácticos que se han seleccionado por su relevancia normativa. En efecto, en el proceso penal, el órgano persecutor presentará su imputación a través de tesis asertivas, las cuales serán sometidas al test de verificabilidad a fin de convencer al juzgador que su caso es el más verídico y razonable, a nivel de probabilidad para el dictado de resoluciones interlocutorias, con certeza o convicción de culpabilidad para sentenciar. En esa inteligencia, la fiscalía no imputa la realidad - infinita e insondable - sino una parcela de la misma a través de enunciados fácticos, cuyo grado de análisis y de precisión será sometido a través de la actividad probatoria.

Asimismo la elaboración de enunciados fácticos, en el ámbito de un proceso judicial como el penal, se justifica porque en el proceso se demuestran hechos no para satisfacer exigencias de conocimiento en estado puro, sino para resolver controversias jurídicas referidas a la fundabilidad de expectativas o pretensiones. Para ello, es obvio que la estructura del enunciado debe constituir una correspondencia con las normas aplicables al caso y que al mismo tiempo posibilite la actividad probatoria, al constituir el objeto y finalidad de la prueba.

En ese sentido, la pregunta a responder sería: ¿Cómo construir aquellos enunciados fácticos y que al mismo tiempo posean relevancia jurídica y que puedan ser sometidos a la actividad de la prueba? Como indica Taruffo, la construcción es una actividad compleja, que en algunos casos conlleva operaciones diversas y complicadas, de las cuales el enunciado fáctico es sólo el resultado final.[20] En ese sentido, Taruffo agrupa las distintas operaciones constructivas de los enunciados fácticos en las siguientes categorías:

---

18 Cfr. Rodríguez Moguel, Ernesto. *Metodología de la investigación*, Universidad Juárez Autónoma de Tabasco, Tabasco, 2005, p. 58.

19 Cfr. Taruffo, Michele. *La prueba...*, Ob. Cit., pp. 113-114.

20 Cfr. Taruffo, Michele. «Algunas consideraciones sobre la relación entre prueba y verdad». En: *Revista del Instituto Bartolomé de las Casas,* Año VII, N° 11, Universidad Carlos III de Madrid, Instituto Bartolomé de las Casas, Madrid, 2002, p. 116.

a) Construcción selectiva, la cual hace referencia al hecho de que cualquiera que formule un enunciado fáctico debe realizar una serie de elecciones mediante las que se excluye todo lo que no interesa incluir en el enunciado (en ese momento o a los efectos de las finalidades por las que es formulado); es decir, una infinita variedad de circunstancias, y expresa únicamente aquello que se considera relevante, esto es, pocas circunstancias y posiblemente simples.

En el contexto del proceso entran en juego dos criterios de relevancia que operan como estándares de elección de la descripción del hecho que se enuncia: la relevancia jurídica y la relevancia lógica del hecho del cual se habla. La relevancia jurídica deriva de la calificación del hecho según la norma que se le aplique, a los efectos de la decisión. En consecuencia, es la norma la que opera tanto como criterio de selección de las connotaciones del hecho que se consideran importantes, como de exclusión de las innumerables connotaciones del hecho que no interesan a los efectos de su aplicación. En cambio, la relevancia lógica caracteriza aquellos hechos que no son jurídicamente calificados por norma alguna, pero que, sin embargo, pueden entrar en el proceso en la medida en que a través de su conocimiento se pueden extraer conclusiones útiles para demostrar la verdad o falsedad de un hecho jurídicamente calificado.

Al esquema de Taruffo debemos de agregar que la construcción selectiva descansa en la información obtenida de las diligencias de investigación, esto es, de la capacidad de los enunciados fácticos que soporta la imputación de ser probados en el proceso penal.

b) Construcción semántica del enunciado fáctico. Precisamente, el hecho de que sea un enunciado, es decir, una entidad lingüística dotada de un significado comprensible, implica que su formulación se realice usando correctamente un determinado lenguaje y sus reglas (gramaticales, sintácticas, lógicas). Entre los muchos lenguajes posibles y entre los muchos usos posibles de un lenguaje, la formulación de un enunciado fáctico conlleva elecciones muy precisas, con la finalidad de determinar la forma lingüística más oportuna y más eficaz para expresar el significado del enunciado. Entre ellas, una elección especialmente importante es la que se plantea entre el uso de términos descriptivos y el uso de términos valorativos. De hecho, es evidente que, aunque no cambie el referente empírico del enunciado, es decir, el hecho material del cual se está hablando, el significado del enunciado mismo cambia dependiendo si se quiere expresar descripciones o valoraciones del mismo hecho.

c) Construcción cultural del enunciado fáctico. Cada enunciado relativo a la conexión entre eventos implica el uso de categorías de interpretación de la realidad en función de las cuales dichas conexiones se construyen y su significado cambia según las categorías que se utilicen para formularlo. La construcción específicamente cultural tiene que ver con el hecho de que los presupuestos éticos, políticos, consuetudinarios o religiosos a menudo juegan una función importante para determinar las modalidades con que un hecho se describe, imponiendo la selección inclusiva y exclusiva de los diferentes aspectos de ese hecho en función de sus significados culturales.

d) Construcción social del enunciado fáctico. Este tipo de construcción descansa en aquellos hechos cuya existencia y determinación no está en función de una referencia empírica o material directamente perceptible, sino más bien en función de contextos sociales que crean y definen determinados hechos.

Por otro lado, vamos a comentar una taxonomía de enunciados fácticos, la cual no es baladí cuando analicemos en el punto siguiente el último momento de las bases de la imputación. Así tenemos la clasificación de hechos externos y hechos internos o psicológicos. En ese sentido, son hechos externos los acontecimientos que se producen en la realidad sensible, sea con o sin la intervención humana. En cambio, son hechos internos o psicológicos aquellos que denotan los motivos, intenciones o finalidad de una conducta o el conocimiento de un hecho por parte de alguien; es decir, incumben a la esfera mental, cognoscitiva o emocional de un sujeto.

Es evidente que para el tema probatorio resultan problemáticos los hechos internos; al respecto, Gascón ha precisado lo siguiente: «Que los hechos psicológicos sean internos o no observables no significa que no sean auténticos hechos y, por tanto, comprobables mediante juicios descriptivos. Significa tan sólo que, a diferencia de los hechos externos, que al menos en el momento en que se producen son directamente constatables, los hechos psicológicos son de más difícil averiguación pues, por definición, requieren siempre ser descubiertos (o inferidos) a partir de otros hechos externos».[21]

Frente a ello, no se ignora la relación entre los hechos internos y el dolo, lo cual ha originado una reflexión severa por parte de Corcoy, quien ha señalado lo siguiente: «ningún sentido tiene exigir un elemento en el dolo que luego no puede ser apreciado».[22] Ello ha conducido a su discípulo, Sánchez - Málaga el postular lo que ha denominado su teoría de las condiciones para el conocimiento, que implica presumir un probable conocimiento de conducta riesgosa por parte del agente y la imposibilidad de creerle que confiaba que el riesgo no se iba a realizar: «el juicio normativo del dolo imputa el conocimiento del riesgo prohibido por la norma penal al sujeto que realiza una conducta en condiciones que lo hacían titular de un deber de conocimiento, que le proporcionaban la posibilidad efectiva de adquirir el conocimiento y que hacían imposible que confiara racionalmente en la no realización del riesgo. De ello se desprenden los que considero que son los tres requisitos de la imputación dolosa: el deber de conocimiento de un riesgo específico en el contexto de la interacción, la posibilidad efectiva de conocimiento y la imposibilidad de confiar racionalmente en la no realización del riesgo o en la afectación del interés protegido. Mientras que los dos primeros requisitos pueden ser compartidos por la imputación dolosa y la imputación imprudente, el tercero es distintivo de la primera forma de imputación».[23]

A pesar del esfuerzo del profesor peruano que incluso ha postulado siete indicadores para la afirmación del dolo en el proceso penal, cuando no sumamos la investigación forense, los constructos teóricos que se elaboren no podrían pasar el «fuego» del proceso punitivo. Lo afirmado se justifica por el flavo favor que se le están haciendo a las garantías procesales y al Derecho penal basado en principios como el de culpabilidad por el hecho propio, al afirmar que como no se puede probar la voluntad o lo inaccesible de los hechos psicológicos, con indicadores, prueba tasada o sensaciones se podrá castigar por la comisión de un delito doloso;

---

21 Cfr. Gascón Abellán, Marina. *Los hechos en el derecho. Bases argumentales de la prueba*, 2da. Edición, Editorial Pons, Madrid, 2004, p. 77.

22 Cfr. Corcoy Bidasolo, Mirentxu. Ob. Cit., p. 264.

23 Cfr. Sánchez - Málaga Carrillo, Armando. «Concepto y delimitación del dolo. Teoría de las condiciones para el conocimiento», *Tesis doctoral*, Universitat de Barcelona, Barcelona, 2017, p. 509.

entonces apreciando cuántas veces se disparó el arma de fuego y en qué parte del cuerpo humano han impactado, afirmaremos el dolo; asimismo, si no es un sicario, entonces se imputará lesiones dolosas, pero si fuese un sicario se buscará atribuir tentativa de homicidio.

Claro que existen las finalidades, los móviles, el comportarse en función a objetivos, como también se puede hablar de la malicia, de la indiferencia, pero que en sede procesal será propio de la lectura forense de los hechos donde se podrá afirmar con coherencia los mismos; por tanto, es una deficiencia en las tesis doctorales analizar figuras tanto de la teoría de la pena como de la teoría del delito sin la pragmática de la imputación, sin la lectura forense y por tanto procesal.

3.4. LA RELEVANCIA DE LA CONDUCTA

Estamos ante el último momento de las bases de la imputación, que parte que el suceso construido debe atraer como el «imán» un determinado tipo penal; en esa lógica, se debe recordar que una de las funciones de la acción es que sirva de puente o enlace con el juicio de tipicidad, dado que, ello revelará la relevancia jurídico-penal del caso.

Ahora bien, para identificar si los enunciados fácticos construidos en función a la dialéctica informativa presenta relevancia delictiva para que funja como base de la imputación, se requiere que el profesional en el Derecho maneje las categorías normativas que conforman el concepto material de delito, incluyendo las circunstancias modificatorias de la responsabilidad penal, así como los excluyentes o eximentes.

Este manejo importa la selección de una construcción dogmática del delito e implica conocer el contenido de la corriente elegida, sus presupuestos, la línea de construcción que adopta en torno al hecho punible, las consecuencias que origina tal toma de postura, etc.; sin mezclar o confundir con los aportes dados por otra escuela jurídico-penal. No se ignora la recomendación de Percy García que se seleccione la corriente de pensamiento que entienda y maneje el juez, para efecto de evitar convertir la audiencia en un auditorio de debate universitario.

Pero, lo más importante es que la dogmática se convierta en pragmática, la cual es propia del escenario del proceso penal, y ello no lo ha logrado la filosofía analítica del lenguaje, semántica filosófica o teoría de los actos de habla,[24] que en la

---

[24] En la teoría analítica del Derecho, el sello anglosajón es evidente, ya sea que lo rastremos en: *The Concept of Law* de Hart (1961), y antes en: *On Law and Justice* de Ross (1958), aunque también los analíticos acuden a autores no anglosajones, como Kelsen y su *Reine Rechtslehre* (1960), así como a Alchourrón y Bulygin: *Normative Systems* (1971). Sin embargo, es subirse en los hombros de Hart lo que procuran los actuales analistas del Derecho, máxime si ha quedado claro que en *The Concept of Law*, Hart criticó el clásico paradigma de la teoría analítica del Derecho de Bentham y Austin, integró con críticas la teoría kelseniana, así como discutió lo que entonces era la nueva corriente del pensamiento jurídico norteamericano y escandinavo, esto es, el realismo jurídico, reconstruyendo una teoría del Derecho desde la filosofía analítica del lenguaje, definiendo al ordenamiento jurídico como un sistema abierto de reglas sociales que guían la conducta de las personas que pertenecen a grupos sociales y cuyo origen y existencia se fundamentan en prácticas sociales institucionalizadas. En esa línea, después de Hart, los analistas del Derecho procuran justificar el valor práctico de sus premisas, afirmando que el «Derecho es esencial e irreductiblemente, aunque no únicamente, lingüístico; sus normas son formuladas y promulgadas mediante palabras, sus actos se articulan en expresiones dotadas de publicidad. La formalización y estructuración del amplio número de prác-

actualidad está presente en la discusión académica del Derecho penal, a pesar de los esfuerzos de Juan Mañalich, Profesor de la Universidad de Chile quien, en su conferencia: *Norma e imputación como categorías del hecho punible* (presentada de manera on line el 19 de Octubre de 2020 en el fanpage de la Revista Peruana de Ciencias Penales cuyo director es el Dr. José Urquizo Olaechea), hizo el siguiente distingo entre la semántica y la pragmática del hecho punible: «la semántica es algo que logra exhibir significado y la pragmática es cuando el portador del significado puede ser usado de una forma comunicativamente relevante».

Así, en el comentario que Mañalich en la citada conferencia realiza del homicidio, lo entendió como la prohibición de la transformación de la no muerte en muerte o de la vida (humana) en muerte, presentando el siguiente gráfico:

$$P\Phi (\neg m \: T \: m) = P\Phi (v T \neg v)$$

Entonces, si este gráfico es la explicación semántica con pretensiones pragmáticas del homicidio, simplemente es un discurso fallido para el proceso penal,[25] el

ticas y actividades que constituyen el ordenamiento jurídico exige un vocabulario especializado y riguroso, dentro del ámbito de una compleja estructura conceptual» (Cfr. Páramo Argüelles, Juan Ramón de. «Filosofía analítica y teoría del derecho en H.L.A. Hart», *Tesis doctoral,* Universidad Complutense de Madrid, Madrid, 1982, p. 36). Al respecto, no hay nada que discutir: a través del lenguaje que utilizamos los seres humanos podemos diferenciarnos de los demás seres vivos (diferencia que no significa desatender a las demás especies de flora y fauna, al ser todos miembros de un mismo ecosistema, máxime al contar con los aportes de la socio-biología) y sobretodo nos interrelacionamos, por tanto, el estudio lingüístico es fundamental para entender la dinámica social; sin embargo, la pragmática que se exige en el Derecho y en concreto en el Derecho penal no se reduce a la búsqueda de un vocabulario que haga suyo los sentidos sociales que les damos a las palabras y que a la vez sea riguroso en clave jurídico; ello no puede ser el objetivo en razón a lo indeterminado y vago de las palabras así como de los conceptos jurídicos, que incluso llevó a Hart a aceptar la discrecionalidad judicial, la cual limitó con la identificación y aplicación de reglas generales de interpretación para lo que se denominaron los casos difíciles; la pragmática de la imputación penal parte que el Derecho penal interviene desde las consecuencias, esto es, desde que se lesionó o colocó en peligro a bienes jurídicos, para efecto de relacionarlo con el comportamiento de una persona, pero esta relación se da en clave probatoria, y no mediante los estudios lingüísticos, sino a través de las ciencias forenses; en esa inteligencia, reconstruido forensemente los eventos ya se podrá recurrir a reglas señaladas en la ley y aplicadas por nuestros operadores, como por ejemplo, cada quien responde por su propio hecho y en la medida que de manera previa esté señalada en la ley como delito, o bien, la legítima defensa exime de responsabilidad penal; solamente desde los enunciados fácticos probados podemos *jalar* el enunciado normativo así como su interpretación, y que de allí sea útil la filosofía analítica del lenguaje, de seguro, como una moderna expresión del positivismo jurídico, pero que tampoco puede ser la única lectura que el operador debe estar atento, máxime si desde el Siglo pasado hablamos de los derechos humanos, y en el presente siglo del control de convencionalidad, temas que a su vez dotan de sentido a la filosofía política, sin dejar de mencionar el reconocimiento legal como sistemas normativos aquellos provenientes de las comunidades indígenas y nativas, que exige admitir el amplio espectro de la filosofía social que a su vez influye en la manera en qué entendemos por Derecho. En suma, no pretendemos inventar un adversario, pero si ser cuidadosos en los riesgos de caer en reduccionismos lingüísticos, provenientes de una equivocada forma de conceptuar lo pragmático.

25 Salvo que Mañalich recurra a la explicación de Alexy y su fórmula de peso, esto es, que dicha forma de argumentar no puede estar plasmada en la sentencia, porque sería incomprensible para los ciudadanos, sino que debe formar parte de las operaciones intelectuales del juzgador, esto es, que quedaría en la esfera de lo interno del operador sin que sea exteriorizada en su resolución; solo el producto final del ejercicio de ponderación iría en la motivación de las resoluciones judiciales. Sin embargo, discursos o constructos con pretensiones de validez para el Derecho, ocultados al control público de poco o nada sirve, y el gráfico que Mañalich presentó del homicidio será cualquier cosa, menos pragmático para el proceso punitivo.

cual exige investigación forense para efecto de la construcción de las afirmaciones fácticas, que a su vez, como el imán, jale, por los elementos señalados en la ley penal, un determinado tipo penal. En sí, a este gráfico no puede reducirse el Derecho penal operado en los tribunales de justicia. Todo ello, sin dejar de mencionar que el problema no se reduce a entender el significado de las palabras, sino al consenso que se llegue del tal significado o bien por su imposición mediante la razón de autoridad y coacción; asimismo, el respeto a los derechos humanos como razón de licitud y por ende de legalidad, cuya fuente no es positivista, también pone en jaque la propuesta semiótica para entender la ley penal y por ende el Derecho penal.

En efecto, en la actualidad se afirma que el Derecho penal, y por ende la relevancia delictiva de una conducta, se estudia a partir de una concreta concepción de las normas penales en relación con una, todavía más específica, teoría de la acción.[26] En ese sentido, y por los trabajos de Mayer, Kindhäuser, Hruschka, Ruiz Antón, Mañalich y Oxman, solamente para citar algunos nombres, se aprecia el recurso a la teoría imperativa de las normas, reformulada[27] para efecto que pueda servir a los fines de la lógica del sistema normativo, entendiéndose a la norma como prescripciones (prohibiciones, mandatos y permisos) no sujetas a verificación: solo son normas y como tales son siempre verdaderas, con total independencia sobre el debate si son injustas o inválidas.[28] En suma, citando a Oxman: «la norma es un directivo de conducta, un fenómeno lingüístico (semántico, gramatical o pragmático), su aplicación incluye no solo la realización de la regla, sino que también su contravención; es un acontecimiento o evento individual de relevancia social e interpretable».[29]

Ahora bien, desde la citada concepción imperativista de la norma se procede a conceptuar qué se debe entender por acción, en concreto para la imputación penal; así Mañalich, citando a Sneddon, precisa que «la posibilidad de atribuir responsabilidad por un evento es una condición - de - tipo necesaria para que ese evento cuenta como una acción»,[30] para luego el Profesor de la Universidad de Chile, basándose en el esquema de Hruschka, apunta que «la imputación como un juicio práctico de dos niveles. En el primer nivel, se trata de la constitución de un suceso como el hecho de una persona, en el sentido de una imputatio facti; en el segundo nivel, en cambio, de la imputación de ese hecho —ya constituido como tal por vía de una imputatio facti— como un hecho meritorio o demeritorio, en el sentido de una imputatio iuris. Lo crucial es que esto último presupone ya un juzgamiento del hecho bajo un determinado estándar de comportamiento, en el sentido de una applicatio legis ad factum. Pues de cuál sea el estatus normativo del hecho depende-

---

[26] Oxman apunta que el antiguo debate entre causalismo y finalismo puede verse como una tensión entre la teoría de los imperativos y la teoría de la motivación, cfr. Oxman Vilches, Nicolás. «El elemento volitivo del dolo: Una investigación de Derecho penal comparado y filosofía del lenguaje». *Tesis doctoral,* Universidad de Valencia, 2016, p. 23.

[27] Al respecto, Oxman señala lo siguiente: «ello no supone de modo alguno aceptar aquí la teoría en sus versiones originales u ortodoxas, en el sentido de normas o prohibiciones de actuar que dirigen la voluntad del individuo para conminarlo a obrar conforme a Derecho; ni de una redirección de la libertad de dudoso contenido democrático, ni tampoco, en la forma de una coacción psicológica puramente intimidatoria basada en la amenaza del castigo», ídem, p. 24.

[28] Ídem, p. 25.

[29] Ídem, p. 26.

[30] Cfr. Mañalich Raffo, Juan Pablo. «El concepto de acción y el lenguaje de la imputación». En: *Doxa, Cuadernos de Filosofía del Derecho,* N° 35, México, 2012, p. 672.

rá que éste pueda resultar imputable —en el nivel de la imputatio iuris— a título de mérito o demérito a su autor, esto es: en el sentido del abono de un «crédito» o del cargo de una «deuda», respectivamente, en la cuenta (normativa) del agente».[31]

En ese contexto, Mañalich busca dotar de sentido, dentro de la gramática de la imputación, a las causales excluyentes de responsabilidad, de la siguiente forma: «la posibilidad de que se vea derrotada la adscripción de la performance en cuestión no es sino la posibilidad de que decaigan las razones sobre las cuales se apoya el correspondiente cargo, o bien de que se impongan razones que hayan de servir como descargo. Lo cual hace fácil reconocer la variable procedimental que se esconde tras la noción —indispensable para una reconstrucción dialógica del discurso de aplicación del derecho penal— de eximente de responsabilidad, en el sentido preciso de que una eximente cuenta como una razón de descargo, susceptible de ser opuesta a las razones en las cuales se apoya el cargo respectivo. Y es en atención a la específica ratio del respectivo descargo que se deja entender la tradicional distinción entre eximentes constitutivas de condiciones de justificación y eximentes constitutivas de condiciones de excusa: una condición de justificación revierte el estatus (normativamente) peyorativo del objeto de la eventual imputación, mientras que una condición de excusa compromete la satisfacción de alguno de los criterios de cuya satisfacción conjunta depende esa eventual imputación».[32]

Asimismo, Mañalich precisa que: «La comprensión de la imputación como un juicio a través del cual algo es puesto en la cuenta normativa —moral o jurídica— de un agente se corresponde con una aproximación pragmatista al concepto de imputación, en la medida en que la posibilidad misma de que algo resulte imputable a alguien —esto es, de la correspondiente relación de imputación— es dependiente, bajo esta comprensión, de una praxis que confiere sentido a ese juicio adscriptivo en tanto tal».[33]

Por otro lado, tenemos la teoría del delito de Vives Antón, que también ha sido aceptada por analistas del Derecho como Oxman[34] y la cual descansa en cuatro pretensiones para que sea válida la aplicación de la norma penal: pretensión de relevancia, la cual a su vez sustenta lo que denomina la concepción significativa de la acción; pretensión de ilicitud, esto es, desde el tipo de acción, en donde agregamos el dolo o la imprudencia del sujeto se llega a la antijuridicidad; la pretensión de reproche, la cual da sustento al juicio de culpabilidad; y la pretensión de necesidad de la pena.

Con relación a la pretensión de relevancia y por tanto de la concepción significativa de la acción, Vives indica lo siguiente: «La acción es un proceso simbólico regido por normas, como el significado social de la conducta, expresado lingüísticamente. Los hechos acaecen, las acciones tienen sentido (esto es signifi-

---

31 Ídem, p. 675.
32 Ídem, p. 676.
33 Ídem, pp. 676-677.
34 Al respecto, Martínez-Buján indica lo siguiente: «Vives acoge efectivamente las ideas básicas del pensamiento wittgensteiniano y orienta la reflexión filosófica hacia la acción y el lenguaje, en lugar de hacerlo hacia el sujeto». Cfr. Martínez-Buján Pérez, Carlos. «La concepción significativa de la acción de T.S. Vives y sus correspondencias sistemáticas con las concepciones teleológico-funcionales del delito». En: Arroyo Zapatero, Luis Alberto / Berdugo Gómez de la Torre, Ignacio. *Homenaje al Dr. Marino Barbero Santos. In memorian*, Vol. I, Universidad Castilla La Mancha, Universidad de Salamanca, Salamanca, 2001, p. 1144.

can); los hechos pueden ser descritos; las acciones han de ser entendidas; los hechos se explican mediante leyes físicas, químicas, biológicas, etc.; las acciones se interpretan mediante reglas gramaticales».[35]

Ello, ha sido explicado por uno de los discípulos más adelantados de Vives, el Profesor Busato, quien y efectuando una interpretación libre de su texto escrito en portugués: *O desvalor da conducta,* señaló lo siguiente: «Dentro de las innumerables tendencias para superar el concepto ontológico de acción en el Derecho penal, destaca el concepto de acción significativa. Ello se debe a dos razones fundamentales: el avance científico de la teoría básica de la que parte, esto es, la filosofía del lenguaje y, al mismo tiempo, su perfecta adecuación a lo cotidiano en la praxis forense».[36]

Resulta interesante que el Profesor Busato haga mención a la praxis en tribunales, cuyo poco acercamiento por parte de la filosofía analítica del lenguaje dimos cuenta en una de nuestras notas anteriores a pie de página, en el sentido que el Derecho penal es un Derecho de las consecuencias, que interviene cuando se lesionó o se colocó en peligro a un bien jurídico (v.gr. se levantó un cadáver en la sala de operaciones de la clínica X), para efecto de acercarse a la verdad de los acontecimientos y la identificación del responsable a través de la investigación forense. No se ignora que entre la verdad de lo ocurrido y el juicio de responsabilidad debe darse una relación de sentido: la verdad de los eventos nos revela que se realizó ***un hecho señalado en la ley como delito***, que torna relevante la identificación de su responsable para efecto de la imposición de la sanción prevista en la ley penal. Por tanto, el ignorar que la relación de sentido lo dota los elementos de la teoría del delito, y en concreto, el tipo penal, a través de un juicio de imputación o adscripción,[37] no tendría

[35] Cfr. Vives Antón, Tomás Salvador. *Fundamentos del sistema penal. Acción significativa y derechos constitucionales,* 2ª edición, Editorial Tirant lo Blanch, Valencia, 2011, p. 221.

[36] «Dentro das inúmeras tendências de superação do conceito ontológico de ação em direito penal, desponta como maior destaque o conceito significativo de ação. Isso por duas fundamentais razões: o avanço científico da teoria de base de onde arranca, que é a filosofia da linguagem e, ao mesmo tempo, seu perfeito ajuste ao cotidiano da praxis forense». Cfr. Busato, Paulo César. «O desvalor da conducta como critério de identificação da insignificância para aplicação do princípio de intervenção mínima». En: *Revista Seqüência. Estudos jurídicos e políticos,* Vol. 32, N° 62, Universidad Federal de Santa Catarina, Florianópolis, 2011, p. 111. Ya desde antes Busato explicaba el por qué la preferencia intelectual a la concepción de Vives: «La categoría de la acción debe ser identificada a través de su interpretación social, a través de la comunicación, del lenguaje, en definitiva, del sentido que posee. Desde luego se percibe una contraposición directa hacia la idea de explicar la acción a partir de los fenómenos psicológicos internos tales como la voluntad. Ya no se habla más sobre el que quiere, él que actúa, sino sobre la idea que transmite su conducta... la acción es percibida y no determinada, es un fenómeno que se relaciona con la comunicación más que con determinaciones objetivas o subjetivas. La acción es una expresión que se produce de la interrelación del sujeto con el medio... la acción ya no aparece como elemento base de la estructura de la imputación, sino como el sentido del tipo (se habla de tipo de acción)». Cfr. Busato, Paulo César. *Derecho penal y acción significativa,* Editorial Tirant lo Blanch, Valencia, 2007, pp. 180, 183, 201.

[37] Esta relación de sentido, llevado a sus últimas instancias conllevaría que el estudio de la acción sea subsumido al estudio del tipo penal, así Busato indica lo siguiente: «En términos penales se puede decir que la acción es el significado de un sustrato típico, ya que la tarea del intérprete se limita a identificar si las circunstancias investigadas transmiten un contexto de conducta (acción u omisión) correspondiente a un tipo, porque el tipo constituye el estándar, el modelo, cuyo significado busca entender como presente o ausente en el contexto determinado por las circunstancias». («Em termos penais, é possível dizer que a ação é o sentido de um substrato típico, pois a tarefa do intérprete se resume a identificar se as circunstâncias averiguadas transmitem um contexto de conduta (ação ou omissão) correspondente a um tipo, pois o tipo compõe o standard, o modelo, cujo sentido busca-se compreender como presente ou ausente no contexto exarado pelas circunstancias»). Cfr. Busato, Paulo César. Ob. Cit., p. 111.

lugar y se estaría creando un adversario inexistente entre los analíticos del Derecho, pero su falta de salto cualitativo a lo probatorio y por ende a lo procesal, es lo que lo torna como un discurso incompleto para los operadores.

Al respecto, Busato cuando analiza el modelo que subyace al proceso penal, ha indicado lo siguiente: «Cuando más se acerca un sistema a un modelo acusatorio es cuando más se acercan los resultados de la aplicación procedimental a la realización de un ámbito de justicia, en oposición a la pretensión de afirmación de la verdad que es propio de un modelo inquisitivo».[38] Que discutible sería defender una decisión calificada como justa pero que descansa a su vez en falsedades, como también sería discutible calificar como inquisitivos a aquellos que postulan la verdad como finalidad del proceso penal. En ese contexto, cómo entender el objetivo procesal de esclarecimiento de los hechos, cómo justificar la necesidad de criminalistas y el aumento del número de expertos forenses, cómo defender el argumento que un testimonio no corroborado o referenciado no va a causar convicción de culpabilidad en el juzgador, por más psicología del testimonio que se le aplique al declarante.

Para Busato, gana el que mejor argumente[39] y eso para el jurista brasileño es justo: «La opción de la afirmación democrática del proceso solo se da a través de la inclusión argumentativa, propia de la igualdad de oportunidades en el discurso. Este modo de afirmación democrática se da, en términos procesales, al reemplazar una verdad material por una verdad formal, legitimada al ser un producto del proceso discursivo y premiada idealmente a través del consenso de los participantes, que solo puede ser perseguido en un proceso acusatorio».[40]

Frente a lo citado nos remitimos a lo que se comentó en el primer capítulo referido a las corrientes negacionistas de la verdad, las cuales giran desde aquellas denominadas irracionales hasta aquellas que buscan equivalentes funcionales a la verdad, como sería el caso de la probabilidad, pero que, en suma no resisten la exigencia lógica de una lectura forense de los hechos, a menos que se opten por jerarquizar los discursos: el dogmático supera al ordinario, pero el forense lo supe-

38 «Quanto mais se aproxima um sistema de um modelo acusatório, mais os resultados da aplicação processual se aproximam da realização de um escopo de justiça, em contraposição à pretensão de afirmação de verdade que é própria de um modelo inquisitivo». Cfr. Busato, Paulo César. «De magistrados, inquisidores, promotores de justiça e samambaias: um estudo sobre os sujeitos no processo em um sistema acusatório». En: *Revista Seqüência. Estudos jurídicos e políticos,* Vol. 31, N° 60, Universidad Federal de Santa Catarina, Florianópolis, 2010, p. 136.

39 Similar postura Vives quien ha señalado lo siguiente: «Salir de la botella implica en este caso liberarse de esa confusión. El delito no es un objeto real y, por consiguiente, a la estructura del sistema no corresponde ninguna estructura objetiva. Y la dogmática no es una clase de ciencia sino un modo de argumentar alrededor de unos tópicos que no son sino determinaciones de lo que entendemos por acción y de lo que entendemos por normas, y del proceso en virtud del cual podemos enjuiciar las acciones desde las normas jurídicas». Cfr. Vives Antón, Tomas. Ob. Cit., p. 482. Frente a ello, solamente podemos comentar lo siguiente: hasta luego criminalística y demás ciencias forenses, no necesitamos a la criminología, resulta irrelevante la teoría de los hechos, suficiente con desentrañar el sentido lingüístico de las normas y asunto arreglado. Sencillamente absurdo.

40 «A opção de afirmação democrática do processo somente se dá através da inclusão argumentativa, pela igualdade de oportunidade de discurso. Este modo de afirmação democrática se dá, em termos processuais, pela substituição de uma verdade material por uma verdade formal «legitimidade como produto de um processo discursivo e premiada idealmente mediante o consenso dos participantes», o que só pode ser almejado em um processo de cariz acusatório». Cfr. Busato, Paulo César. «De magistrados...», Ob. Cit., pp. 137-138.

ra a ambos; pero si los analíticos aceptan jerarquizar los tipos de discursos, el suyo estaría en desventaja frente a aquellos que descansan en métodos y técnicas científicas, sin embargo es un precio que de seguro no tendrían la voluntad de pagar.

Entonces, si la justificación de la investigación forense no se basa en la jerarquización de los tipos de discursos, entonces sería estéril seguir predicando un proceso penal que descansa en la verdad formal o en una democracia argumentativa, dado que, dicho tipo de investigación procurará algo más avanzado que el mejor discurso y ello sería alcanzar la verdad, definida como el esclarecimiento de los hechos a través de las reglas de valoración probatorias propias de la sana crítica: reglas de la lógica, reglas científicas y reglas de la experiencia.

Por tanto, aquellos que postulan constructos teóricos que no reconocen a la verdad como fin del proceso penal, vaciando de contenido a lo que debemos de entender como justo, sí que están inventando adversarios donde no los hay, y toda su prédica en torno que las acciones son relevantes para el Derecho penal desde el pragma típico concluye en un par de líneas, sin mayor utilidad para el operador quien tiene la responsabilidad de motivar sus decisiones judiciales, haciéndoles un flaco favor en «darles una palmadita en su espalda» al decirles que en una democracia no importan quién está diciendo la verdad, sino quién te convenció, como si todos los juicios fuesen llevados a cabo por jueces lego y no por profesionales en el Derecho.

Ahora bien, retomando el recorrido de la teoría de Vives tenemos la pretensión de ilicitud, tenemos que partir de la siguiente premisa: para lograr la interpretación relevante de la acción tenemos que recurrir a un tipo de acción definido en la ley;[41] el cual a su vez es expresión de la antijuridicidad material, debido que, solamente es relevante para el Derecho penal aquellas acciones que lesionan o ponen en peligro bienes jurídicamente protegidos.[42] Asimismo, para Vives, el dolo y la imprudencia representan instancias de imputación de la antinormatividad de una acción o de una omisión previamente entendidas como tales,[43] pero que no forman parte del aspecto subjetivo del tipo, sino que completan el juicio de antijuridicidad formal, juicio que se excluye por la concurrencia de supuestos contemplados en leyes permisivas, que, a su vez, pueden otorgar un derecho o «permiso fuerte» (causas de justificación) o un «permiso débil» (excusas o causas de exclusión de la responsabilidad por el hecho).[44]

Así, desde el tipo de acción, la teoría de Vives se adhiere a la corriente adscriptiva, al negar el entendimiento de las acciones como fenómenos o hechos naturales, prescindiendo de su interpretación en sede de la voluntad como causas para la realización de un movimiento corporal o para la modificación de un estado de cosas, pasando a ser acontecimientos dotados de un significado social en relación con el lenguaje.[45] En esa inteligencia, Busato precisa que: «Es claro que una norma

---

41 Cfr. Vives Antón, Tomás Salvador. Ob. Cit., p. 484.

42 Vives descarta una concepción sustancial del bien jurídico, toda vez que, al considerarlo ya como el primer tópico de la argumentación en torno a la validez de la norma, se concibe de modo «procedimental» (Cfr. Vives Antón, Ob. Cit., p. 484).

43 Cfr. Vives Antón, Tomás Salvador. Ob. Cit., p. 244.

44 Ídem, p. 485.

45 Frente a ello, la filosofía analítica del lenguaje no encuentra en la concepción significativa de la acción de Vives un discurso opuesto al suyo, a pesar que el profesor español se decante como neokantiano y más ligado a Habermas que a Hart, jurista inglés que los analíticos del

solo puede afirmar su pretensión de relevancia frente al caso concreto, es decir, afirmar que su aplicación es relevante en el contexto analizado, siempre que la acción sea una expresión de sentido correspondiente a un tipo, momento en el que se expresa el principio de legalidad, y si la acción también expresa una infracción a un bien jurídico suficientemente importante para recibir una dimensión penal, garantizando así el principio de mínima intervención».[46]

Luego, en lo que corresponde a la culpabilidad o juicio de reproche, el mismo se compone de dos elementos: la imputabilidad (según la cual se determina si el sujeto posee la capacidad de reproche) y la conciencia de la ilicitud de su acción.[47] Por último, agotado el contenido material de la infracción, todavía queda la pretensión de necesidad de pena, que, según Vives, debe ser considerada como un momento del principio constitucional de proporcionalidad y que debe ser acreditada en el caso concreto.[48]

Ahora bien, con relación a las críticas que ha recibido la teoría de Vives, citamos a González Lagier, quien ha indicado que la concepción significativa de la acción lleva al extremo la analogía entre enunciados lingüísticos y el significado de nuestras acciones, sin especificar, primero, qué entiende por ambas cuestiones y, segundo, sin indicar cuál sería el límite entre ambos. En este plano, se dice que la citada ambigüedad consiste en que Vives no expresa con claridad cuál es el concepto de significado que sigue o adopta para construir su concepto de acción.[49]

Que dato relevante el saber lo contradictorio que resulta que un analítico del lenguaje presente un discurso no inteligible para el auditorio o peor aún sin mayor utilidad para, en este caso, los tribunales de justicia.

Al respecto, realizar una labor hermenéutica de los elementos que constituyen, por un lado, el tipo penal, y por otro lado, las causales tanto modificatorias como excluyentes de la responsabilidad penal claro que es importante para la administración de justicia, pero una vez que se conozca el significado de un enunciado, ni la labor del operador ha terminado, ni menos hemos logrado una

---

lenguaje beben de sus ideas. Al respecto, Borja señala lo siguiente: «La originalidad de los fundamentos del sistema de Derecho Penal de Vives Antón comienza por los presupuestos filosóficos de los que parte, que toman como base la filosofía del lenguaje de Wittgenstein con cierta influencia de Habermas. También creo que es la primera formulación de las bases del Derecho penal que se sustenta en la obra, entre otros, de estos autores». Cfr. Borja Jiménez, Emiliano. «Algunas reflexiones sobre el objeto, el sistema y la función del Derecho penal». En: Arroyo Zapatero, Luis Alberto / Berdugo Gómez de la Torre, Ignacio. *Homenaje al Dr. Marino Barbero Santos. In memorian*, Vol. I, Universidad Castilla La Mancha, Universidad de Salamanca, Salamanca, 2001, p. 884.

46 «Claro está que uma norma só pode afirmar sua pretensão de relevância em face do caso concreto, ou seja, afirmar que sua aplicação é relevante no contexto analisado, a partir de que a ação seja uma expressão de sentido correspondente a um tipo, momento em que se expressa o princípio de legalidade, e se a ação também expressa uma ofensa a um bem jurídico suficientemente importante para receber dimensão penal, garantindo, assim, o princípio de intervenção mínima». Cfr. Busato, Paulo César. «O desvalor...», Ob. Cit., p. 112.

47 Cfr. Vives Antón, Tomás Salvador. Ob. Cit., p. 487.

48 Ídem, p. 487.

49 Cfr. González Lagier, Daniel. *Las Paradojas de la Acción*, 2da. edición, Editorial Marcial Pons, Madrid, 2013, pp. 71-72.

pragmática de la imputación, porque lo que se requiere es entender la dinámica del proceso, de los principios de imputación y defensa, así como de la valoración de la prueba y motivación de las resoluciones judiciales.

En efecto, el valorar los diferentes peritajes para fundamentar una convicción de culpabilidad no se agota en ejercicios de semántica, por lo que, la filosofía analítica del lenguaje es un discurso limitado para el sistema penal, que no permite dar respuestas al contenido del principio de imputación, el cual es expresión de la dialéctica informativa propia de la investigación forense, y menos aún al principio de contradicción, que descansa en la refutación de la imputación penal, la cual no se reduce a un debate semántico de los enunciados, sino al debate probatorio: X le disparó o no a Y, privándolo de la vida; que pérdida de tiempo para el juzgador el tener que decirnos en su sentencia: ¿qué se entiende por X? ¿Qué se entiende por Y? ¿Qué es la vida? ¿Qué es la muerte? ¿Acaso se puede condenar porque lo mató de risa o lo mató de un susto?

Como tampoco sirve para el logro del debido proceso discursos que combaten la verdad en el proceso penal, así como que evitan que los operadores asuman responsabilidad por omisiones o negligencias durante el ejercicio de sus atribuciones procesales, so pretexto que la norma no exige un juicio de verdad o falsedad, sino de validez y legitimidad, por lo que, si te equivocas absolviendo a un culpable o condenando a un inocente, no se genera responsabilidad alguna ni para el operador negligente, ni para el sistema. Y ello también se podría predicar para la fiscalía y la policía: no importa que no se investigue bien, no importa que se archive por archivar o se ejercite la acción penal solo por realizar el ejercicio, total no está en juego la verdad, sino el mejor discurso que oculta los yerros del sistema de justicia penal.

En esa línea, Busato precisa que «la teoría del delito no es más que la distribución de temas que actúan como filtros generales del reconocimiento de la pretensión de validez y legitimidad de la norma para la producción de sus efectos... la estructuración teórica del delito no apunta a la producción de un resultado verdadero (por lo tanto, no es ciencia, sino mera técnica argumentativa), a lo sumo un resultado justo».[50] Al respecto, y probablemente no sea la intención de Busato, solamente el jurista brasileño lo sabe, pero los negligentes y omisos en el ejercicio de sus funciones encontraron el discurso que les permite evadir todo tipo de responsabilidad: la víctima denunció un ataque sexual violento por parte de X, pero al no aportar mayores elementos de convicción, la fiscalía dispone el archivo de la denuncia, dado que considera que es el resultado más justo, pero ¿dónde está la investigación forense en torno a los enunciados fácticos denunciados, que a su vez permita afirmar o descartar, desde la teoría del delito, que se está ante un hecho que la ley señala como delito y se ha identificado al autor del mismo? ¿Por qué no se apertura investigación en contra de aquel fiscal o policía por negligencia en el ejercicio de sus funciones? Porque ocurrió se ejerce la acción penal, porque ocurrió se condena por el delito de violación sexual, o bien

[50] «É que resulta necessário reconhecer que a teoria do delito nada mais é do que a distribuição de tópicos que funcionam como filtros gerais do reconhecimento da pretensão de validade e legitimidade da norma para a produção de seus efeitos... a estruturação teórica do delito não visa à produção de um resultado verdadeiro (daí que não é ciência, e sim mera técnica argumentativa), más apenas um resultado justo». Cfr. Busato, Paulo César. «O desvalor...», Ob. Cit., p. 111.

porque no ocurrió no se activa el aparato sancionador estatal, porque la verdad y la justicia fungen como fundamentos de toda decisión emanada del sistema de justicia penal, y toda decisión tomada a espaldas de ambas conlleva para el perjudicado el derecho a que se le indemnice por el error del Ministerio Público o del Poder Judicial, vía el proceso contencioso administrativo.

Por otro lado, cuándo una conducta es relevante para el Derecho penal, la respuesta debe ser obtenida desde los principios que rigen nuestro Derecho punitivo.[51] Así, en primer lugar, citamos el principio de legalidad,[52]en razón que la delimitación normativa que hace el legislador tiene por objeto prescribir cuál es el espacio de juego dentro del cual los ciudadanos pueden desarrollar sus conductas, en un Estado de Derecho,[53] y en lógica contrapuesta identificar lo prohibido. Claro está que tal delimitación lo realizan los operadores del sistema, por un lado, la fiscalía a la hora de formalizar la investigación, comunicando la respectiva imputación penal y, por otro lado, el juzgador al momento de dictar sentencia o de previo mediante un auto de sobreseimiento. En esa delimitación se tendrá que recurrir a fuentes de consulta, como el bloque de constitucionalidad, el bloque de legalidad o de legislación secundaria o infraconstitucional, acuerdos y sentencias plenarias, la jurisprudencia sea o no vinculante, así como la doctrina que soporte la interpretación sistemática con las fuentes anteriormente mencionadas.

En esa línea, planteamos el siguiente caso: en mérito de un operativo policial de prevención del delito, se logra identificar un sujeto que comercializaba mercancía presuntamente proveniente del contrabando; ahora bien, al momento que la policía le pide su nombre, el sujeto proporciona uno que no corresponde al de su documento nacional de identidad. Al respecto, la legislación penal peruana ha tipificado, por un lado, el delito de receptación aduanera (artículo 6° de la Ley 28008) y, por otro lado, el delito de falsedad genérica por usurpación de nombre (artículo 438° del Código Penal peruano). Si la fiscalía tiene incautada la mercancía con observancia de la cadena de custodia y se le ha efectuado peritaje de valoración económica, arrojando un valor superior a cuatro unidades impositivas tributarias; además, cuenta con pronunciamiento de INDECOPI así como de la respectiva documentación que sustenten la procedencia del extranjero de la citada mercancía, más no el pago de los derechos arancelarios para su ingreso al país; asimismo, de las actas policiales se aprecia información en torno a que dicha mercancía estaba siendo comercializada por el investigado, de seguro se formali-

---

[51] En la STC 02050-2002-AA/TC el Tribunal Constitucional peruano precisó que «los principios de culpabilidad, legalidad, tipicidad, entre otros, constituyen principios básicos del derecho sancionador, que no sólo se aplican en el ámbito del derecho penal, sino también en el del derecho administrativo sancionador».

[52] Para la Corte Interamericana de Derechos Humanos, este principio exige que en la elaboración de los tipos penales exista una clara definición de la conducta incriminada, que fije sus elementos y permita deslindarla de comportamientos no punibles o conductas ilícitas sancionables con medidas no penales (Cfr. Caso Fermín Ramírez vs. Guatemala, sentencia del 20 de junio de 2005 y Caso García Asto y Ramírez Rojas vs. Perú, sentencia del 25 de noviembre de 2005). Para el Tribunal Constitucional peruano (STC 00156-2012-PHC/TC) el principio de legalidad impone tres exigencias: la existencia de una ley (*lex scripta*), que la ley sea anterior al hecho sancionado (*lex previa*), y que la ley describa un supuesto de hecho estrictamente determinado (*lex certa*).

[53] Casación 724-2018 Junín.

zará investigación en razón a la imputación del delito de recepción aduanera, precisándose las circunstancias de tiempo, lugar y modo correspondientes.

Sin embargo, la Corte Suprema del Perú ha señalado que no comete delito de falsedad genérica la conducta del procesado de haber dado un nombre y apellidos falsos al momento de rendir su manifestación policial, en razón a su derecho de no autoincriminarse;[54] en tal extremo, la fiscalía no procede a formular imputación por falsedad genérica, por la aplicación de la citada jurisprudencia, que si bien puede ser no vinculante, no menos cierto es que constituye fuente mediata del Derecho penal; no obstante, el Ministerio Público si lo menciona en los hechos de imputación por receptación aduanera, para efecto que, una vez formalizada la investigación, solicite medida de coerción de comparecencia con restricciones, en términos de lo que señala el artículo 287° del Código Procesal Penal peruano, al considerar un incumplimiento de obligaciones procesales, como es el de la identificación, que si amerita pronunciamiento judicial con relación al tema de la medida cautelar personal.

Como se aprecia, en el estudio y aplicación del principio de legalidad y por ende de la adecuación de la conducta al marco del tipo señalado en la ley penal, el recurso a la semiótica no es suficiente; se requiere de investigación forense para, ahora sí, hablar con propiedad de receptación aduanera, pero también de la aplicación de juicios de valor referente a la aplicación preferente de derechos como el citado no autoincriminación, para efecto de deslindar lo prohibido para el Derecho penal (aunque también el caso del nombre falso se pudo haber resuelto desde el principio de mínima intervención); sin embargo, tales juicios ocupan de un objeto de valoración, que viene dado por los bienes jurídicos, cuya relevancia constitucional no viene dada por su sentido lingüístico o deontológico, sino por argumentos de carácter axiológicos y que se extiende hasta la rivera de la filosofía social así como política.

En ese orden de ideas, y en segundo lugar, citamos al principio de lesividad, el cual exige que solo será constitucionalmente válido el prever la privación de libertad como consecuencia jurídica para determinada conducta antijurídica si se tiene como propósito la protección de bienes jurídicos constitucionalmente relevantes, toda vez que sólo la defensa de un valor o un interés constitucionalmente relevante podría justificar la restricción en el ejercicio de un derecho fundamental.[55] Aquí también hay que referirnos al principio de mínima intervención del Derecho penal que incluso ataja la construcción semántica de los alcances de una conducta delictuosa, exigiendo la aplicación del mencionado juicio de valor en torno a si la injerencia de la sanción penal se encuentra justificaba por la gravedad de la imputación o se ha visto solucionada o puede ser solucionada en las vías extrapenales.

En esa línea, la Corte Suprema del Perú ha señalado que actos como el empujar a un miembro policial, cuando este ejerce sus funciones, o el afectar su honra a través de insultos o lanzándole escupitajos, no pueden ser consideradas como formas agravadas del delito de desobediencia o resistencia a la autoridad

---

[54] R.N 1844-2011 Lima; R.N 3093-2013 Lima Norte.

[55] STC 0019-2005-PI/TC.

(artículo 367° del Código Penal peruano), dado que, dichas conductas no son suficientemente idóneas para afectar el bien jurídico con una intensidad o fuerza adecuada para impedir que la autoridad cumpa sus funciones.[56]

Ahora bien, la filosofía analítica del lenguaje al encontrar en las reglas del comportamiento el equivalente al bien jurídico[57] no puede contestar a la pregunta: por qué no es resistencia a la autoridad policial el empujón al policía para efecto que no se logre el desalojo. En ese sentido, si se sigue a Hruschka que plantea como regla de comportamiento en su función de baremo de medición: «¡Quien ha matado, ha actuado antijurídicamente!»,[58] cómo elaborar los espacios de juridicidad por razón de lesividad (en términos como lo fijado por la Corte Suprema peruana según lo indicado en el párrafo anterior) sin acudir a aspectos axiológicos, así como de filosofía social y política que subyacen a la teoría del bien jurídico; por ende, se aprecia que el equivalente postulado por los analíticos del Derecho cae en el acto de confundir el objeto de protección con la regla para su protección, constituyendo un aparato teórico que no cumple con su razón de ser: *dotar de sentido o de relevancia para el Derecho penal determinados comportamientos humanos.*

Por su lado, Busato precisa que se «vuelve necesaria la referencia a la idea de protección de bienes jurídicos como fundamento de la necesidad de intervención del Derecho penal en el control social, inspirado por un ideal de realización de justicia».[59] Sin embargo, qué se entiende por bien jurídico; al respecto, Vives Antón, a cuyo pensamiento se adhiere Busato, ha acuñado la concepción procedimental del bien jurídico, indicando lo siguiente: «el bien jurídico no es sino un momento del proceso de justificación racional de la limitación de la libertad... el bien jurídico concreto se conforma, no sólo a partir de los tipos penales, sino también de la Constitución y, específicamente del contenido de los derechos fundamentales, desde los que se decide hasta qué punto y en qué sentido una determinada prohibición penal resulta constitucionalmente legítima. El bien jurídico así determinado, por lo tanto, no preexiste al Derecho, pero sí a las concretas tipificaciones penales: se trata de una redefinición de los bienes jurídicos que asume como punto de referencia no sólo el Código Penal, sino también la Constitución».[60]

En ese orden de ideas, la teoría del bien jurídico en sí constituye un discurso que busca legitimar la intervención del Derecho penal en la esfera de las libertades humanas, por ende, es un marco de «buenas razones», pero que, al basarse en los derechos fundamentales, como admite el propio Vives, se torna dificultoso mantenerla como un criterio meramente procedimental, sin ninguna referencia

---

56 Fundamento vigésimo primero del Acuerdo Plenario Extraordinario N° 01-2016/CIJ-116.

57 Cfr. Hruschka, Joachim. Ob. Cit., p. 345. Kindhäuser, Urs. «La lógica de la construcción del delito». En: *Revista de Análisis Especializado de Jurisprudencia,* N° 14, Lima, 2009, p. 500; Mañalich, Juan Pablo. «Condiciones generales de la punibilidad». En: *Revista de Derecho de la Universidad Adolfo Ibáñez,* N°2, Santiago, 2005, p. 388.

58 Cfr. Hruschka, Joachim. Ob. Cit., p. 345.

59 Cfr. Busato, Paulo César. *Derecho penal...,* Ob. Cit., p. 202.

60 Cfr. Vives Antón, Tomás. «Sistema democrático y concepciones del bien jurídico: el problema de la apología del terrorismo». En: *Estudios Penales y Criminológicos,* N° 25, Universidad de Santiago de Compostela, Santiago de Compostela, 2004, pp. 438-439.

axiológica o sociológica: *la afectación de la vida humana independiente no constituye un argumento de validez de la sanción penal, sino el ataque al derecho más valioso que tenemos, importancia que puede ser vista desde diferentes enfoques biológico, sociológico, económico, etc.*

Asimismo, y en tercer lugar, contamos con el valioso principio de responsabilidad por el hecho propio, el cual constituye una manifestación del principio de la culpabilidad, que a su vez es uno de los pilares sobre los que descansa el Derecho penal.[61] Este principio es idóneo para entender un Derecho penal de las consecuencias, esto es, si se ha levantado un cadáver, se debe practicar la respectiva necropsia para deslindar la causa natural de la que no es, y operada esta última, la lectura forense nos deberá conducir al actuar de una persona humana o de varios sujetos por el mismo hecho, que a su vez actualiza los elementos objetivos, subjetivos y normativos del tipo penal.

Este principio descarta una responsabilidad por el puro resultado, exigiendo una conducta humana,[62] y que además de su tipicidad permita ser calificada como antijurídica y culpable, por ende, merecedora de una sanción. Sin embargo, este principio no prohíbe la responsabilidad colectiva en sí, siendo legítimo, desde las reglas normativas de autoría y participación, el castigo de varios sujetos que se han involucrado en un hecho delictivo; no obstante, y citando a Cuerda, lo que verdaderamente está prohibido es la responsabilidad colectiva por un hecho individual, esto es, el castigo colectivo de inocentes como consecuencia de un hecho del que no son responsables.[63]

Llegado a este punto es necesario realizar el siguiente balance: el principio de imputación exige que se conteste la pregunta: ***cuál es mi hecho***; para ello, requiere de bases, las cuales, están constituidas por los enunciados fácticos con relevancia delictiva obtenidos en función a la dialéctica informativa propia de la lectura forense. En esa inteligencia, lo que se requiere es de una investigación forense o criminalística del testimonio que permita, mediante el ejercicio de la dialéctica de la información, ir construyendo las circunstancias de tiempo, lugar y modo, las cuales deberán encuadrar, desde el principio de legalidad, en la esfera de lo prohibido, además de haberse identificado la lesión o puesta en peligro de un determinado bien jurídico (principio de lesividad), todo ello atribuible en razón del hecho propio y no del ajeno (principio de responsabilidad personal). Claro está, que se necesita también explicar ***por qué ese hecho le pertenece al imputado*** y ello responde a la dinámica de las reglas de la imputación, las cuales analizaremos en el siguiente apartado titulado: *competencia del agente.*

---

61 STC 03245-2010-PHC/TC.

62 A lo largo de la presente obra nos hemos decantado por la posición que las personas jurídicas no son responsables penalmente, y ni siquiera recurriendo a la concepción autopoiética se puede salvar esta imposibilidad, y para ello citamos a Jakobs, quien en sus primeras obras se decantaba por tal concepción y que en la actualidad señala que la culpabilidad es personalísima y lo que es personalísimo no se puede transferir (Cfr. Jakobs, Günther. «Strafbarkeit juristischer Personen?». En: Prittwitz, Cornelius. (hrgb.) *Festschrift für Klaus Lüderssen*, Editorial Nomos, Baden, 2002, p. 564), dado que, el Derecho penal se basa en determinados deberes personales básicos, los cuales, uno no puede renunciar a su responsabilidad a favor de una supuesta razón colectiva (Cfr. Jakobs, Günther. «Strafbarkeit...», Ob. Cit., p. 569).

63 Cfr. Cuerda Riezu. Antonio. «El principio constitucional de responsabilidad personal por el hecho propio. Manifestaciones cuantitativas». En: *Revista Boliviana de Derecho,* N° 09, Fundación Iuris Tantum, Santa Cruz, 2010, p. 226.

CUADRO N° 03
LAS BASES DE LA IMPUTACIÓN PENAL

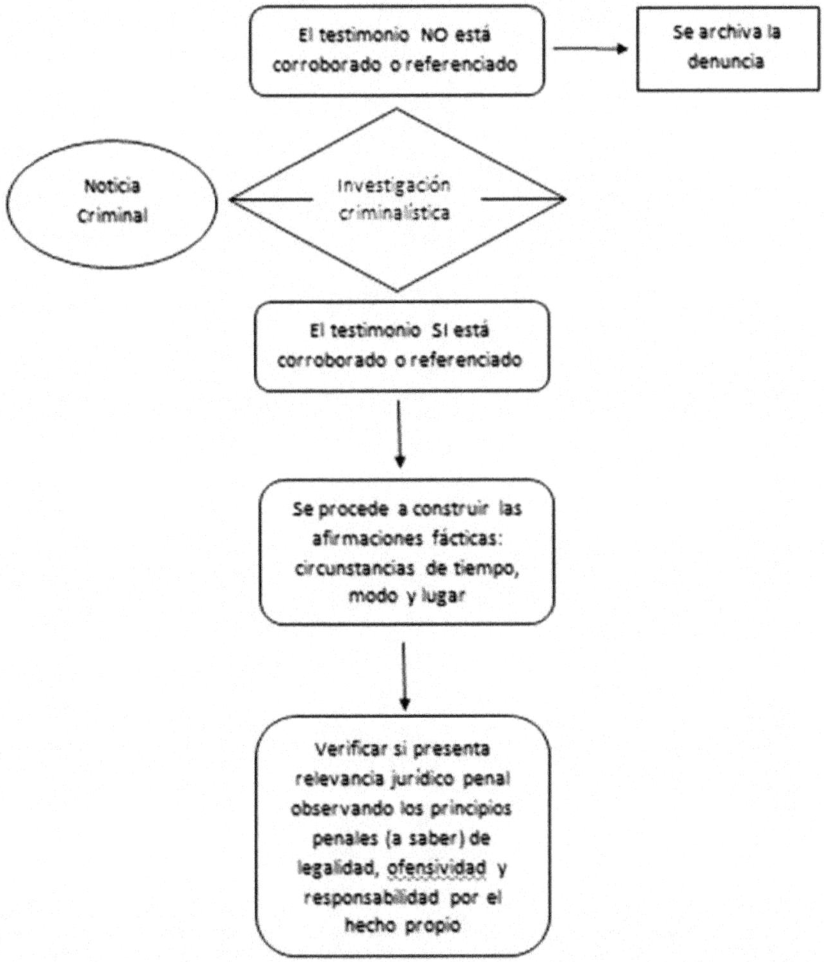

Fuente propia

CAPÍTULO IV

LA COMPETENCIA DEL AGENTE

4.1. CONCEPTO DE COMPETENCIA DEL AGENTE

Así como no hay delito sin una víctima, tampoco hay delito sin un victimario; ahora bien cuáles son las razones por las cuales a una persona humana se le imputa una conducta delictuosa; cuáles son las razones para que un *agente*[1] sea el competente para asumir como demérito una imputación penal.

Al respecto, y a lo largo del capítulo anterior, hemos señalado nuestra falta de coincidencia con la filosofía analítica del lenguaje, dado que, ni es la praxis que se está buscando y porque consideramos que es un camino inútil el querer postular que el modelo acusatorio descansa en la pretensión de justicia y el inquisitivo en la pretensión de verdad, al ser desgastante convencer que ninguna ciencia, ningún proceso, incluyendo el judicial, está alejado del criterio: *lo que es cierto,*[2] sobre la

---

1 El literal a) del artículo 45° del Código Penal señala que el Juez, al momento de fundamentar y determinar la pena, tiene en cuenta las carencias sociales del «agente». Ahora bien, el recurso a la figura de la agencia o del agente en el Derecho penal depende del enfoque que se asuma. Por ejemplo, en el caso de Zaffaroni y su realismo marginal, a la hora de definir el sistema penal, lo entiende como un conjunto de agencias que operan la criminalización (primaria y secundaria), como, por ejemplo, policías, fiscales y jueces (Cfr. Zaffaroni, Eugenio Raúl / Alagia, Alejandro / Slokar, Alejandro. *Derecho Penal. Parte General,* Editorial Ediar, Buenos Aires, 2011, p. 18). En cambio, para Davidson y su teoría de la acción intencional, una agencia puede ser entendida como un hablante y así, cuando hablamos de lo que las palabras significan debemos de partir de casos en los que la comunicación tiene éxito: «una audiencia interpreta las palabras de un hablante como el hablante pretende y espera que esas palabras sean interpretadas» (traducción libre de la siguiente oración en inglés: «by which I mean ocassions on which an audience interprets a speaker words as the speaker intends and expects those words to be interpreted». Cfr. Davidson, Donald. «Reply to Andreas Kemmerling». En: *Reflecting Davidson,* Stoecker Editor, Walter de Gruyter, Berlín, 1993, p. 117). Lo relevante es que el presente estudio no busca ser etiquetado por el concepto que se maneje de agencia o agente; tampoco se tiene el temor de no entender el Derecho penal por el solo argumento de no emplear tales expresiones, como en una conferencia virtual sobre *compliance* realizada en el 2020 en el fanpage de Amachaq (Perú), formuló el Profesor argentino Juan Pablo Montiel, por la sencilla razón de que uno ya está *grandecito* para asustarse o acomplejarse por etiquetas. No obstante, si se tuviera que elegir entre el menosprecio a la criminalística y criminología para efecto de adherirse a la corriente analítica o lingüística del Derecho, se prefiere el camino de lo forense y de la lectura que nos genere y que sea lo que más corresponda a nuestra realidad latinoamericana, por ende, las palabras de Zaffaroni siguen vigentes y de seguro aparecerán más investigadores que montados en los hombros del jurista argentino mejoren el horizonte de su pensamiento, no compartiendo la opinión del Profesor brasileño Luis Greco, que las críticas que Zaffaroni realiza al sistema penal es para que solamente compremos sus libros.

2 «Lo que es verdad en una ciencia debe encontrar su lugar en las demás ciencias», cita que el Profesor Bacigalupo Zapater lo atribuye a su maestro Hans Welzel.

base de los datos objetivos que arrojan la investigación de los hechos y, si alguna barrera de contención necesitamos levantar tendrían que ser las de corte éticas, como el respeto a los derechos humanos, como serían por ejemplo: el ser juzgado observándose un plazo razonable, la privación de libertad sea provisional o vía sentencia en razón a la gravedad de la imputación o la reparación del daño justa e integral.

Ahora bien, nos queda claro que, si son los principios penales los que dotan de relevancia jurídica una determinada conducta, serán los mismos principios que nos conduzcan a determinar la competencia del agente en torno a una imputación penal. En ese sentido, resulta ineludible el principio de legalidad que nos exige ocuparnos de la fundamentación desde la norma legal; así, un ejemplo que grafica lo señalado es la adopción en las legislaciones de la región la fórmula de la infracción de un deber jurídico como requisito de la omisión impropia; ante la necesidad de acudir a este tipo de razonamiento dota de razón al Profesor Silva Sánchez quien ha señalado que los penalistas somos normativistas, y claro desde la norma podemos fundamentar también la necesidad del respeto a los principios de lesividad y responsabilidad por el hecho propio que son los que delimitan la imputación penal.

En esa línea, si bien somos normativistas, no menos cierto es que en la dogmática penal de influencia europea continental[3] podemos identificar corrientes en torno a cómo razonar desde la norma legal: a) como expresión de la identidad de una determinada sociedad; b) como producto de un tipo de Estado; y, c) como instrumento de reconocimiento recíproco que somos personas libres, que en los siguientes apartados examinaremos. Asimismo, ocupamos analizar la compatibilidad de la autonomía y dignidad de la persona humana con la infracción al deber jurídico que nos conduce a un determinado tipo penal, como fundamento para afirmar la competencia del agente; compatibilidad que nos obliga extenderla a otros principios nucleares del Derecho penal como los de legalidad, ofensividad y la responsabilidad por el hecho propio. Ahora bien, afirmada la compatibilidad, nos corresponde examinar cómo nuestra propuesta de competencia del agente puede ser aplicada en un concepto estratificado del delito, así como, con las reglas de imputación objetiva y subjetiva.

4.2. EL NORMATIVISMO DESDE LA PERSPECTIVA SOCIAL

Para el análisis de la primera corriente partimos que el tema de la identidad social está presente en Constituciones como la mexicana («pluricultural», artículo 2°), en donde la Suprema Corte mexicana ha reconocido distintos sistemas normativos.[4] Al respecto, no se puede ignorar el modelo de la construcción comunicativa de la realidad social,[5] que se diferencia de la concepción analítica del delito propio

[3] Es importante no perder de vista que la filosofía analítica discrepa con el pensamiento de corte idealista de Kant y Hegel, sobretodo de este último, por tanto, la discrepancia se extendería a lo que se comente en este apartado. Sin embargo, Pardo apunta que desde la publicación en 1966 de la obra de Peter Strawson denominado: «The bounds of sense», se aprecia entre los filósofos analíticos una apertura al pensamiento, por ejemplo, kantiano; Cfr. Pardo Oláguez, José Antonio. «Hegel, filosofía analítica y liberalismo: Las imprecisiones de su mala fama». En: *La nota sociológica*, documento electrónico.

[4] Registro 2018751.

[5] Cfr. Luckmann, Thomas. «Nueva sociología del conocimiento». En: *Revista Española de Investigaciones Sociológicas*, N° 74, Centro de Investigaciones Sociológicas, Madrid, 1996, pp. 163-172.

de la filosofía del lenguaje, porque mientras el primero recurre incluso a lenguas históricas, la segunda procura un análisis formal diferenciable del criterio axiológico.

Ahora bien, el recurso al funcionalismo es propia de la elección dicotómica que ocupan los teóricos sociales, ya sea para explicar la sociedad como un fenómeno ordenado, sea en su estructura como en sus funciones (lo que vendrían siendo los funcionalistas); o bien, examinándola desde el caos o los conflictos que se generan en la misma, resaltando lo asincrónico y dialéctico que es el fenómeno social. Sin embargo, el penalista no puede olvidar que se está ante una elección conceptual que los sociólogos ocupan para su campo de estudio y no ante un referente producto de comprobación empírica.

Si no se olvida lo señalado en el párrafo anterior entonces podemos iniciar nuestro recorrido en aquel pensamiento jurídico penal que parte de la funcionalidad de la sociedad y no de su carácter conflictual. Al respecto, la Profesora Zúñiga ha indicado lo siguiente: «Asistimos en el ámbito del saber de las ciencias sociales y del método jurídico al triunfo del funcionalismo, entendido de manera amplia como la corriente del pensamiento que orienta el pensamiento hacia los fines sociales de integración y consenso. En el ámbito de estudio y contención de la criminalidad, ello significa para el saber criminológico el dominio de las tesis de la prevención de la delincuencia, y para el saber penal el éxito de las corrientes teleológico-funcionalistas. Según esta orientación del pensamiento, el sistema penal se encuentra determinado por el fin de prevención, que constituye el valor rector del razonamiento sistemático y que permite aclarar el relativismo axiológico en funciones sociales».[6]

En ese sentido, el máximo referente a este tipo de explicación de seguro es el Profesor Jakobs quien ha señalado que la «sociedad es la construcción de un contexto de comunicación»,[7] agregando que «la prestación que realiza el Derecho penal consiste en contradecir a su vez la contradicción de las normas determinantes de la identidad de la sociedad».[8]

Este planteamiento ha sido criticado como propio de un Derecho abstracto que se entiende con el sujeto ideal.[9] Al respecto, es insostenible el considerar una identidad social fundamentada en personas ideales funcionalizadas por el ejercicio de sus roles sociales; por el contrario, es una identidad que no se contrapone que las personas al relacionarnos no perdemos nuestra identidad, como no perdemos nuestra dignidad, y que son los rasgos, intereses o expectativas comunes lo que nos permite identificar la razón colectiva. El sistema penal nos conduce a atender a las necesidades de la víctima quien, por un error policial, de la fiscalía o del juzgado se ve frustrada en su expectativa de justicia y debe originar una indemnización por responsabilidad patrimonial del Estado en interpretación sistemática con las normas del contencioso-administrativo. Ni un Estado ajeno a las necesidades de la persona, pero tampoco una sociedad en la que desaparece la persona. Al respecto, Jakobs ha dado un «gira fáctico», al postular que «en una sociedad en la que ninguna persona osa moverse libremente por miedo a la delincuencia, el derecho a la libertad de movimientos no es real, se mire como se mire»;[10] el miedo (Angst) torna al individuo de Jakobs en una persona real.

---

6 Cfr. Zúñiga Rodríguez, Laura. *Política Criminal,* Editorial Colex, Madrid, 2001, p. 31.
7 Cfr. Jakobs, Günther. *Sociedad...,* Ob. Cit., p. 26.
8 Ídem, p. 18.
9 Silva Sánchez, Jesús María. «Del derecho abstracto...», Ob. Cit., p. 04.
10 Cfr. Jakobs, Günther. *La pena estatal...,* Ob. Cit., p. 139.

Sin embargo, a pesar de los cambios o giros en su pensamiento, Jakobs ha mantenido como premisa que las normas penales son expectativas socialmente institucionalizadas, cuyo fundamento es el mantenimiento de los elementos irrenunciables de la configuración social. De la citada premisa se puede extraer que todas las personas somos garantes en cumplir con las citadas expectativas, por lo que, el delito se constituye en una infracción a la posición de garante. Ello, si bien es un tema que lo abordaremos más adelante, se insiste que las legislaciones de nuestra región han acudido a la fórmula del deber jurídico para explicar la omisión impropia, y si una fórmula es acertada para explicar una modalidad típica, por qué no sería acertada para explicar otras modalidades.

En esa línea, se entiende la crítica contra la teoría del deber jurídico en la medida que la convirtamos en el objeto de protección del Derecho penal, al estilo del pensamiento de Karl Binding y que Jakobs lo asume;[11] pero si justificamos la intervención del poder punitivo porque la humanidad es el mayor depredador del ecosistema, porque premeditadamente o buscando la ventaja se comporta privando de la vida a sus semejantes, entonces se puede explicar que para proteger derechos fundamentales que permitan una adecuada convivencia social (bienes jurídicos) le exigimos a un determinado agente el respeto a un conjunto de deberes jurídicos y al no cumplir con la exigencia normativa entonces le correspondería una sanción.

En suma, al ser la persona humana un agente social es lógico ocupar un constructo teórico de corte social, pero que, en nuestro caso, para fundamentar la posición de garante no recurrimos a la fórmula inicial de Jakobs en torno al rol social, debido que, y citando al Profesor Bernardo Feijoo, «el único rol que interesa en Derecho penal es el de las expectativas del ordenamiento jurídico-penal en una determinada situación»;[12] ello, ha conllevado que Jakobs recurra a la infracción de

[11] «... en el homicidio lo relevante no es el cadáver, sino el mensaje en virtud del cual para el homicida el valor de la vida, presente en la sociedad, no está vigente. Así, mientras la norma del homicidio contiene una declaración de principio, por la cual la vida se protege dentro de una comunidad, lo relevante en el acto de matar a otro no es el muerto como tal, sino la declaración que hace el homicida de que para él esa norma no está vigente. La pena, como respuesta de la comunidad, lo que hace es reiterar la vigencia de la norma que protege el homicidio, en tanto que los demás miembros de la comunidad podrán continuar confiando en que la norma que protege la vida se encuentra vigente». Cfr. Bernate Ochoa, Francisco. «El sistema penal debe construirse a partir de las finalidades que se le asignen y del modelo de Estado. ¿Cambio de paradigma gracias a la irrupción del funcionalismo?». En: *Revista Estudios Socio Jurídicos,* Volumen 07, N° 01, Universidad del Rosario, Bogotá, 2005, p. 153.

[12] Cfr. Feijoo, Bernardo. *Derecho penal...,* Ob. Cit., p. 69. Por otro lado, es resaltante el cambio de giro que efectúo Roxin en la fundamentación que da a los delitos de infracción de deber; así, en su escrito de habilitación para la cátedra de 1963 señaló que este deber constituyente de autoría se trataba de la vulneración de un deber extrapenal (*eine außerstrafrechtliche Pflicht*); no obstante, al publicar su segundo volumen de su *Tratado de Derecho penal,* en el 2003, acuña la fórmula: «la infracción de un deber específico al tipo referido al resultado», por la cual explicaba que no todos los deberes son extrapenales, aunque si son deberes especiales previos al Derecho penal; por último, en su artículo publicado en el Libro Homenaje a Schünemann de 2014, Roxin precisó que son delitos de infracción de deber los tipos penales en los que la autoría es caracterizada, por el hecho de que alguien abusa o descuida el deber que resulta de su rol social, y de este modo ocasiona una lesión típica del bien jurídico; de esta manera, Roxin acude a la fórmula: «exigencias sociales de roles» (*soziale Rollenanforderungen*), la cual va más allá del deber de evitar delitos; esta postura lo ha mantenido tanto en la novena (2015) y décima edición (2019) de su obra: *Täterschaft und Tatherrschaft;* para mayores detalles en torno a los cambios de Roxin en los delitos de infracción de deber, consúltese: Apaza Mamani, Hugo Favián. «Los delitos de infracción de deber como formas de comisión delictiva». En: *Revista Internacional Derecho penal contemporáneo,* N° 73, Octubre-Diciembre, Editorial Legis, Bogotá, 2020, pp. 23-58.

deberes jurídicos negativos[13] y positivos[14] como fundamento de la imputación,[15] lo cual coincidimos y que lo desarrollaremos más adelante, pero sin apreciar la necesidad de abandonar el principio de ofensividad en torno a diferenciar entre el instrumento de protección (la norma productora de deberes jurídicos) con el objeto de protección (los bienes jurídicos).

4.3. EL NORMATIVISMO DESDE LA PERSPECTIVA ESTATAL

La obediencia, fidelidad o lealtad a la Constitución, al Estado y al gobierno constitucionalmente emanado son directrices que encontramos en las constituciones latinoamericanas y que tiene incidencia en la dogmática jurídico-penal, en especial para los que siguen la teoría imperativista de la norma o para aquellos seguidores de la teoría alética de las normas, dado que, al observar la mencionada fidelidad conllevará a obedecer los mandatos legales emanados por el tipo de Estado adoptado en el programa constitucional.

Así, la norma constitucional mexicana indica cuándo obedecer lo ordenado por el Presidente (artículo 92°) y la lealtad del servidor público al cargo (artículo 109°, fracción III). Por su parte, la ley constitucional peruana ha señalado que nadie debe obediencia a un gobierno usurpador, ni a quienes asuman funciones públicas en violación de la Constitución y las leyes (artículo 46°). Desde este marco se puede hablar de una obediencia o fidelidad a un determinado tipo de Estado, como productor del Derecho, y de ello se ocupa la segunda corriente que vamos a comentar, denominada: *normativismo desde la función del Estado.*

Así, el Profesor Santiago Mir Puig,[16] señaló lo siguiente: «(debemos) reconocer abiertamente la vinculación axiológica expresada entre función de la pena y función del Estado... la teoría del delito no se halla, en efecto, desvinculada del fundamento y función de la pena».[17] La relación señalada es una arista del

---

13 Para Jakobs se está ante la expectativa de que todos mantengan en orden su círculo de organización, o mejor dicho, limiten su libertad, de modo que se asegure su esfera de organización evitando que resulten lesionados otros, esta expectativa atañe a todas las personas y tiene un contenido exclusivamente negativo: no lesionar a los demás. La decepción de esta expectativa conduce a delitos que se denominan delitos de dominio (Herrschaftsdelikte) o delitos de competencia por organización [Delikte kraft Organisationszustän-digkeit]. A partir de derivarse de un mismo fundamento, también puede entenderse los deberes por competencia por organización como deberes en virtud de competencia institucional, siendo así la libertad de comportamiento y la responsabilidad por las consecuencias una institución, pero en un sentido inespecífico». Cfr. Jakobs, Günther. *Derecho penal, Parte General. Fundamentos y teoría de la imputación* (trad. Cuello Contreras/ Serrano González de Murillo), Editorial Marcial Pons, Madrid, 1997, pp. 259-265.

14 Para Jakobs também es necesaria una expectativa de que las instituciones elementales funcionen ordenadamente, esta expectativa tiene un contenido positivo, debido a que esta forma de responsabilidad obliga a la solidaridad cualificada o dedicación solidaria, obligando al garante a sacrificar su libertad de acción, al ser garante de que el bien afectado quede intacto o al menos no resulte amenazado por determinados peligros. La decepción de esta expectativa conduce a delitos que se denominan delitos de competencia institucional [Delikte kraft institutioneller Zuständigkeit]. Cfr. Jakobs, Günther. *Derecho penal...*, Ob. Cit., pp. 266-267.

15 «de (...) una norma vigente, resultan derechos vigentes -por ejemplo, no ser matado- y deberes vigentes -no se debe matar-. Los portadores de derechos y deberes, como ya fue indicado, serán llamados «personas» y las comunicaciones, «sociedad»». Cfr. Jakobs, Günther. *System der strafrechtlichen Zurechnung*, Vittorio Klostermann verlag, Frankfurt am Main, 2012, p. 27.

16 Discípulo de Juan Córdoba Roda, y quien se doctoró con el estudio sobre la reincidencia (1973).

17 Cfr. Mir Puig, Santiago. *Función de la pena y teoría del delito en el Estado social y democrático de Derecho*, Editorial Bosch, Barcelona, 1982, pp. 15-41.

normativismo fundado en la noción y tipo de Estado que se adopte, en donde el papel que ocupa la libertad y los derechos humanos será central para la justificación de la postura que se asuma.

Claro está, que para hablar del Estado, nos debemos remontar a la filosofía política del Siglo XVII, donde encontramos estudios en torno a la fidelidad de los súbditos al soberano, pero que no implicaba la renuncia al concepto de libertad (como autonomía); así Spinoza en 1665 señaló lo siguiente: «... es necesario conceder a los hombres la libertad de juicio y gobernarlos de tal suerte que, aunque piensen arbitrariamente cosas distintas y opuestas, vivan en paz».[18]

Sin embargo, en 1651, encontramos otra posición, la de Hobbes, quien indicó lo siguiente: «Nadie tiene la libertad de resistir la espada del Estado en defensa de otro hombre, sea culpable o inocente... el fin de la obediencia es la protección».[19] Asimismo, como el poder del soberano proviene del pueblo, el pensar de Hobbes: «protección por obediencia», nos conduce al peligroso camino del sentimiento del pueblo, la voluntad de la nación y a la opción de proteger a unos y a otros no, porque así lo dicta el pueblo. Por otro lado, son las ideas de Hobbes en torno a la «autoconservación y la búsqueda del provecho propio» como explicación de la naturaleza humana lo que nos preocupa, porque justifica la necesidad de una persona o cuerpo colegiado que tenga el uso exclusivo de la fuerza para efecto que nos obliguen a cumplir; sin embargo, no puede matarnos, no puede mutilarnos, no puede castigarnos con el despojo de nuestros bienes, ni puede conducirnos a una guerra ofensiva, porque al poner en peligro nuestra conservación, pierde su razón de ser el Estado; respetándose estos cuatro límites, para todo lo demás el soberano elige.

En la actualidad, los enunciados constitucionales que hemos citado no parten de la lógica de súbditos-soberano. Así para Max Weber: «El Estado debe entenderse como un instituto político de actividad continuada... (cuenta con el) monopolio legítimo de la coacción física para el mantenimiento del orden vigente».[20] A pesar del concepto, se podría criticar (en clave de la independencia institucional) cuando el jefe del Poder Ejecutivo (como si no hubiese fiscalía) nos dice a quien se debe perseguir penalmente y a quien no. El otro extremo lo explica Michaud de la siguiente forma: «Para liberarse del estado de naturaleza, los hombres debían elegir al Estado. Ahora tienen ambas cosas a la vez: el terror y la regla».[21] Así, podemos entender cuando se usa la violencia en forma mínima y residual en tiempos de calma hasta el terrorismo de Estado por la permanencia del poder. Un ejemplo es la sentencia condenatoria contra el ex presidente peruano Alberto Fujimori, en el denominado caso «Barrios Altos».

Ahora bien, a lo que atañe al Derecho penal, para esta segunda corriente su legitimidad proviene de la configuración política democrática del Estado; desde esa perspectiva hoy en día se habla de una fidelidad al Derecho. Al respecto, en el «primer» Jakobs identificamos que la pena se justificaba en la fidelidad ciudadana

[18] Cfr. Spinoza, Baruch. *Tratado teológico político,* traducido por Atiliano Domínguez, Altaya editorial, Madrid, 1987, capítulo XX, p. 411.

[19] Cfr. Hobbes, Thomas. *Leviatán,* traducido por Antonio Escohotado, 2da. Edición, Editora Nacional, Madrid, 1980, capítulo XXI, pp. 307-308.

[20] Cfr. Weber, Max. *El político y el científico,* Editorial Alianza, Madrid, 2000, p. 83. *El mismo. Economía y sociedad,* Fondo de Cultura Económica, México, 2002, p. 43.

[21] Cfr. Michaud Yves. *Violencia y política,* Madrid, Ediciones Ruedo Ibérico, 1980, p. 145.

al Derecho,[22] esto es, mediante el castigo penal motivamos a la sociedad hacia una fidelidad a las normas (prevención general positiva); frente a ello, Silva Sánchez lo critica como el recurso a criterios psicológicos sociales basados en sentimientos irracionales, propios de la venganza social.[23]

De una fidelidad «interna» pasamos a una «externa», construida desde el Estado democrático y de derecho, donde el delito debe ser estudiado desde la norma propia de dicho modelo de Estado. Así, para el Profesor Alfredo Alpaca, discípulo de Díaz y García Conlledo, la norma: «impone un deber de actuar u omitir al destinatario en la situación concreta en la que inicia la realización del hecho».[24] Desde esta perspectiva y que conlleva una tradición de pensamiento de larga data, el delito constituiría la infracción de un deber personal de la directiva de conducta o norma de comportamiento,[25] y ello no nos conduce a vernos como súbditos obedientes al soberano (Hobbes), pero si a la teoría imperativa de la ley penal, a lo que el normativismo basado en el tipo de Estado no es ajeno y que nos puede conducir, a saber, por un lado, a una teoría alética de las normas o, por otro lado, a una teoría del ciudadano.

Así, desde la perspectiva positivista, el Profesor Andreas Hoyer,[26] se refiere a la importancia de la ley al señalar lo siguiente: «se trata de una confianza que se refiere a la autoridad del legislador de poder sancionar el derecho válido, en lugar

---

22 Cfr. Jakobs, Günther. «Culpabilidad y prevención». En: *Estudios de Derecho penal,* traducción y estudio preliminar de Peñaranda/Suárez/Cancio, Editorial Civitas, Madrid, 1997, p. 79. La denominación de una primera etapa en el pensamiento de Jakobs («Schuld und Prävention» de 1976) obedece a su recepción de la dicotomía de Luhmann: expectativas cognitivas y expectativas normativas, en donde, la defraudación de estas últimas conllevan a una estabilización contrafáctica, justificándose así la pena, esto es, como mecanismo para estabilizar la vigencia de las expectativas normativas, incrementando así la posibilidad que la generalidad entienda que el comportamiento desviado es una alternativa inaceptable. En su segunda etapa («Das Strafrecht zwischen Funktionalismus und «alteuropäischen» Prinzipiendenken» de 1995), (*Sociedad, norma y persona...,* Ob. Cit., p. 19), Jakobs de Luhmann pasa a Hegel, donde la finalidad de la pena es el mantenimiento de la identidad normativa de la sociedad, dado que, la pena contradice la contradicción de las normas que configuran la identidad social. Finalmente, en su tercera etapa («Staatliche Strafe: Bedeutung und Zweck» de 2004), (*La pena estatal...,* Ob. Cit., p. 140), Jakobs reconoce aspectos empíricos que lo llevan a replantear su teoría de la pena y su teoría de la norma, precisando que el dolor sirve para la salvaguardia cognitiva de la vigencia de la norma. Para mayores detalles, consúltese: Alpaca Pérez, Alfredo. «Injusto penal y teoría de las normas. Consideraciones normológicas sobre el delito y la pena», *tesis doctoral,* Universidad de León, 2019, pp. 70-78.

23 Cfr. Silva Sánchez, Jesús María. *Aproximación...,* Ob. Cit., p. 236.

24 Cfr. Alpaca Pérez, Alfredo. Ob. Cit., p. 553.

25 Desde la concepción imperativa - instrumental de la norma penal identificamos la siguiente clasificación: normas primarias (normas de comportamiento) (cuyos destinatarios somos todos - Binding - o aquel con capacidad psico-física para cumplirlas - Armin Kaufmann) y normas secundarias (normas de sanción) (cuyo destinatario es el Juez). Cfr. Binding, Karl. Ob. Cit., p. 232. Welzel, Hans. *Derecho penal alemán. Parte general,* 11va. Edición, Editorial Jurídica de Chile, Santiago, 1970, p. 92. Kaufmann, Armin. *Teoría de las normas. Fundamentos de la dogmática penal moderna,* Editorial Depalma, Buenos Aires, 1977, p. 140. Ello también es aceptado por neoidealistas como Zaczyk. Asimismo, es dominante la posición en señalar que las normas primarias son analizadas por la persona desde una perspectiva ex ante y como juicio prospectivo. En cambio, las normas secundarias son analizadas por el Juez desde una perspectiva ex post y como juicio retrospectivo. Otra consecuencia es estudiar el delito desde las normas de comportamiento (normas primarias), las cuales son diferentes a las reglas de imputación; ello, por ejemplo, lo observamos en los estudios de Michael Pawlik (discípulo de Jakobs) y de Joachim Hruschka (discípulo de Karl Larenz), ambos con originalidades de pensamiento que los alejan de ser acólitos de sus maestros.

26 Discípulo de Eckhard Horn y catedrático de la Universidad de Kiel.

de la confianza en la justicia material o en la moralidad del derecho sancionado por él».[27] Consideramos que estamos ante un razonamiento propio de la idea *obedece o se te castiga* y toda excepción a esta regla debería estar positivizado; y por qué debería de estarlo, es una respuesta que no es de incumbencia a ningún positivista o imperativista; en cambio, el análisis se enriquece si aplicamos razones axiológicas como la dignidad humana o bien ofreciendo un marco de razonamiento para el caso del excluido social o de las carencias sociales del agente que es el enunciado que ha adoptado el artículo 45°, literal a) del Código Penal, pero todo ello es ajeno a este tipo de filosofía del castigo y que no brinda respuesta, al menos, al fenómeno criminógeno latinoamericano; en efecto, como positivista que es Hoyer e influenciado por Kelsen, termina afirmando que el Derecho penal es la vinculación del hecho con la sanción correspondiente (teoría alética de las normas), reduciendo el estudio del delito como la condición para la expresión del poder coercitivo del Estado.[28]

Por otro lado, contamos con aquel postulado que define al infractor de la norma de comportamiento como un *ciudadano*. Así, Pawllik señala que el delito es la infracción de un deber de cooperar por parte del «ciudadano», en el mantenimiento del estado existente de libertades jurídicamente constituido.[29] Asimismo, el recurso a un «ciudadano» lo encontramos en Günther[30] y Kindhaüser,[31] pero a diferencia de Pawlik quien edifica un ciudadano cooperador, Günther y Kindhaüser se refieren a un ciudadano deliberador, que cuenta con la posibilidad de participar en la construcción de la norma, legitimándose el castigo del delito por la infracción de la obediencia asumida por la deliberación discursiva.[32]

Al respecto, el Profesor Javier Cigüela,[33] en sus diferentes trabajos sobre el Derecho penal y el excluido social, ha sido muy crítico de construir un Derecho penal que reemplaza la dignidad humana (innata en la persona) por creaciones jurídico-políticas como ciudadanía.[34] Nosotros asumimos la posición de Cigüela,

---

27 Cfr. Hoyer, Andreas. «De la relación entre Derecho, Moral y Punibilidad». En: *Revista Penal México*, N° 13, Instituto Nacional de Ciencias Penales, México, 2017-2018, p. 41.

28 Hoyer plantea una «teoría alética de la norma» (*«alethische Normentheorie»*), que establece que la función del Derecho penal consiste en influir en las conductas para la protección de bienes jurídicos, aunque no mediante la imposición de deberes, sino mediante la vinculación del hecho con la sanción correspondiente. En esa inteligencia, propone la sustitución del modelo dualista (compuesto por las llamadas normas de conducta y normas de sanción) por un modelo monista que, sin imponer deberes de conducta, pueda asegurar la protección de bienes jurídicos. Cfr. Hoyer, Andreas. *Strafrechtsdogmatik nach Armin Kaufmann. Lebendiges und Totes in Armin Kaufmanss Normentheorie*, Duncker & Humblot, Berlín, 1997, pp. 17 y 40. Existe otra versión en el positivismo que parte de una teoría dualista de la norma, en donde es la norma primaria o norma de determinación el centro del análisis penal, porque orienta a la persona en cómo debe comportarse y qué es lo que está prohibido. En ese sentido, Hruschka afirma que el delito es la imputación de la infracción de una norma objetiva de conducta o la infracción imputable del deber. Cfr. Hruschka, Joachim. *Estudios...*, Ob. Cit., p. 272.

29 Cfr. Pawlik, Michael. *Ciudadanía y Derecho penal. Fundamentos de la teoría de la pena y del delito en el Estado de libertades*, Editorial Atelier, Barcelona, 2016, p. 125.

30 Profesor de la Universidad de Frankfurt y discípulo de Habermas.

31 Profesor de la Universidad de Bonn y discípulo de Hollerbach y Klaus Tiedemann.

32 Cfr. Günther, Klaus. *Schuld und Kommunikative Freiheit*, Vittorio Klostermann, Fráncfort del Meno, 2005, p. 245. Kindhäuser, Urs / Mañalich, Juan Pablo. *Pena y culpabilidad en el Estado democrático de derecho*, B de F editores, Buenos Aires, 2011, p. 11.

33 Profesor lector en la Universitat de Barcelona y discípulo del Profesor Jesús María Silva Sánchez.

34 Desde la dignidad humana, Cigüela señala lo siguiente: «Así, uno puede legítimamente evitar, en estado de necesidad, no sólo su propia muerte, sino también otras situaciones gravemente

porque cómo fundamentar el Derecho penal en una ciudadanía negada a los extranjeros o que solo es una formalidad para quienes viven en un extrema pobreza y por tanto son ajenos a toda posibilidad de deliberación normativa; y por su propia condición de marginados sociales, cómo exigirles un deber de cooperación para con un Estado y sociedad que los coloca como «*lo invisible*», «*lo que no queremos ver*», infringiendo la Constitución en torno que la dignidad humana es el fin supremo de la sociedad y el Estado.

En efecto, el artículo 1.1 de la Ley Fundamental alemana de 1949 coloca la «dignidad humana» como basamento de los derechos fundamentales, siendo deber del Estado su protección. Ello, ha inspirado a otras constituciones como la peruana de 1993, que en su artículo 1° ha indicado que la defensa de la persona humana y el respeto de su dignidad son el fin supremo de la sociedad y el Estado. Asimismo, el Tribunal Constitucional peruano ha señalado que la persona es un «ser espiritual, dotada de autonomía y dignidad, y miembro de una comunidad de seres libres» (STC 2868-2004-PA/TC).

Frente a ello, la reflexión de la Ciencias Penal gira en torno a la persona humana quien es fin en sí misma y «no puede perder su derecho a la dignidad por

---

privativas o causas de indignidad como la indigencia, la falta de medios de subsistencia o los graves sufrimientos o trastornos derivados del síndrome de abstinencia. Por ejemplo, la vergüenza y el deshonor que consiste yacer sin ropa frente a otras personas es suficientemente relevante como para justificar el hurto que serviría para paliar la situación, sin que sea necesario que el sujeto en cuestión vaya a morir de frío por su desnudez» (Cfr. Cigüela Sola, Javier. «Aproximación a una dogmática de la exclusión social: De la imputabilidad a la individualización». En: *Revista de Derecho penal y criminología*, 3ra. Época, N° 17, Universidad Nacional de Educación a Distancia, Madrid, 2017, p. 30). En otro texto, Cigüela aclara sus estudios a través de la figura la inexigibilidad por razón de la instancia de imputación; al respecto, precisa lo siguiente: «lo interesante es tratar de que también la teoría del delito mejore sus prestaciones a la hora de dar respuesta a los problemas que la injusticia social pone sobre la mesa del derecho penal... aparte de la inexigibilidad por razón del sujeto existe otro tipo de inexigibilidad, en este caso por razón de la instancia de imputación, donde lo que ocurre no es que al autor no se le pueda exigir el cumplimiento de normas, sino que la instancia que debería exigírselo, en este caso el Estado, no está en condiciones de hacerlo (mediante pena). Así, cuando al Estado le une una relación moralmente viciada con el autor en cuestión, o cuando ha sido gravemente deficitario a la hora de prestar los servicios o garantizar los derechos que serían necesarios para conducirse de modo jurídicamente adecuado (léase: educación, seguridad, oportunidades laborales), lo que encontramos es una situación de inexigibilidad ya no de tipo subjetivo, sino de tipo político: el autor puede ser perfectamente capaz de comunicar su desapego al derecho, puede que incluso sea esa su intención principal, como en los casos de protesta social; sin embargo, lo que aquí deslegitima el castigo es que el Estado no se encuentra en condiciones de comunicar un reproche al autor al que ha tratado injustamente, pues ha perdido o visto debilitada la autoridad moral requerida para hacer tal cosa... debe existir una conexión entre el delito en cuestión y la injusticia social padecida por el sujeto, bien en el sentido de que esta haya operado como factor criminógeno de aquel, o bien en tanto en el propio proceso persecutorio se manifiesten actitudes discriminatorias o vulneraciones de derechos de los acusados... el espacio para declarar este tipo de inexigibilidad depende de cómo afecte la renuncia al castigo al mantenimiento de la paz social y de la legitimidad prospectiva del Estado, espacio que será menor cuanto más grave sea el delito y menos segura sea la sociedad, y viceversa» (Cfr. *El mismo*. «Injusticia social y derecho penal: sobre la ilegitimidad política del castigo». En: *Revista Doxa*, N° 42, México, 2019, pp. 404-406). Finalmente, en uno de sus más recientes trabajos, Cigüela analiza la teoría del reconocimiento así como las teorías tradicionales de los fines de la pena, indicando lo siguiente: «desde una teoría de la pena puramente preventiva el castigo de los excluidos sociales es el más legítimo de todos, pues si aceptamos que la exclusión o la pobreza son factores criminógenos, el castigo de quienes delinquen afectados por ellos es más necesario que el de los sujetos integrados» (*El mismo*. «Reconocimiento, delito y pena: de Hegel a Honneth». En: *Revista Político Criminal*, Vol. 15, N° 29, 2020, p. 218.

el hecho de encontrarse en una determinada circunstancia económica, social, religiosa, cultural, educativa, por ejemplo, o cuando se encuentra sometida a una especial situación jurídica a consecuencia del ejercicio, por parte del Estado, de su poder punitivo» (STC Perú 4903-2005-PHC/TC, fj. 08). La razón moral de la dignidad y libertad no tiene por qué constituirse en adversario de las razones culturales y políticas identificadas en el discurso jurídico; cuestión aparte sería la razón antropológica dado la necesidad de equiparar o superar la libertad como «adquisición evolutiva de la especie».[35]

Además, no es suficiente proclamar la dignidad y la libertad para llegar a una igualdad real, dado que la libertad reclama condiciones materiales mínimas para hacer factible su ejercicio; ello constituye el aspecto teleológico del Estado social y democrático de Derecho (STC Perú 0008-2003-AI/TC, fj. 12), cuya presencia se justifica en una realidad imperfecta con necesidades y carencias sociales (desde esta plataforma podemos analizar la exclusión social y hasta qué punto el castigo penal se encuentra justificado, tornando operativas instituciones como el principio de oportunidad o la determinación judicial de la pena en razón a carencias sociales del agente).

Por tanto, la relación de la persona humana y las normas jurídicas tampoco es ajena a la dignidad y libertad y aún los positivistas (analíticos e imperativistas) quienes asumen las funciones prescriptiva y adscriptiva desde la teoría imperativa de la norma, necesitan reconocer la «capacidad de cumplimiento» por parte del destinatario de la norma: «Admitir que la actuación del hombre no es libre en el momento de realizarse es perfectamente posible, lo que no es fácil es explicar entonces cómo puede justificarse la imposición de una pena».[36] Si desde la dignidad y la libertad justificamos los derechos humanos,[37] y desde tales derechos la presencia (positiva o prestadora así como negativa o excluyente de la arbitrariedad) del Estado, y por último la capacidad de cumplimiento de las normas jurídicas, entonces es una perspectiva que el penalista no puede ignorar en su reflexión de la persona como sujeto responsable de un hecho señalado en la ley como delito.

4.4. EL NORMATIVISMO DESDE LA PERSPECTIVA LIBERAL

Por otro lado, una tercera corriente postula que la competencia del agente frente a la imputación penal descansa en el ejercicio abusivo o antijurídico de su libertad personal. Así, Ernst Amadeus Wolff y Michael Köhler, definen al delito como la lesión individual de una libertad determinable;[38] su corriente ha sido de-

[35] Cfr. Fernández Carrasquilla. Ob. Cit., p. 127.

[36] Cfr. Molina Fernández, Fernando. *Antijuridicidad penal...,* Ob. Cit., p. 709; dato relevante también para el caso si los inimputables son o no destinatarios de las normas jurídicas.

[37] Se entiende a los derechos humanos como el conjunto de bienes humanos debidos a la persona por ser lo que es (naturaleza humana) y valer lo que vale (dignidad humana), y cuyo goce o adquisición le depara grados de realización. Para mayores detalles, consúltese: Castillo Córdova, Luis. «Los derechos humanos: La persona como inicio y fin del Derecho». En: *Foro Jurídica, Revista de Derecho,* N° 07, Lima, 2007, pp. 27-40.

[38] Cfr. Wolff, Ernst Amadeus. «Die Mißachtung der sexuellen Selbstbestimmung des Ehepartners als kriminalpolitisches Problem». En: *Zeitschrift für die gesamte Strafrechtswissenschaft,* Band 97, 1985, p. 786. Se puede afirmar que aquí el bien jurídico es la libertad jurídicamente garantizada de un individuo. Asimismo, véase: Köhler, Michael. *Begriff der Strafe,* Decker editor, Heidelberg, 1986, p. 24. Köhler, Michael. *Strafrecht Allgemeiner Teil,* Springer editor, Berlin, 1997, p. 43. No se ignora que son pocos los trabajos de Köhler traducidos al español, por ejemplo, su imputación subjetiva en el año 2000, aunque podemos recurrir a sus trabajos publicados en portugués en la prestigiosa Revista Brasileña de Ciencias Criminales.

nominada como normativismo personal, al poner el acento en el «freiheits philosophischen»: máximo posible de libertad para el individuo. Sin embargo, el normativismo de Wolff y Köhler no ha sido ajeno a las críticas; por ejemplo, Schünemann señala que la filosofía de la libertad no puede aprehender fenómenos criminológicos como los delitos contra el medio ambiente o bien los fundamentos propios de la pena, así como presenta una falta de «socialidad».[39]

Al respecto, el discípulo de Wolff: Rainer Zaczyk ha contestado indicando que la libertad no solo tiene que ver con la autodeterminación y con el actuar a partir de ella, sino también con la posibilidad de captar la realidad por medio de la acción, pero que, no anula la premisa que cuando el ser humano obstaculiza la libertad jurídica se justifica la disminución de su status jurídico con la imposición de la pena.[40] En efecto, para Zaczyk, la norma de conducta no limita la libertad del sujeto al que obliga, porque si así se la conceptúa estaríamos viviendo una libertad vacía, inexistente, solo desde afuera; por el contrario, la norma que regula nuestros compartimientos implica el reconocimiento mutuo de personas como personas en Derecho, por tanto, son portadores de derechos y libertades.[41] El criterio del reconocimiento mutuo es fundamental para los idealistas, porque sin negar la libertad individual, la razón de persona requiere de la presencia de los *demás,* por lo que, en sociedad somos personas libres.

Apreciamos que el normativismo centrado en la persona hunde sus raíces filosóficas, a saber, en el concepto «libertad de la persona humana», lo cual compartimos, porque una filosofía que sustituye a la persona, como por ejemplo realizan lo analíticos al poner el acento en el significado de las palabras o de la teoría de la acción significativa que yerra al separar la acción de la persona, donde la primera no puede ser superior o limitante o excluyente de la última, simplemente está destinada al fracaso: el problema de la persona siempre saldrá a flote a pesar que se pretenda eludir y por ende sus problemas sociales, con equivalentes disfuncionales.[42] Ahora bien, no se ignora que se nos puede cuestionar diciendo que el Derecho

---

39 Cfr. Schünemann, Bernd. «Aporien der Straftheorie in Philosophie und Literatur -Gedanken zu Immanuel Kant und Heinrich von Kleist». En: Prittwitz, Cornelius. *Festschrift für Klaus Lüderssen,* Editorial Nomos, Baden, 2002, pp. 327-343. Existe una versión en español con el siguiente título: «Aporías de la teoría de la pena en filosofía». En: *InDret,* N° 02, abril, Barcelona, 2008, documento electrónico.

40 Cfr. Zaczyk, Rainer. *Libertad, derecho y fundamentación de la pena,* Montealegre, Bautista, Caro y Polaino-Orts (Compiladores), Universidad Externado de Colombia, Bogotá, 2011, p. 102. Lo anecdótico es que en la actualidad Zaczyk dirige el Seminario de Filosofía Jurídica de la Universidad de Bonn, sucediendo en el cargo al Prof. Günther Jakobs, quien coloca su acento normativista, no en la autonomía o libertad individual como Wolff, Köhler y Zaczyk, sino en el Estado y en la sociedad (normativismo social, colectivo u organicista, en palabras del Prof. Silva Sánchez); sin embargo, ya serán los miembros de dicho seminario los llamados a indicar si este giro epistemológico es solamente en el director o se extiende en la dirección del seminario o, por el contrario, si tiene razón Schünemann que cuando Jakobs se aproxima a la idea de retribución de Hegel se acerca metodológicamente al neoidealismo de Wolff, Köhler, Zaczyk y Kahlo. Aunque también hay que señalar, que Jakobs fue quien a su vez sucedió a Hans Welzel en la dirección del seminario, alejándose de presupuestos tales como: capacidad final (teleológica en términos de Aristóteles) de acción, así como, el poder actuar de otro modo como sustento de la culpabilidad.

41 Cfr. Zaczyk, Rainer. *Das Unrecht der Versuchen Tat,* Duncker & Humblot, Berlín, 1989, p. 161.

42 Al respecto, Scheler precisa que «libre es originariamente un atributo de la persona, no de ciertos actos (como querer) ni del individuo. Las acciones de un hombre nunca pueden ser más libres que él mismo». Cfr. Scheler, Max. *Zur Phänomenologie und Metaphysik der Freiheit,* Obras I, Francke, Berna, 1957, p. 174.

penal no se encarga de solucionar problemas sociales sino el de castigar cuando se ha cometido un delito, pero ello no implica separar la cuestión social del sistema penal, máxime si el literal a) del artículo 45° del Código Penal peruano señala que el Juez, al momento de fundamentar y determinar la pena, tiene en cuenta las carencias sociales del agente.

Sin embargo, y citando a Max Scheler, cuántos conceptos se han elaborado en torno a la libertad y cuántos errores se han cometido en nombre de la misma.[43] Otro error es reducir el normativismo fundado en la libertad al pensamiento de Kant;[44] y se dice error, porque si bien Kant al señalar que un individuo es imputable por su «libertad inteligible» (es decir, lo que se explica a través de las ideas; de la coherencia que dota la razón), y no por un «determinismo naturalístico», omitimos en reflexionar qué hay detrás de su concepto individuo y por ende en aquella razón que dota de sentido a la libertad y la justificación de la sanción penal.

En suma, la persona humana es un ser libre y social, cuyo comportamiento es regulado por el Derecho, el cual, a su vez maneja las categorías de responsabilidad y sanción; por tanto, consideramos oportuno no abandonar las tres perspectivas del normativismo explicado en los párrafos anteriores, pero sin ignorar los riesgos que presenta cada modelo si la adoptamos exclusiva y excluyentemente.

4.5. TOMA DE POSTURA: AUTONOMÍA Y DIGNIDAD DE LA PERSONA HUMANA

El individuo de Kant es aquel sujeto moral que se guía por imperativos categóricos, siendo relevante el siguiente: «Obra como si la máxima de tu acción pudiera convertirse por tu voluntad en una ley universal de la naturaleza»,[45] es decir: «obra *como si* se convirtiera en ley universal tu acción». Ejemplo: X le prestó dinero a Z, pero X falleció ¿Z tendría que pagar la deuda aun si los familiares de X no tuviesen conocimiento de la misma? Tendría que pagar, porque su acción corresponde a lo universalmente aceptado.

Ello trae como consecuencia que el individuo es quien pone sus leyes, sus reglas, lo cual nos conduce a la idea de la autonomía individual, muy estudiada por el Profesor Silva Sánchez, en donde el *yo* es el conducto de la ley universal, lo cual dio paso al idealismo alemán (Fichte, Schelling, Hölderlin y aun en Hegel: unidad pura de la autoconciencia objetiva), abriendo la puerta a la peligrosa idea que Dios tiene que realizarse en el hombre para tomar autoconciencia, esto es, el dios mortal es la humanidad.

---

[43] Al respecto, nos preguntamos si acaso la excarcelación judicialmente ordenada, por vencimiento de la prisión preventiva, de personas que se les denominó como integrantes de una organización criminal: «Los malditos de Bayovar» a quienes se les imputa, entre otros delitos, el de extorsión y usurpación agravada en el Perú, encuadra o no en la apreciación del filósofo alemán; o bien, el dictar sentencia absolutoria invocando, una falsa máxima de la experiencia, que si la víctima utilizó un calzón de encaje de color rojo implica invitar a mantener una relación sexual.

[44] Si no eres hegeliano, eres kantiano, y si no eres kantiano, eres hegeliano; que limitados nos hemos vuelto.

[45] Las fórmulas kantianas son las siguientes: «Obra sólo según aquella máxima por la cual puedas querer que al mismo tiempo se convierta en una ley universal». «Obra como si la máxima de tu acción pudiera convertirse por tu voluntad en una ley universal de la naturaleza». «Obra de tal modo que uses a la humanidad tanto en tu persona como en la persona de cualquier otro, siempre al mismo tiempo como fin y nunca simplemente como medio». Cfr. Kant, Immanuel. Ob. Cit., (§ 421 y 429), pp. 82 y sgts.

Al respecto, ¿Cuáles son las consecuencias para el Derecho penal en que mi *yo*, mi autonomía, gobierne mi vida? En primer lugar, caer en el riesgo de confundirla como irresponsabilidad: «A mí me beneficia hacer X o no hacer X o elegir Z ¿Quién puede interpretar lo que a mí me beneficia?» Lo irresponsable denota que solo yo puede decir lo que me conviene y no un tercero, menos el legislador y mucho menos el Juez, entonces tenemos que despedir el Derecho como sistema de atribución de responsabilidades, lo cual sería un absurdo.

Como todo es autonomía individual, esto es mi *yo*, entonces lo que domina es mi consentimiento; ello origina como un segundo riesgo, el de transitar por el camino de cosificar a las personas, abriendo el abismo de la explotación del hombre por el hombre, así como la calidad de cosa del embrión y a abortar todo el mundo sin importar la semana de gestación, porque es lo que yo quiero y doy mi consentimiento para que así se haga.

Uno puede salvar a Kant afirmando que él hablaba desde el punto de vista de la razón; y los riesgos que se han señalado, al no ser razonables, no pueden ser imputados a Kant; pero cuidado, la ética autónoma nos lleva a conducirnos por la vida, sin importar las consecuencias, sino el motivo o el cómo; y así lo revela Kant en su ejemplo de matar al último delincuente antes que todos nos separemos en su isla hipotética; y por qué, según Kant porque así dicta la razón y de lo contrario le restaríamos esa racionalidad que nos hace individuo; y por ende, el culto a la muerte, a la cosificación humana, en aras de la libertad.

El sujeto moral de Kant es en sí un «sujeto racional», por ende, el otro imperativo categórico de tratar a la persona humana como fin y no como medio es porque somos sujetos racionales. Pero, ¿Qué papel juega la dignidad? máxime si el imperativo citado ha sido relacionado con la dignidad humana. Para Kant el sujeto racional, su dignidad, se funda en su «autonomía». En la Crítica a la razón pura, señaló lo siguiente: «La autonomía es el fundamento de la dignidad de la naturaleza humana y de toda la naturaleza racional».[46]

No obstante, la ilusión kantiana es conducirnos a la creación de un Estado ético, conformado por sujetos racionales que pueden, en ejercicio de su autonomía, decidir sobre su destino. El problema es que ***la naturaleza humana tiende a eludir, a escapar, a evadir de su responsabilidad,*** antes que racionalizarla y autoincriminarse porque así manda el imperativo categórico; ello simplemente es otro absurdo.

La autonomía de Kant nos conduce a que uno mismo es su propio legislador: «La idea de la dignidad de un ser racional es que no obedece a ninguna ley que aquella que él se da a sí mismo».[47] Sin embargo, se insiste, el problema es que la razón ocupa de criterios, límites que la justifique y que no consiste en equiparar dignidad y autonomía; el ejemplo sería el caso del drogadicto ¿se podría afirmar que su autonomía lo va a conducir a una vida digna?

No se ignora la necesidad de definir qué es la dignidad, ya sea a través de un fundamento metafísico o bien consensual, donde el sistema penal no puede desconocerla y ello nos ejemplifica el hacinamiento carcelario. Un Derecho penal que sólo exige a la persona un «no dañar» (deberes negativos) nos conduce por el camino de la autonomía: mientras no se metan conmigo, yo no me meto con nadie.

46 Ídem, (§ 436), p. 203.
47 Ídem, (§ 435), p. 199.

En cambio, si también reconocemos los deberes positivos, podemos identificar aquellas expectativas de ser «solidarios con los demás», camino de la dignidad; ello, porque la persona humana no debe ser ni causante, pero tampoco indiferente al dolor, de la miseria, del daño a los demás y al entorno en que vivimos, esto es, no dar la espalda a la dignidad que se reconoce a toda persona humana.

Lo señalado en el párrafo anterior es el camino que se debe seguir al momento de fundamentar la competencia del agente por una determinada imputación penal. En efecto, su competencia nace por el reconocimiento que hacemos del agente como persona digna y libre, que junto con las demás personas forman una sociedad de dignos y libres. El delito atenta contra nuestra dignidad, libertad y socialidad, aun si el agraviado es el Estado, dado que, su debilitamiento implica a su vez debilitar a la entidad constitucional encargada de proteger nuestros derechos humanos.

Sin embargo, lo señalado es propio de la perspectiva de la víctima; pero, desde la perspectiva del victimario la imposición de una sanción penal por parte de sus pares implica *un reconocimiento como persona,* consistente que se le reconozca su responsabilidad por el hecho propio en mérito del ejercicio abusivo de su libertad y socialidad (sin esperar que cumpla con un imperativo categórico), conllevando el deber estatal de su resocialización, sea extra muros o intra muros, dado que, al Estado se le ha impuesto el deber constitucional de garantizar la plena vigencia de los derechos humanos, el cual abarca tanto el de la víctima, pero también del victimario, como serían los casos de prohibición de la tortura y la ya señalada resocialización; *el acudir a la fórmula «la cárcel es para las bestias», implica la negación de la dignidad al victimario, la cual, en una filosofía humanista recogida en el programa constitucional está prohibida.*

Por tanto, « se trata de garantizar que, en cada caso, la interpretación de las disposiciones jurídicas se lleve a cabo acudiendo a un criterio finalista, que tome en cuenta las metas y objetivos establecidos en la Carta, de acuerdo con los criterios «pro-libertatis» y «pro-homine», derivados de la filosofía humanista que inspira el constitucionalismo colombiano». Estamos ante una sentencia de la Corte Constitucional de Colombia (C-1026 de 2001) y que puede ser invocado en los demás países de la región en que el pro-libertatis y el pro-persona influyen en el respectivo sistema jurídico y que exige un tratamiento humano tanto para la víctima como para el victimario.

Desde el reconocimiento recíproco es lógico asumir el deber de respetar la dignidad y la libertad de mis pares y por ende reprochar: el matar, el lesionar, el afectar honra e imagen, el agredir sexualmente, el robar, el traficar con drogas que enferman a la persona, el agredir la flora o la fauna que ayudan a mantener en equilibrio el ecosistema donde vivimos, el incurrir en actos de falsedad, el utilizar el desarrollo tecnológico en perjuicio de los demás, el afectar la correcta prestación de los recursos y servicios públicos, entre otros actos reprochables. No obstante, esta logicidad no se funda en una filosofía utilitarista o hobbesiana que proclama la conveniencia personal antes que el reconocimiento mutuo y que nos conduce a la falsa justicia de cumplir hasta donde me convenga cumplir; por el contrario, el reconocimiento recíproco gira en torno a la dignidad de todas las personas humanas, que implica a su vez el reconocimiento de derechos y deberes, todo ello, propio de una filosofía socio-política conocida como Estado constitucional de derecho y que exige el deber de respetar, cumplir y defender la Constitución, por ende, los valores y derechos allí proclamados.

Ahora bien, el deber de respetar los derechos constitucionales no se reduce al ámbito del discurso o del argumento, porque para las víctimas del delito, sus derechos vulnerados por el victimario no constituyen una entelequia, ni tampoco le es procedimental el bien jurídico que le han afectado; existe una materialidad detrás del hecho señalado por la ley como delito, conformada tanto por el accionar del victimario como el daño sufrido por la víctima; la citada materialidad exige que nuestro Derecho penal siga invocando el principio de lesividad o de afectación para el bien jurídico tutelad para efecto de legitimar los deberes jurídicos que se le exigen a las personas.

Desde la lectura forense del hecho victimizante e incluso el sentido común que nos permite apreciar la importancia del ecosistema y cómo la misma puede verse amenazada por el accionar humano, sin mencionar la fragilidad del bien más preciado para la humanidad como es la vida, no podemos caer en discursos carentes de materialidad como sería la protección de la norma a través de la norma, o de un tópico de la argumentación tendiente a demostrar la validez de la norma, como lo han expuesto juristas como Jakobs, Hruschka, Kindhaüser, Mañalich, Vives y Busato, que desde un funcionalismo deshumanizado o bien colocando el acento en la semiótica de la acción han pretendido, consideramos fallidamente, sustituir la materialidad del bien jurídico, a lo que, probablemente busquen rebatir ante una supuesta confusión entre el objeto jurídico de protección con el objeto material de la acción; obviándose que desde la citada materialidad no solamente se justifican la criminalización de comportamientos humanos sino la exigencia de una reparación civil justa, equitativa e integral.

4.6. LA IMPORTANCIA DE LA INFRANCCIÓN AL DEBER JURÍDICO PARA JUSTIFICAR LA COMPETENCIA DEL AGENTE

El afirmar la afectación del bien jurídico tutelado por la ley por un ejercicio abusivo de la libertad, conlleva en conceptuar qué se entiende por ejercicio abusivo. En ese sentido, la definición viene dada desde el principio de legalidad que exige la infracción de un deber jurídico, lo cual implicaría una ausencia de lectura sistemática o una interpretación meramente formal si consideramos que tal infracción solamente opera en el tipo penal de omisión impropia o comisión por omisión.

Cuestión distinta es que el legislador haya optado por una cláusula general de equivalencia entre la comisión y la omisión que obligatoriamente requiere descansar en el deber jurídico[48] y otra distinta es afirmar que existen injustos penales - contrarios al Derecho donde no se haya infringido deber jurídico alguno, ello sería incoherente de sostener,[49] donde ni los que sustentan la teoría del dominio son ajenos al análisis del deber jurídico.[50]

---

48 Casación 1563-2019 La Libertad.

49 No se ignora la presencia de dos posiciones en torno a los delitos de infracción del deber jurídico. En primer lugar, aquella denominada *restringida* que considera que su estudio es propio del ámbito de la autoría y participación, en donde se identifican dos criterios diferentes: el dominio del hecho y la infracción del deber, donde esta última se aplica cuando la competencia del agente viene otorgada por una norma jurídica, *solamente* para desenvolverse en un espacio institucional; así, esta postura la encontramos en diferentes pronunciamientos de la Corte Suprema que ha considerado que el criterio de la infracción del deber se aplica en delitos contra el medio ambiente (Casación 455-2017 Pasco) o en el peculado (Acuerdo Plenario 04-2005; Acuerdo Plenario 02-2011). En segundo lugar, tenemos la posición *amplia*, la cual postula un modelo de imputación general sobre la base de la infracción de roles o deberes, sean deberes positivos o negativos, genéricos o especiales, en donde

no cabría la distinción entre la infracción por acción y la infracción por omisión, dado que, ambas presentan identidad o equivalencia valorativa para la inobservancia del citado deber; o, en términos de Jakobs, la necesidad de exigir una posición de garante en todos los delitos de resultado, con independencia de que sean activos u omisivos. Esta segunda postura es la que hemos venido asumiendo desde nuestro estudio de la omisión impropia y las reglas de aplicación de imputación objetiva, habiendo postulado lo siguiente: «Un modelo de imputación de responsabilidad sobre la base de roles, como criterio necesario, pero requerido de complementariedad por criterios normativos - valorativos, se erige sobre la base de los principios de autorresponsabilidad y con la delimitación de ámbitos de organización y responsabilidad, en el sentido que la persona, en ejercicio de libertad, participa de los procesos de relación intersubjetiva, asumiendo los costes que su organización origine a los ámbitos de libertad de los demás. El Derecho debe proteger ese ámbito de libertad, por ejemplo, imponiendo roles o deberes, a fin que la persona no se exceda en el desarrollo de su libertad, causando daño a otro sujeto libre. Y en ese sentido, los roles se normativizan a través del concepto de riesgo; es decir, si el rol genérico es no dañar esferas de libertad ajenas, eso se normativiza analizando el concreto tipo penal, a fin de establecer si en el caso concreto la persona ha creado un riesgo prohibido a través de su organización de libertad, configurando el tipo penal respectivo, y, por ende, afectando ese rol genérico de ciudadano. Igualmente, se puede predicar en el caso de roles especiales, en el sentido que, el concreto tipo penal se configurará si estos roles han sido quebrados a través de la creación de un riesgo prohibido (valga la redundancia, por la norma penal)». Cfr. Benavente Chorres, Hesbert. *La omisión. Concepto e imputación objetiva,* Editorial Fabián Di Plácido, Buenos Aires, 2007, p. 484 Claro está que trece años después de la citada publicación es menester concretizar la expresión rol social por el de deber jurídico, aunque dicho ejercicio se aprecia ya en nuestra investigación de la omisión del 2007.

50 Así, para Schünemann, al analizar la posición de garante como fundamento de la autoría en la omisión impropia, ha precisado, desde su tesis que data de 1971, que cuando el agente se coloca en una relación de dominio, se coloca así en una posición de garante respecto a la vulnerabilidad del bien jurídico: *«dominio sobre el fundamento del resultado»*. Cfr. Schünemann, Bernd. *Fundamento y límites de los delitos de omisión impropia con una aportación a la metodología del Derecho penal,* Traducido por Cuello Contreras, Joaquín / Serrano González de Murillo, José Luis., Editorial Marcial Pons, Madrid, 2009, pp. 340-348. Para el profesor alemán, el citado dominio explica que el fundamento del resultado en los delitos de omisión no es el propio movimiento corporal, sino en una fuente de peligro dominada por el autor o bien en la situación de desamparo del bien jurídico dominada por el autor. Cfr. *El mismo.* «El dominio sobre el fundamento del resultado: Base lógico-objetiva común para todas las formas de autoría». En: *Revista Derecho Penal y Criminología,* Vol. 25, N° 75, Instituto de Ciencias Penales y Criminológicas, Universidad Externado de Colombia, Bogotá, 2004, p. 21. En ese contexto, coincidimos con Schünemann en cuanto a la necesidad de leer los hechos o cuadro fáctico, nosotros lo hemos denominado interpretación o lectura forense o criminalístico de los hechos, y así definir *quién es quién y qué hizo: la abstracción no puede superar a la realidad:* «Si el contrato de la niñera es nulo por alguna razón de Derecho Civil pero la niñera ejerce un cuidado efectivo del niño y conscientemente lo deja trepar a una fuente y ahogarse en ella, no existe duda sobre su posición de garante *contrario sensu* debe negarse una posición de garante si la niñera no asume su puesto incumpliendo el contrato y por tanto, no asume el control fáctico sobre el niño». Aquí la lectura forense de los hechos nos coloca ante un cuadro delictivo en donde la niñera será competente para asumir la imputación, dado la infracción de un deber jurídico de aseguramiento o salvamiento, «que habitualmente acompaña al ejercicio de dominio penalmente relevante» (Cfr. Schünemann, Bernd. »El dominio...», Ob. Cit., p. 22). Igualmente, en los delitos contra la administración pública cometidos por funcionarios y servidores públicos, también son relevantes los datos fácticos obtenidos por la investigación de campo y así elaborar las bases de la imputación, para luego, como el imán atraiga la interpretación jurídico-penal de los hechos; en esa línea, desde una pragmática de la imputación penal, solamente por la *lectura forense o criminalístico de los hechos* es que coincidimos con el siguiente comentario de Schünemann: «Aquí no es el deber del Derecho público el criterio decisivo, que, en realidad, representa sólo una cuestión accesoria al dominio en el ámbito del Derecho público, sino la posesión del dominio mismo que puede transmitirse a quien dirige la empresa y lo convierte en autor idóneo» (Cfr. Schünemann, Bernd. »El dominio...», Ob. Cit., p. 25); claro está que el salto cualitativo que los dogmáticos ocupan para alcanzar una pragmática de la imputación, es explicar que el *dominio* o la *infracción del deber* es la etiqueta que colocamos después de la interpretación forense o criminalístico del cuadro fáctico, sin esta lectura solamente apreciaremos una pelea de etiquetas, de interés meramente doctrinal, mas no operacional para el sistema de justicia.

Sin embargo, el haber adoptado la postura de la infracción del deber jurídico no significa que nos vinculemos a la teoría funcionalista de Jakobs, dado que nosotros partimos de un concepto de persona como ser humano digno, libre y con socialidad, titular de bienes jurídicos tutelados por la ley, a quien por el ejercicio de su libertad, previa constatación forense o criminalístico de los eventos, se puede imputar un hecho señalado en la ley como delito cuando haya infringido por su hecho propio un deber jurídico.[51]

Para el Derecho penal, esto significa que el sujeto ha organizado defectuosamente su esfera personal, lesionando los deberes que le corresponde por el hecho de poseer el status de persona. Ahora bien, ¿de dónde surgen tales deberes? Al respecto, al ser el Derecho penal una herramienta de sanción y no de constitución de derechos u obligaciones, es coherente afirmar que tales deberes son asumidos desde las diferentes regulaciones que conforman nuestro ordenamiento jurídico; por ejemplo, del artículo 52-A de la Ley General de Sociedades peruana se identifica el deber de proporcionar información respecto de la sociedad y sus operaciones a los accionistas. Sin embargo, no basta con invocar una legislación extrapenal, sino que el deber jurídico que se invoque deberá ser interpretado en clave jurídico-penal por parte de nuestros operadores; así, para el citado deber de informar cuál es su relevancia o ámbito de aplicación en los hechos que se están investigando; para ello, se insiste, primero se deben conocer los eventos, en clave forense o criminalístico, como sería el caso de omitir pérdidas en las partidas contables, ocupándose el operador de explicar por qué el director o el gerente general de la empresa X asume la competencia de la imputación de fraude en la administración de personas jurídicas por incumplir el deber de informar u otro deber previsto en la legislación societaria.

El recurso a la vía extrapenal es una constante en el análisis jurídico penal; por ejemplo, piénsese en el concepto muerte;[52] o bien en el reglamento o manual de organización y funciones de las diferentes instituciones públicas para efecto de investigaciones por la probable comisión de los delitos de colusión o peculado; incluso no le faltó la razón a Roxin en torno a los deberes jurídicos extrapenales.

Sin embargo, es el operador quien, en el marco del proceso penal, interpretará los citados deberes para fundamentar o descartar la condena penal; si ello implica una transformación de deber jurídico extrapenal a uno penal solamente sería en el ámbito de lo hermenéutico. Por ejemplo, con relación al deber de rendir cuentas sobre los viáticos entregados por comisión de servicio público y de devolver el monto no utilizado, la Corte Suprema peruana ha considerado que los viáticos solamente constituyen caudal público que recibe el funcionario o servidor público

---

[51] Cfr. Benavente Chorres, Hesbert. *La omisión...*, Ob. Cit., p. 202. Ello también ocurre con García Cavero quien también maneja criterios de imputación objetiva sobre la base de infracción de deberes jurídicos y además ha señalado que no comparte los puntos de partida del funcionalismo de Jakobs, y ello se aprecia en el concepto de persona que maneja: «persona es aquel que no sólo busca existir, sino proyectar su realización individual en medio de una comunidad». Cfr. García Cavero, Percy. *Derecho penal económico. Parte general*, Ara Editores, Lima, 2003, p. 27.

[52] «La muerte pone fin a la persona. Se considera ausencia de vida al cese definitivo de la actividad cerebral, independientemente de que algunos de sus órganos o tejidos mantengan actividad biológica y puedan ser usados con fines de trasplante, injerto o cultivo. El diagnóstico fundado de cese definitivo de la actividad cerebral verifica la muerte. Cuando no es posible establecer tal diagnóstico, la constatación de paro cardio-respiratorio irreversible confirma la muerte...». Artículo 108° de la Ley General de Salud.

para cubrir sus necesidades esenciales y así poder cumplir con el encargo público, que no se equiparan con el acto de administrar el dinero para fines estatales, por tanto, la infracción del citado deber no acarrea responsabilidad penal, sino administrativa.[53]

Ahora bien, en el campo hermenéutico el deber jurídico puede ser general, esto es, de observancia por cualquier persona, sin mayor exigencia que ser una persona digna y libre que convive en sociedad. Así, podemos identificar, en primer lugar, ***los deberes generales de aseguramiento,*** los cuales consisten, valga la redundancia, en asegurar nuestro ámbito de libertad de tal modo que de ella no se desprendan riesgos que excedan del nivel permitido. Estos deberes pueden cumplirse mediante una conducta activa u omisiva, dependiendo esta cuestión del causal estado de la esfera de organización de la persona.

En este sentido, la competencia del agente frente a la imputación penal no se encuentra en el plano natural, sino en un plano normativo, que en este caso sería el deber de aseguramiento, el cual, si lo incumple en el ámbito concreto en el que se mueve, ese comportamiento, sea activo u omisivo, podrá serle imputado objetivamente a su esfera de organización. Si la organización se hace conforme al deber, el comportamiento no podrá imputársele objetivamente con fines jurídico - penales, aun cuando se trate de una conducta riesgosa y el sujeto haya sido consciente de ello. Piénsese en aquella persona que tenga licencia para portar armas de fuego, conforme a su capacitación (requisito normativo); en ese sentido, cómo es que llegó el arma de fuego a ser manipulado por un adolescente quien se privó a si mismo de la vida; de la explicación científica de los hechos, el operador explicará si considera que el titular de la licencia infringió o no su deber de aseguramiento, manifestado en el resguardo, vigilancia y supervisión del arma de fuego, o el resultado es explicable desde la propia conducta de la víctima, quedando el agente exento de responsabilidad penal.

Por otro lado, una persona asume la competencia de la imputación a consecuencia de la infracción de ***deberes generales de salvamento,*** los cuales surgen por riesgos que ya no se encuentran en el ámbito de la organización personal. En efecto, cuando la persona realiza una conducta riesgosa asume, al mismo tiempo, el deber de revocar ese riesgo antes de que se afecten ámbitos de organización ajenos, esto es, que asume una competencia por el riesgo en ámbitos ajenos como sinalagma a la renuncia de protección de los titulares de estos ámbitos (piénsese en el personal de salud frente al paciente). Asimismo, los deberes de salvamento pueden tener su fundamento también en la introducción de riesgos especiales en ámbitos de organización ajenos; en estos casos, no existe una asunción de los riesgos, sino una conducta precedente especialmente peligrosa (injerencia) que conlleva que la persona soporte la práctica deberes de salvamento (v.gr. el atropellar a un peatón genera conducirlo al establecimiento de salud más cercano).

---

[53] Acuerdo Plenario 07-2019/CIJ-116 que ocupa revisar en el Derecho peruano tanto la Ley 27619, así como, el Decreto Supremo 007-2013-EF. Al respecto, su obligatoriedad vincula que los fiscales y jueces procedan a actuar conforme sus términos, lo cual, puede ser materia de crítica en torno a la adopción de la figura juez-legislador; aunque ello no impide apartarse de pronunciamientos, así sean vinculantes, cuando sean inconstitucionales, ilegales o sus fundamentos no soporten un mínimo de logicidad; todo ello, sin perjuicio de la libertad de expresión que gozamos todas las personas, incluyendo los propios jueces, para todo efecto, consúltese la sentencia de la Corte Interamericana de Derechos Humanos: Urrutia Laubreaux v. Chile.

Asimismo, el ***deber jurídico puede ser especial, en virtud de una vinculación institucional*** que le obliga a cumplir con específicas prestaciones. El fundamento es la idea de que el único medio para garantizar la libertad de cada individuo es la existencia de relaciones sociales durables y reconocidas en el ordenamiento jurídico. Relaciones que son denominadas instituciones (por ejemplo, relaciones entre padres e hijos, marido y mujer, relaciones de poder estatal, presencia de una justicia y una administración sometidas a derecho, etc.). En este marco, se consideran los deberes que se derivan de los vínculos naturales de las personas o relacionados con la comunidad, de la aceptación de una función de protección y aún de la responsabilidad por los comportamientos de terceros.

Los deberes que surgen en virtud de este tipo de competencia son deberes positivos: que la persona preste su apoyo a un círculo de organización ajena. La mencionada intromisión, lo detenta solo una persona que presenta un status especial; es decir, solamente ese sujeto puede ser responsable como infractor de ese deber positivo nacido de una relación institucional. Sin embargo, no se ignora la crítica realizada por el Profesor peruano Mendoza en cuanto de catalogar de formal la teoría de la infracción del deber, al advertir que en aquellos supuestos delictivos de intervención de facto de superiores, la responsabilidad jurídico penal recaerá siempre en funcionarios de menor jerarquía, puestos estos son los vinculados al ROF, MOF, o cualquier otra reglamentación formal extra penal, en efecto, los deberes específicos se encuentran vinculados a funcionarios de nivel inferior conforme a la organización piramidal de las funciones que tiene la administración pública.[54] Frente a ello, en un país como el Perú donde es muy normativizado los diferentes sectores de la administración pública, resulta complicado no vincular a un Presidente de la República en un delito contra la administración pública; incluso la lectura que ha efectuado la Corte Suprema en torno a los deberes jurídicos especiales avala la aplicación de los mismos, tanto en los funciones públicos de iure así como de facto, interpretando los alcances del artículo 425° del Código Penal peruano.[55] Sin embargo, en donde debemos de insistir es en la construcción criminalística o forense de los hechos (v.gr. la contabilidad forense), para efecto de vincular al funcionario público, sea cual fuese su jerarquía, con una actuación violatoria a los deberes jurídicos especiales o institucionales.

Ahora bien, desde la infracción del deber, la competencia del agente debe ser definida a través de las reglas de imputación objetiva y subjetiva, por lo que, en el

---

[54] Cfr. Mendoza Ayma, Francisco Celis / Mendoza Yana, Daniel. «Autoría y formalismo. El fundamento de la autoría A propósito del Caso Diarios Chicha». En: *Revista Actualidad Penal,* N° 29, Instituto Pacífico, Lima, 2016, p. 74.

[55] «Son funcionarios o servidores públicos:
1. Los que están comprendidos en la carrera administrativa.
2. Los que desempeñan cargos políticos o de confianza, incluso si emanan de elección popular.
3. Todo aquel que, independientemente del régimen laboral en que se encuentre, mantiene vínculo laboral o contractual de cualquier naturaleza con entidades u organismos del Estado, incluidas las empresas del Estado o sociedades de economía mixta comprendidas en la actividad empresarial del Estado, y que en virtud de ello ejerce funciones en dichas entidades u organismos.
4. Los administradores y depositarios de caudales embargados o depositados por autoridad competente, aunque pertenezcan a particulares.
5. Los miembros de las Fuerzas Armadas y Policía Nacional.
6. Los designados, elegidos o proclamados, por autoridad competente, para desempeñar actividades o funciones en nombre o al servicio del Estado o sus entidades.
7. Los demás indicados por la Constitución Política y la ley».

siguiente apartado vamos a analizar la compatibilidad entre la infracción del deber jurídico y la construcción estratificada del delito, sin descuidar el análisis de los excluyentes de responsabilidad o de aquellas causales que la modifican, así como, de las que permiten a nivel del proceso penal gestionar el caso.

4.7. LAS REGLAS DE IMPUTACIÓN OBJETIVA QUE DELIMITAN LA INTERVENCIÓN DELICTIVA Y LOS GRADOS DE EJECUCIÓN DEL INJUSTO

En el capítulo segundo abordamos las denominadas concepciones estratificadas sea del delito, sea de la imputación, cuya predominancia dependerá, como ha siempre ha dependido, por el factor X que denota el por qué convertimos en focal a un determinado dogmático. En efecto, si en Latinoamérica se hubiera convertido en el epicentro de nuestro Derecho penal la traducción que en 1905 realizó Pedro Dorado Montero del *Lehrbuch des Deutschen Strafrechts* que en 1889 publicó Adolf Merkel, seguramente la región tuviese más de un siglo de experiencia y seguramente de desarrollo de una teoría hegeliana de la imputación; donde, probablemente, los primeros escritos de Jakobs y sobretodo su *Schuld und Prävention,* no hubiesen demorado más de dos décadas en ser traducidos al castellano, pudiendo haber corrido mejor suerte, como si lo tuvo su *Strafrecht Allgemeiner Teil* de 1991 que fue traducido a nuestro idioma en 1997.

Sin embargo, ¿cuál sería la consecuencia de que Merkel hubiese sido focal en Latinoamérica o en su caso Luis Silvela[56]? Además, de ser nuclear el debate Merkel-Ihering,[57] conllevaría entender al delito como una acción culpable, la cual presupone

---

56 Para Silvela «el delito es la violación o quebrantamiento del derecho por actos de la libre voluntad o con conciencia, no sólo del acto, sino además de que es opuesto al derecho». Cfr. Silvela, Luis. *El Derecho penal estudiado en principios y en la legislación vigente en España,* 1884, p. 115, citado por: Bacigalupo Zapater, Enrique. «La recepción de la dogmática penal alemana en España y Latinoamérica». En: *InDret,* N° 02, Barcelona, 2019, p. 02, nota 05.

57 Partiendo del concepto de acción Hegeliano, la doctrina alemana finalizaba el Siglo XIX con la premisa que la voluntad humana permitía establecer cuándo la vulneración de los objetos jurídicos provenía de los actos del ser humano o bien de los hechos de la naturaleza. Asimismo, la filosofía hegeliana conllevaba a diferenciar una voluntad general expresada en la norma, voluntad que se veía lesionada por la voluntad individual, lesión a la norma que constituía el núcleo de lo ilícito. Ahora bien, Merkel consideraba que al ser el ilícito expresión de una voluntad individual entonces ya presuponía la culpabilidad del sujeto: *solamente el culpable infringe la norma mediante la exteriorización de su voluntad;* no interesaba si era un ilícito civil o penal, ambos eran la expresión de una acción (voluntad) culpable, por lo que, se puede invocar una unidad subjetiva de lo ilícito, que solamente se diferenciaba a nivel de las consecuencias jurídicas, esto es, la sanción que impone la responsabilidad civil es diferente a la que impone la responsabilidad penal (pero siempre lo ilícito será subjetivo). Por el contrario, Ihering apelando a las consecuencias civiles que incurre un poseedor ilegítimo de buena fe (quien es aquel que cree en su legitimidad, por ignorancia o error de hecho o de derecho sobre el vicio que invalida su título), considera que se está ante una ilicitud objetiva, esto es, la lesión no culpable de la norma y, por el contrario, se estará recién ante una ilicitud subjetiva cuando se exija la infracción culpable de la norma; esta distinción entre ilicitud objetiva e ilicitud subjetiva incluso permitiría hoy en día fundamentar la aplicación de medidas de seguridad para aquel inimputable que realizó una conducta antijurídica o la presencia del tercero civilmente responsable o la imposición de consecuencias accesorias a las personas jurídicas en razón a la instrumentalización objetivamente antijurídica de su estructura. En esa línea, Roxin ha señalado lo siguiente: «el reconocimiento de una antijuridicidad objetiva e independiente de la culpabilidad, fue formulado por Ihering en 1867, por medio de su trabajo titulado El momento de culpabilidad en el Derecho privado romano», Cfr. Roxin, Claus. *Derecho penal. Parte general,* Tomo I, Editorial Civitas, Madrid, 1997, p. 196. Finalmente, para profundizar el impacto que el citado debate en torno al Derecho penal, consúltese: Gómez Pavajeau, Carlos Arturo. «La impronta genética de Ihering en la dogmática penal». En: *Revista de Derecho penal y Criminología,* N° 90, Vol. XXXI, Universidad Externado de Colombia, Bogotá, 2010, pp. 71-87.

la infracción de la norma por parte de aquel sujeto con capacidad (imputable) para poder cumplir con los mandatos y prohibiciones señaladas por el legislador, en el marco de un Estado racionalista. En ese sentido, se estaría recurriendo a la teoría hegeliana de la acción moral, la cual y citando Fernando Molina, si la llevamos a sus últimas consecuencias impide la distinción de antijuridicidad y culpabilidad tal como es habitualmente presentada en Derecho penal;[58] pero también estaríamos caminando por la teoría imperativa de la norma, la cual postula que la infracción de la norma de determinación, denotaría una conducta contraria a Derecho así como la culpabilidad de la persona, dado que al presentar capacidad tanto para ser destinatario de la norma como para su cumplimiento procedió a infringirla, por lo que es capaz de imputación. Claro está, que modernamente hablar de imputación no lo reduciríamos a la regla de imputabilidad: *uno está obligado según a lo que a su capacidad psico-física lo permite,* sino que identificaríamos otras reglas que permitan afirmar o descartar el juicio de adscripción a la persona, como sería el caso: *nadie está obligado a lo imposible;* imputación objetiva e imputación subjetiva, imputatio facti e imputatio iuris serían expresiones que denotarían lo inter-sistemático del juicio de imputación y no de los niveles del delito. En suma, estudiar a Jakobs, Lesch, Hruschka y Kindhäuser sería dominante en las Facultades de Derecho de la región y escritores latinoamericanos como Mañalich, sin caer en comparaciones sin sentido, el equivalente al Luis Greco de hoy en día.

No obstante, lo que llegó ser focal a inicios del Siglo XX en Latinoamérica fue la traducción al castellano en 1927 de la décimo octava y vigésima edición del *Lehrbuch des Deutschen Strafrechts* de Franz von Liszt por Luis Jiménez de Asúa adicionadas con notas al derecho español de Quintiliano Saldaña;[59] y la traducción de tales ediciones llegó en el momento en que Liszt abandonaba la teoría de las normas así como el concepto de contrariedad a la norma (*Normwidrigkeit*), introduciendo el término antijuridicidad (*Rechtswidrigkeit*), definiendo al delito como la acción antijurídica (*Rechtswidrigkei Handlung*) y culpable (*Schuld*).[60] También fue relevante el conocer y aceptar la teoría del tipo penal de Beling en razón que también fue aceptada por Liszt previo a la traducción de 1944 realizado por Sebastián Soler

[58] Cfr. Molina Fernández, Fernando. *Antijuridicidad...,* Ob. Cit., p. 198.

[59] Sobre las ediciones de las obras de Liszt y sus traducciones, Bacigalupo indica lo siguiente: «Esta obra de V. LISZT, cuya primera edición, con el título Reichs-Strafrecht, data de 1881, había tenido una enorme repercusión fuera de Alemania y, en sucesivas ediciones, ya había sido traducida al portugués en 1899, al griego moderno en 1900 y 1914, al serbio en 1902, al ruso en 1903, al japonés en el mismo año y al francés (con prólogo de EMILE GARÇON) en 1911 y 1913». Cfr. Bacigalupo Zapater, Enrique. Ob. Cit., p. 02.

[60] Al respecto, Bacigalupo señala lo siguiente: «Pero, lo cierto es que en 1916 JIMÉNEZ DE ASÚA caracterizaba al delito como «acto culpable, contrario a derecho, sancionado con una pena», de acuerdo con la definición de V. LISZT en la primera edición de su Reichs-Strafrecht de 1881. Sorprende que la culpabilidad ocupe en esa definición el segundo lugar sistemático, antes que la antijuricidad. Pero, en verdad V. LISZT, que en la primera edición de su libro no se había apartado todavía de la teoría de las normas y aceptaba el concepto de delito de BINDING, era poco claro al respecto, porque a continuación, luego de definir el delito como «acción amenazada con pena, culpable y contraria a la norma», al enumerar los caracteres del delito, trata la contrariedad a la norma como primer elemento del delito, previo a la culpabilidad, lo que mantiene también en el desarrollo de la teoría del delito, situando a la acción, en primer término, como antijurídica (Rechtswidrigkei Handlung) y luego como culpable. En sucesivas ediciones, al menos desde la 16ª de 1908, LISZT abandona la teoría de las normas y el concepto de contrariedad a la norma (Normwidrigkeit), introduciendo el término «antijuricidad» (Rechtswidrigkeit)». Cfr. Bacigalupo Zapater, Enrique. Ob. Cit., p. 03.

a la obra de Beling: *Grundzüge des Strafrecht;* todo ello, ha originado que en la actualidad se maneje un concepto estratificado del delito: conducta, tipicidad, antijuridicidad y culpabilidad.

En ese orden de ideas, desde Liszt y el importante magisterio de Jiménez de Asúa, nuestra región aceptó la distinción entre antijuridicidad y culpabilidad, y durante gran parte del siglo pasado fuimos indiferentes al debate Merkel-Ihering, así como a la teoría de las normas; por el contrario, el camino dogmático latinoamericano implicó aceptar el traslado del dolo y la culpa de la culpabilidad al aspecto subjetivo del tipo penal en razón a la acción finalista, entre otros cambios dogmáticos, en razón a la influencia del finalismo cuya cúspide lo permitió la traducción que en 1976 realizaron los juristas chilenos Juan Bustos Ramírez y Sergio Yáñez del *Deutsches Strafrecht* de Hans Welzel.[61]

Sin embargo, sin abandonar un concepto estratificado del delito, llegó a la región el pensamiento de Roxin, conllevando que dejemos de hablar de estructuras lógico objetivas para ahora referirnos a valoraciones y principios de política criminal, siendo fundamental la traducción que en 1976 Luzón Peña realizó a la obra de Roxin: *Strafrechtliche Grundlagenprobleme* de 1973, hasta llegar a la traducción que en 1997 realizaron Luzón Peña, Díaz y García Conlledo, así como Vicente Remesal a la obra cumbre de Roxin, esto es, su *Strafrecht Allgemeiner Teil. Band I. Grundlagen. Der Aufbau der Verbrechenslehre,* 2da. ed., 1994, culminando en el 2014 con la traducción del segundo tomo, que apareció en Alemania en el 2003. Claro está que no se puede ignorar las traducciones realizadas a los estudios de imputación objetiva,[62] así como, de su teoría de la autoría y participación, en la que citamos la reciente del 2016 que realizaron Cuello Contreras y Serrano González de Murillo a la novena edición alemana de 2015 del: *Täterschaft und Tätherrschaf.*[63]

No se ignora, la influencia de Jakobs en Latinoamérica,[64] en concreto, con relación a la imputación objetiva; en esa inteligencia, en sede de doctrina y jurisprudencia es recurrente apreciar la doctrina de las conductas neutras de intervención, la prohibición de regreso o la imputación a la esfera de competencia de la víctima; asimismo, en el ámbito de la autoría y participación el recurso a los deberes jurídicos, que conlleva a una normativización del tipo objetivo. Sin embargo, nosotros consideramos que la filosofia hegeliana, su concepto de persona, así como la equiparación de las normas como el objeto de protección jurídico-penal, son constructos que consideramos son incompatibles en nuestro sistema de justicia penal, que descansa en categorías tales como la autonomía y dignidad de la persona humana, así como la concepción de bienes jurídicos como derechos fundamentales y expectativas que permitan una convivencia pacífica en sociedad.

---

[61] No podemos ignorar también la influencia de la traducción del *Lehrbuch* de Edmund Mezger por Rodríguez Muñoz y Quintano Ripollés en 1957, con notas al derecho español del primero, completadas por Quintano Ripollés. La traducción de 1954 de Fontán Balestra a la obra de Welzel; asimismo, en 1962 se tradujo el *Deutsches Strafrecht* de Reinhart Maurach, por Córdoba Roda; en 1964 se tradujo el *Das neue Bild des Strafrechtssystems* de Welzel, por Cerezo Mir; además, en 1981 se tradujo el *Lehrbuch des Strafrechts* de Jescheck por Muñoz Conde y Mir Puig.

[62] Para la identificación de las traducciones y su influencia en Latinoamérica, consúltese: Cancio Meliá, Manuel. «La teoría de la imputación objetiva, Claus Roxin y América Latina: presente y futuro». En: *Revista Criminalia,* Vol. 86, N° 01, México, 2019, pp. 131-147.

[63] La citada obra apareció en Alemania en 1961, traducida su sexta edición (1996) al castellano en 1998.

[64] Consúltese: Silva Sánchez, Jesús María. «La influencia de la obra de Günther Jakobs en el espacio jurídico-penal hispanohablante». En: *InDret,* N° 01, Barcelona, 2019, pp. 01-20.

Frente a ello, consideramos que es oportuno construir la imputación penal sin ignorar los criterios señalados en el párrafo anterior; diferenciando las categorías de conducta, tipicidad, antijuridicidad y culpabilidad, así como las diferentes consecuencias jurídicas reguladas en nuestro sistema penal, adaptando a este marco las reglas de imputación objetiva y subjetiva, siendo preferente la protección de bienes jurídicos; por ende, nos adherimos a un constructo estratificado del delito.

Con relación a la imputación objetiva, cuyo orígenes, modelos de aplicación y reglas los hemos desarrollado en un estudio anterior por el cual nos remitimos,[65] es la expresión de una razón normativa para afirmar o descartar el sentido típico de un comportamiento humano; para ello, se deberá distinguir entre delitos producidos por la creación o administración de un riesgo común ante la inobservancia de los deberes generales de aseguramiento o salvamento (delitos derivados del status general de persona, el cual, forma parte, implícitamente, del contenido del tipo penal) y aquellos otros que derivan de deberes especiales establecidos por el ordenamiento jurídico frente a determinado bien (delitos en virtud de una institución, la cual, descansa en un deber específico que, también, forma, implícitamente, parte del contenido del tipo penal).

Ahora bien, consideramos que la imputación objetiva se basa en dos ideas rectoras: (1) Un hecho puede imputarse a un sujeto sólo si constituye la infracción de un deber jurídico, complementado con el empleo de criterios normativos como las capacidades de autodeterminación y autorresponsabilidad,[66] así como, la creación de un riesgo jurídicamente desaprobado, el cual, se relaciona con el resultado acaecido. ***(Aspecto normativo de la imputación objetiva)***. (2) La imputación objetiva implica admitir que la configuración del injusto requiere de valoraciones jurídicas específicas, vinculadas a la base fáctica o empírica ***(aspecto valorativo de la imputación objetiva)***.

En el caso de la primera idea rectora, el proceso, en que se discute sobre la adecuación de la imputación, si bien, toma del contexto social, debe estar ordenado según criterios jurídicos;[67] por ende, la importancia de entender, y así lo hemos venido manejando desde nuestro estudio sobre la omisión, que el rol social puede servir para determinar cuáles son las circunstancias que se deben y no conocer, pero si existe un juicio válido sobre el riesgo o la situación de riesgo el que lo crea o participa en la situación tiene el deber de desactivar ese riesgo o evitar esa situación siempre que pertenezcan a su ámbito de responsabilidad. Y el rol social no es el criterio definitivo para esta delimitación normativa de ámbitos de responsabilidad que cobra tanta importancia para el desarrollo moderno de la teoría de la imputación objetiva. Por el contrario, el criterio normativo determinante es el riesgo jurídicamente desaprobado (que es creado por el agente y que se relaciona con el

[65] Cfr. Benavente Chorres, Hesbert. *La omisión...*, Ob. Cit., pp. 252-348.

[66] Para el principio de autorresponsabilidad «los sujetos sólo son responsables de lo que hacen ellos mismos y no de lo que hacen los demás. Este principio... es propio de los ordenamientos jurídicos de carácter liberal que, inspirándose en la máxima neminem laedere, conceden primacía a los deberes negativos de no lesionar frente a los a los deberes positivos de evitar la lesión». Cfr. Maraver Gómez, Mario. «El principio de confianza en Derecho penal. Un estudio sobre la aplicación del principio de autorresponsabilidad en la teoría de la imputación objetiva», *Tesis doctoral*, Universidad Autónoma de Madrid, 2007, p. 453.

[67] Cfr. Hassemer, Winfried. *Persona, mundo y responsabilidad. Bases para una teoría de la imputación en Derecho penal.* Traducción de Muñoz Conde / Díaz Pita, Editorial Tirant lo Blanch, Valencia, 1999, p. 187.

resultado producido), porque sin la existencia de este criterio el Derecho penal tendría que intervenir los ámbitos de libertad de los seres humanos cada vez que su conducta lesiona bienes jurídicos ajenos, por el simple hecho de causar el resultado o lesión teniendo el conocimiento de la peligrosidad de su conducta y pudiendo haberla evitado.[68]

Esto es coherente con nuestra metodología de estudio, esto es, partir del criterio de la persona como sujeto libre, que se autodesarrolla en un contexto social determinado. Frente a este fin, el Derecho debe proteger ese ámbito de libertad, por ejemplo, imponiendo roles o deberes, a fin que la persona no se exceda en el desarrollo de su libertad, causando daño a otro sujeto libre. Y en ese sentido, los roles se normativizan a través del concepto de riesgo; es decir, si el rol genérico es no dañar esferas de libertad ajenas, eso se normativiza analizando el concreto tipo penal, a fin de establecer si en el caso concreto la persona ha creado un riesgo prohibido a través de su organización de libertad, configurando el tipo penal respectivo, y, por ende, afectando ese rol genérico de persona. Igualmente, se puede predicar en el caso de roles especiales, en el sentido que, el concreto tipo penal se configurará si estos roles han sido quebrados a través de la creación de un riesgo prohibido (valga la redundancia, por la norma penal). Por tanto, nuestro modelo no se basa en el puro rol social, dado que, se caería en la excesiva abstracción de la categoría normativa, sino que, consideramos que esos roles son determinados normativamente a través del criterio del riesgo prohibido que recoge cada tipo penal.

En lo que respecta a la segunda idea rectora, ésta parte de que una dogmática que quiere penetrar en el sentido material de las instituciones jurídicas no puede renunciar a la búsqueda de las valoraciones y principios jurídicos que las fundamentan. Y tal búsqueda no ha de limitarse a las valoraciones y principios generales, sino que ha de alcanzar hasta los más específicos.[69] Esta valoración permitirá comprobar la presencia de una conducta riesgosa y luego la exigencia de que su peligrosidad se realice en el resultado. Esta valoración se realice sobre los datos fácticamente realizados y recogidos por el operador jurídico, con relación al caso concreto. Estos datos revelan, un comportamiento del agente, como ser libre, y de los conocimientos que éste detenta, como sujeto intelectual, y esto último porque el sujeto debe conocer o tener a la mano datos objetivos que le den el fundamento material a la exigencia jurídica de observancia de un determinado rol o deber.

Desde el campo valorativo, se aprecia el mayor grado de rendimiento de la imputación objetiva, esto es como conjunto de criterios de exclusión de la tipicidad y que encontramos en la investigación de Maraver un esquema de sencilla aplicación (lo cual no significa ausencia de rigurosidad científica) que encuadra en nuestra teoría pragmática de la imputación penal. Así de la hermenéutica existente en torno a los deberes jurídicos se podrá inferir si la persona asume o no una posición de garante de control de un riesgo, y aun ante la presencia de varios agentes, se podría aplicar la prohibición de regreso, el cual señala: «que el riesgo que surge del ámbito de actuación de un sujeto deja de ser de su competencia cuando atraviesa el ámbito de responsabilidad de un tercero»;[70] así, si el conductor X no respetó el la

[68] Cfr. Feijoo Sánchez, Bernardo. *Resultado lesivo e imprudencia*, Editorial Bosch, Barcelona, 2001, p. 267.
[69] Cfr. Mir Puig, Santiago. «Valoraciones, normas y antijuridicidad penal». En: *Revista Peruana de Ciencias Penales*, Nº 15, Editorial Idemsa, Lima, 2004, p. 310.
[70] Cfr. Maraver Gómez, Mario. Ob. Cit., p. 454.

luz roja que marcaba el semáforo y a cinco cuadras después colisiona con el automóvil que conducía Y, ocasionando la muerte del amigo de Y quien iba como copiloto, vamos a depender de la lectura criminalístico de los hechos, la cual nos advierte que la causa del accidente fue que Y conducía a excesiva velocidad, bajo los efectos del alcohol y en sentido contrario; por lo que, Y sería competente en asumir la imputación penal por homicidio, de seguro, culposo, y no X, porque a pesar de la inicial imprudencia, no se encuentra algún indicio de interés criminalístico que nos permita inferir su competencia en el citado homicidio, por lo cual, se le tendría que aplicar la prohibición de regreso.

Ahora bien, «una vez que se reconoce que el sujeto ostenta una posición de garante, es necesario determinar el alcance de su deber de cuidado. Para ello, puede acudirse una general ponderación de intereses como la que sirve de base al criterio del riesgo permitido, pero también puede aplicarse el principio de confianza como criterio fundamentado en el principio de autorresponsabilidad o en la delimitación normativa y objetiva de los ámbitos de responsabilidad. Este principio ofrece así un criterio independiente y complementario con respecto al criterio del riesgo permitido, conforme al cual se reconoce que, con carácter general, el sujeto que ostenta una posición de garante no tiene la obligación de cuidar de aquellos aspectos o de aquellas manifestaciones del riesgo que deben controlar los terceros, sino sólo de los que surgen o se encuentra en su propio ámbito de actuación».[71]

En efecto, una vez excluida la prohibición de regreso, al ser la persona garante en el control de riesgo, aún se le puede no imputar objetivamente el pragma típico por operar el principio de confianza a su favor: si el director de personal de la institución pública X le envía al tesorero la planilla de trabajadores para efecto que autorice el pago mensual de los sueldos, no se ignora que ambos sujetos son garantes frente a la correcta gestión de los recursos de la mencionada institución, pero el tesorero puede invocar que tiene la *confianza* que personal le está remitiendo la planilla de trabajadores sobre la base de una información veraz, salvo que de la investigación forense se revelen indicios de una mala gestión en torno a trabajadores fantasmas de la institución proveniente del actuar del director de personal, teniendo conocimiento del mismo el tesorero; aquí no podrá invocar a su favor el principio de confianza, continuándose con el juicio de tipicidad, para efecto de atribuirle dolo o culpa, en los términos de ley.[72]

Por otro lado, desde la imputación objetiva se puede analizar tanto el grado de realización de la conducta típica, así como de las formas de intervención delictiva. Con relación al primer tema, también conocido como *iter criminis,* Hurtado Pozo comenta la presencia de una primera etapa denominada deliberación que culmina con la toma de decisión de cometer la infracción, pero que, al desarrollarse en el

---

71 Ídem, p. 456.

72 Asimismo, en el ámbito de la responsabilidad penal del empresario resultan fundamentales los deberes de selección, coordinación, control o supervisión, los cuales permitirían excluir el principio de confianza y así favorecer la imputación objetiva del tipo penal al empresario, faltando agregar si actuó con dolo o imprudencia, en los términos del principio de legalidad que impregna cada pragma típico. Claro está que esta valoración requiere de la lectura forense o criminalístico de los hechos. Todo este cuadro nos permite afirmar que no se requiere la responsabilidad penal de la persona jurídica, sino seguir desarrollando los estudios penales en torno a los comportamientos humanos, porque es el ejercicio abusivo de la libertad humana lo que explica la criminalidad hoy en día y no una ficción de la ley, la cual encontraba en la figura del tercero civilmente responsable la solución pragmática en el marco del proceso penal.

mundo interno del agente no es punible;[73] ello es de recibo, dado que, el principio de lesividad previsto, por ejemplo, en el artículo IV del Título Preliminar del Código Penal peruano, exige un comportamiento humano, esto es, una exteriorización, la cual de conformidad con el artículo 11° de la citada ley penal consiste en una acción u omisión, por lo que, desde un hecho y no desde una idea se podrá realizar el respectivo juicio adscriptivo en contra del agente, contando como referentes la infracción al deber jurídico y la afectación al bien jurídico tutelado por la ley. Asimismo, Hurtado, completando las etapas del iter criminis, señala las siguientes: actos preparatorios, tentativa, consumación y agotamiento.[74]

Frente a las últimas etapas acabadas de mencionar resulta relevante acudir a las reglas de la imputación objetiva, en donde un comportamiento estará dentro del riesgo permitido si no se actualiza infracción a deber jurídico alguno desde la perspectiva de los tipos penales, recibiendo la etiqueta de actos preparatorios. En cambio, el riesgo permitido queda descartado en el contexto de comportamientos singulares positivizados como actos preparatorios punibles[75] o bien desde los múltiples realizados por varios agentes, los cuales serán punibles, aún la conducta pre-típica, cuando al operar un resultado delictivo no se actualiza ni la prohibición de regreso ni el principio de confianza, debiendo ser calificado como instigador o cómplice según las cláusulas generales de la participación delictiva. Al respecto, resulta oportuno citar a la Corte Constitucional de Colombia, quien ha señalado lo siguiente:

«Si bien los actos preparatorios son irrelevantes penalmente cuando se trata de conductas individuales,[76] en cuanto hacen parte de lo que los clásicos han llamado iter criminis, ello no necesariamente ocurre cuando se trata de coparticipación criminal en los casos de complicidad o determinación a otro para cometer el delito, pues en tal hipótesis la actividad individual se enlaza con la de otros sujetos para la producción final de la conducta descrita por la ley como hecho punible. Es claro para la Corte que puede el legislador como una manifestación concreta de la política criminal del Estado determinar dentro del sistema legal la aplicación de normas tendientes a luchar contra el crimen a fin de obtener resultados que consulten la protección de los derechos de la población, y ello comprende entre otras cosas la prevención de los delitos, sin que esto autorice la desprotección de los derechos fundamentales de los asociados».[77]

Por su parte, la sanción de la tentativa radica en la puesta en peligro del bien jurídico tutelado en la ley; en donde la presencia del dolo, el comenzar la ejecución típica y la no realización de la consumación a pesar de la idoneidad de la acción, constituyen sus componentes de estudio. Con relación al dolo, Hurtado precisa que la decisión del autor implica la consciencia y la voluntad de concretar el tipo legal objetivo; así, el elemento subjetivo de la tentativa es idéntico al dolo del delito consumado.[78] Asimismo, por *comienzo de la ejecución* resulta relevante la explicación

---

73 Cfr. Hurtado Pozo, José. *Manual de Derecho penal. Parte General I,* 3ra. Edición, Editorial Grijley, Lima, 2005, p. 796.

74 Ídem, pp. 796-798.

75 Es el caso de la perturbación violenta de la posesión de un inmueble, la cual es considerada como usurpación (artículo 202°, inciso 3) del Código Penal peruano).

76 Este extremo de la cita no operaría en el Derecho penal peruano cuando si se ha sancionado actos preparatorios cometidos mediante conductas singulares; al respecto, consúltese: Hurtado Pozo, José. Ob. Cit., pp. 800-802.

77 Sentencia C-431/03.

78 Ídem, p. 808.

técnico-científica de los eventos, esto es, el recurso a la criminalística y a los servicios periciales, para que el operador pueda identificar si se está o no ante actos propios de un plan delictivo; así, la referencia forense también permitirá al juzgador saber por qué el delito no se consumó pese a lo apropiado que era la conducta para afectar bienes jurídicos; de esta forma el juez podrá contar con información adecuada para determinar si se está ante una tentativa punible o la cancelación de la punibilidad por desistimiento voluntario.

Con relación a la intervención delictiva, la Corte Suprema peruana en la Casación 367-2011 Lambayeque ha indicado lo siguiente: «En segundo lugar, tenemos las teorías restrictivas, las cuales han sido acogidas en este Supremo Tribunal y el Tribunal Constitucional, que son las que adoptamos; siendo ilustrativa al respecto la sentencia N° 1805-2005-HC/TC-Lima, Máximo Humberto Cáceda Pedemonte, del 29 de abril de 2005, en la que el Tribunal Constitucional toma partido por una determinada posición doctrinal acerca de la intervención delictiva, definiendo quién es autor y quién es partícipe; con este fin, se afilia a la teoría del dominio del hecho, según la cual, por un lado, es autor quien ostenta dominio sobre el resultado del hecho, y, por otro, es partícipe quien contribuye con el actuar del denominado autor, sin tener dominio del hecho. En esta línea de desarrollo, el Tribunal Constitucional se pronuncia acerca del fundamento de la responsabilidad penal del partícipe, afirmando que este responde por brindar un aporte accesorio al autor, para la realización del hecho punible. De esta forma, el Supremo Intérprete de la Constitución recoge una posición doctrinal de larga tradición, y que, además, ha servido de fundamento para gran parte de los pronunciamientos judiciales de los últimos años, teoría que conforme detallaremos, debe ser considerada como punto de inicio...».

La casación parte de las diferentes concepciones dogmáticas de autor. Así, en primer lugar tenemos el concepto restrictivo de autor, el cual parte de la distinción cualitativa entre autores y partícipes, recurriéndose a la fórmula del dominio del hecho, así como la accesoriedad limitada del partícipe en el injusto doloso. En segundo lugar, se cuenta con el concepto unitario de autor, el cual postula que todo aquel que causa es autor, siendo que, al momento de individualizar la pena, se impondrá más sanción a quien impulsó más el hecho. Y, en tercer lugar tenemos el concepto extensivo de autor, el mismo que postula que todos los que intervienen realizan el tipo penal, siendo que, el injusto de los partícipes está regulado en las cláusulas generales de la ley penal.

Así, en la línea del concepto restrictivo de autor, la teoría del dominio del hecho es el constructo dominante, para efecto de diferenciar autores de partícipes, en donde los primeros detentan un dominio de la acción (autor directo), un dominio de la voluntad o de aparatos organizados de poder (autor mediato) o bien un codominio funcional (coautores); operando en los partícipes (instigador y cómplice) una explicación normativa de los eventos, esto es, ausencia del mencionado dominio, y por el contrario dependencia normológica con el accionar del autor.

Al respecto, el Tribunal Supremo español en la STS 3391/2019, ha precisado lo siguiente: «Desde la perspectiva de la dominante teoría del dominio del hecho, es autor quien ostenta ese dominio, y se distingue el dominio formal del autor directo, el dominio de la voluntad del autor mediato y el codominio funcional, propio de la coautoría. Además, el Código dispone que serán considerados autores (por lo tanto, que no lo son), los cooperadores necesarios y los inductores, para los que establece la misma pena que para los autores. Identifica a los primeros como los que inducen directamente a otro u otros a ejecutarlo, y a los segundos como los que cooperan a la ejecución con un acto sin el cual no se habría efectuado. Asimismo, en nuestra sentencia N° 415/2016, de 17 de mayo, señalábamos que «El art. 28 CP, al definirla autoría entiende por autores «quienes realizan un hecho... por medio de otro del que se sirven como instrumento». En efecto la autoría del hecho supone e implica la titularidad de la acción, o dominio del hecho, o sea la determinación del sujeto que promueve, realiza, ejecute y lleva a efecto la ideación criminal. Prescindiendo del inductor o del cooperador necesario, la autoría se proyecta a través de diversas y distintas modalidades, ya sea la autoría directa o indirecta, ya sea la autoría mediata o inmediata. En todo caso implica, la titularidad de la acción criminal. Como se ha dicho, el autor mediato tiene también el dominio del hecho, aunque a través del dominio de la voluntad de otro, llamado instrumento, que es el que realiza el tipo en forma inmediata. Esta autoría se dará en los siguientes supuestos: a) cuando «el instrumento», esto es el que obra directamente, lo hace sin dolo; b) cuando el «instrumento» obre con error de tipo o con error de prohibición, en cuyo caso aquél, al no conocer la prohibición no domina su voluntad, sino tan solo su acción, lo que es aprovechado por el autor mediato; c) cuando obre coaccionado, debiendo apreciarse aquí la intensidad de la coacción para estimar si hay autoría mediata o inducción. En la doctrina la diferencia entre inducción y autoría mediata suele residenciarse en la acción del inducido, en tanto que se actúa con dolo se trata de inducción, y si no lo hace con dolo, ante la autoría mediata, que se explica mediante la teoría del dominio funcional del hecho.». La doctrina más destacada ha afirmado que la autoría mediata se caracteriza por el dominio de la voluntad del otro. Es aquella modalidad de autoría en la que el autor no realiza directa y personalmente el delito, sino que se vale de otra persona, generalmente no responsable, que es quien materialmente lo ejecuta. Esta clase de autoría supone normalmente un dominio de la acción y de la voluntad de la persona que realiza el tipo de forma inmediata, el cual actúa como instrumento humano o brazo ejecutor de aquél subordinado a su voluntad, al hacerlo sin libertad o sin conocimiento. Por ello, puede hablarse, según los casos, de ausencia de acción relevante, de dolo, o de culpabilidad en la conducta de la persona que sirve de instrumento, quien a veces no obra siquiera de forma típica, y en mayor medida si consideramos que el dolo pertenece al tipo de injusto».

Ahora bien, no se ignora la recurrente observación que en el caso de los delitos de infracción de deber existe la dificultad que para caracterizar al autor, sería insuficiente el dominio del hecho, debido que, solamente al que le incumbe el cumplimiento de un deber especial se le considerará autor.[79] Al respecto, nos parece un camino infructuoso el debate entre lo ontológico y lo normativo, en donde ubican al dominio del hecho en lo primero y la infracción del deber en lo segundo; opinamos que lo más pertinente es entender que siempre estaremos ante la infracción de deberes jurídicos para afirmar una responsabilidad jurídica, la cual será jurídico-penal si la conducta infractora, en los términos de un tipo penal, nos conduce a la afectación de bienes jurídicos, y sin la intención de caer en la falacia naturalística, expresiones como *dominio o control del fundamento del resultado* presentarían un mayor rendimiento para el proceso penal si los relacio-

[79] Cfr. Villavicencio Terreros, Luis Felipe. *Derecho penal parte general,* Editorial Grijley, Lima, 2006, p. 490.

namos con la lectura criminalística o forense de los hechos atentatorio de bienes jurídicos tutelados por la ley y observando las reglas de autoría y participación según la legislación.[80]

Nuestra postura se ve favorecida porque al recurrir al deber jurídico, podemos asumir la taxonomía de deberes generales y deberes especiales, en donde puede ocurrir que un agente inobserve los primeros y otro los segundos; y si la infracción actualiza los elementos de un tipo penal considerado especial como el peculado, desde la teoría de la unidad del título de imputación: será autor quien infringió el deber especial y partícipe quien inobservó el deber general.[81]

Lo señalado permite afirmar que desde la infracción del deber jurídico nos estaríamos acercado a un concepto extensivo de autor, en donde los destinatarios de la imputación serían los intervinientes del hecho colectivo; sin embargo, ello conllevaría a preguntarnos si ingresan en crisis el criterio de dominio del hecho, así como el principio de accesoriedad. En efecto, nuestra normatividad ha regulado las figuras de autores y partícipes por ende seguimos estando ante un sistema diferenciador, que origina que el dominio del hecho sea criticado por un sector de la doctrina, seguidora del concepto extensivo de autor, la cual ha postulado que el Juez tendrá que valorar la intensidad o la envergadura de la intervención, para hacer la diferencia entre autores y partícipes;[82] siendo así, la pregunta ya no es ***quién***

---

80 Así, si la ley penal define al autor directo, mediato y coautores con el criterio de realización del hecho delictivo, podemos concluir que todos aquellos que intervienen dolosamente en la ejecución del evento punible responderán como coautores, siendo relevante conocer el momento en que se inicia la ejecución típica y el momento de su consumación; no importaría cualificar el aporte en mínimo o necesario, en la medida que sea suficiente que sus actos se hayan realizado en el camino de la ejecución, colocando al campana en un delito de robo, como coautor de tal figura delictiva; aunque no ignoramos la situación problemática que ha generado codificaciones como la colombiana, que en el artículo 29° de la norma sustantiva introduce al criterio de ejecución típico del hecho, la importancia del aporte, cayendo en un relativismo injustificado. Por otro lado, si hay una aportación pre-típica, esto es, anterior al inicio de la ejecución típica, se podrá hablar de cómplice primario cuando su aportación es dolosa y se le puede vincular como un *acto necesario o preparatorio* para el éxito del autor de un hecho típico (lo que Zaffaroni afirma como un dominio del hecho en acciones pre-típicas); o bien instigador o en sentido amplio determinador, porque su actuación dolosa pre-típica encuentra relevancia penal con un evento típico en grado de tentativa o consumado realizado por el autor instigado o determinado; por otro lado, si el aporte es post-típico, esto es, doloso una vez consumado el hecho típico, podrá ser catalogado como cómplice secundario del evento típico que en grado de tentativa o consumado realizó el autor, y como ya no se está en el momento de la ejecución, el aporte de tal cómplice no es necesario o determinante para lograr la afectación al bien jurídico tutelado por la ley, por ende, se entiende el porqué de la reducción de su pena.

81 Una especial consideración merece los artículos 29° y 30° del Código Penal colombiano que regula las figuras del autor, del partícipe y del interviniente. Al respecto, la Corte Constitucional colombiana, en la sentencia C-015/18, ha indicado lo siguiente: «En Colombia, de acuerdo con la Jurisprudencia de la Sala Penal de la Corte Suprema de Justicia y en consonancia con los artículos 29 y 30 de la Ley 599 de 2000, es posible identificar las siguientes formas de intervención en el delito:
(i) Autor.- dominio del hecho... infracción del deber especial
(ii) Partícipes (determinador y cómplice)
(iii) Intervinientes.- concurre en la ejecución de un tipo penal especial y en concurso con el autor calificado, realiza como suya la conducta típica... pero sin contar con las calidades exigidas por el tipo especial...».

82 Para mayores detalles consúltese: Vacchelli, Ezequiel. «Intervención delictiva: Significado y función del principio de accesoriedad», *Tesis doctoral,* Universitat Pompeu Fabra, Barcelona, 2018, pp. 50-55.

es el señor del sí y del cómo, ahora la interrogante sería: ***quién dio el aporte decisivo para que el plan delictivo se ejecute;*** al respecto, tenemos nuestras reservas porque cantidad no es calidad, más aún en legislaciones como la peruana que no exige acudir al criterio tan subjetivo de la importancia del aporte, sino en que momento del iter criminis se intervino: antes, durante o después de la ejecución del hecho delictivo.[83]

Las investigaciones en organizaciones criminales nos han revelado que el mando aún está presente en aquellos que no han intervenido, ***en un concepto naturalístico de propia mano,***[84] en los actos ejecutores, por lo que, la valoración

[83] Así, durante el momento de ejecución típica el artículo 23° del Código Penal peruano, sin hacer mención como lo hace su par colombiano de la importancia de los aportes, califica a los intervinientes como coautores; en ese sentido, la diferenciación del aporte solo es legalmente aceptado en la complicidad (artículo 25° del Código Penal peruano), en donde si es pre-típico se le puede castigar a través de las reglas de la imputación objetiva que vincularía el aporte con una conducta ejecutora típica, comprendiéndose que tal aporte facilitó la realización del plan delictivo; siendo así estaremos en complicidad primaria, la cual está castigada con la misma pena que la autoría y la instigación; en cambio, si es un aporte post-típico que al no modificar el evento típico ya consumado, se entiende que se está ante una asistencia secundaria que origina una disminución prudencial de la pena, la cual, incluso puede ser por debajo del mínimo legal.

[84] Lamentablemente, la Corte Suprema peruana emitió dos sentencias ilógicas con su sistema legal de autoría y participación, llegando a resultados que no compartimos al acudir al concepto naturalístico de propia mano. En primer lugar, tenemos la Casación 367-2011 Lambayeque, en donde se señaló como doctrina jurisprudencial que para los efectos de determinar la responsabilidad penal en grado de **complicidad**, sea **primaria** o **secundaria**, en cada caso concreto, deberá analizarse la conducta del imputado desde la perspectiva de los criterios de **imputación objetiva**, teniendo punto de inicial para el análisis, la teoría del dominio del hecho. El problema es que analizó la complicidad dentro de la fase de ejecución de la conducta típica (tentativa y consumación), generando que realicemos ejercicios de diferenciación cuantitativa: a) aportes que diferencian el coautor del cómplice; b) aportes que diferencian al cómplice primario con el secundario; y, c) aportes que diferencian al responsable penal del que no lo es, cuando en realidad el artículo 23° del Código Penal peruano resuelve la cuestión con una sencilla fórmula: «todos los que cometan conjuntamente el hecho típico son coautores», no exige la búsqueda de una gradualidad de aportes: todos los que intervienen en la fase de tentativa y consumación responden por el mismo título: coautoría; por ende, los aportes de complicidad son pre-típicos o post-típicos, de naturaleza dolosa que se les puede vincular con el plan delictivo. Las complicaciones que ha señalado la Casación citada conllevó una equivocada decisión de absolución para aquella persona que facilitó su hogar para que el coacusado mantenga contacto sexual, en diferentes ocasiones, con una menor de catorce años de edad, expresando un absurdo argumento: *la menor nunca dijo que la acusada sabía que en su casa mantenía relaciones sexuales con el coacusado;* adiós la investigación forense y seguimos con absolver o condenar solo por la testimonial. Ello es tan absurdo como seguir afirmando que únicamente viola el que penetra y los demás *naturalísticamente hablando* son cómplices o exentos de responsabilidad, sin ninguna corrección normativa. En segundo lugar, tenemos la Casación 363-2015 Santa, tomó partido en torno a negar la existencia de la consumación post-consumativa; en ese sentido, luego de citar a Castillo Alva, la Sala concluye que dicha figura no está regulada en el Código Penal, pero aun así, en el fundamento 3.7 realiza una valoración de los actos post-típicos considerándolos inocuos porque el hecho ya se consumó, cayendo en cuenta la Sala que ya no se podría ayudar al autor. Al respecto, la Sala no advirtió que Castillo asume la posición dogmática de la importancia del aporte solo en dos momentos del iter criminis: antes y durante la ejecución, para efecto de diferenciar el cómplice primario del cómplice secundario, siendo el caso que, ir más allá de tales momentos sería infringir el principio de legalidad; para nosotros sería infringir la personal interpretación de Castillo, quien nos dice cómo deberíamos interpretar el artículo 25° del Código Penal peruano, y aunque admite el debate en Alemania, simplemente decide inferir «que la cuestión se resuelve a favor de aceptar la complicidad solo hasta la consumación, excluyendo cualquier otra extensión o aporte posterior a ella»; y lo más relevante es que la Sala no ha mencionado que en el Perú si se han criminalizado los aportes post - típicos como son los casos de enriquecimiento ilícito, el encubrimiento personal, el encubrimiento real y el lavado de activo, pronunciándose ligeramente en torno a que son actos

judicial no pueden encasillarse en criterios cuantitativos de intervención delictiva; por último, con relación al escenario más problemático: castigar como partícipe a aquel que intervino en el hecho de un autor de un injusto no culpable conllevaría a una corrección, esto es, que si el agente instrumentalizó a un inimputable, estaríamos ante un autor mediato y no ante un partícipe, pero si intervino en un hecho disculpado por la norma (v.gr. un estado de necesidad exculpante), entonces tendrá que beneficiarse de las consecuencias del mismo, por primacía del principio de justicia material.

4.8. LAS REGLAS DE IMPUTACIÓN SUBJETIVA

El juicio de tipicidad también exige delimitar si el agente se comportó con dolo o culpa, tópico que se estudia en la denominada imputación subjetiva o imputación de los elementos subjetivos del tipo, en donde no podemos ignorar la preterintencionalidad o concurso ideal entre un actuar doloso con un resultado culposo presente en codificaciones como la colombiana y que no se la puede equiparar a una responsabilidad objetiva o a la categoría de delitos calificados por el resultado.

En esa línea, la complejidad de la imputación subjetiva viene marcada por las exigencias del tipo penal correspondiente; por ejemplo, el artículo 172° del Código Penal peruano exige que el sujeto activo debe conocer que la víctima está impedida de dar su libre consentimiento (para la práctica del acceso carnal o acto análogo) por sufrir de anomalía psíquica, grave alteración de la conciencia, retardo mental o que se encuentra en incapacidad de resistir. Frente a ello, y desde una pragmática de la imputación penal, cómo demostrar que el agente conocía en los términos anteriormente señalados.

Los analíticos responden esta interrogante a través del criterio de *intersubjetividad,* concebida como el punto de referencia común de un proceso de entendimiento entre miembros de una comunidad de interpretación, es decir, como horizonte en el cual ya se mueven los agentes comunicativos.[85] Asimismo, los analíticos tienen que asumir que es la interpretación del operador la que al final

inocuos lo que ocurra después de consumado el delito. La ingenuidad del análisis está presente al considerar que no se puede prestar ayuda después de consumado el delito, por ende, hablar de delito agotado simplemente es una *MODA académica,* alguien que se le ocurrió sin mayor importancia, generando la Sala una innecesaria impunidad de aquellos actos post-consumativos que no encuadran ni en el encubrimiento personal o real, pero que ha sido solucionado por el segundo párrafo del artículo 25° del Código Penal a través de la complicidad secundaria; en esa línea, la Sala ha comprado el humo de absolver antes de exigir responsabilidad por los aportes fácticos propios de un plan delictivo en donde intervienen sujetos principales y secundarios, donde se involucran antes, durante y aún después de ejecutado el hecho delictivo, en donde estos últimos responderán con una pena disminuida en atención a que no participaron en la violación per se del bien jurídico tutelado por la ley, pero que dolosamente han prestado asistencia para quienes si lo afectaron, habiendo logicidad de relacionar su asistencia con el plan delictivo ejecutado.

85 Cfr. Porciúncula Nieto, José Carlos. *Lo objetivo y lo subjetivo en el tipo penal. Hacia la exteriorización de lo interno*, Editorial Atelier, Barcelona, 2014, p. 32. Para el citado jurista brasileño: «Exteriorizar lo interno significa percibir que los elementos subjetivos constituyen momentos de la acción, o sea, componentes de un sentido exteriorizado. Exteriorizar lo interno significa advertir que el criterio para la atribución de los elementos subjetivos es el comportamiento humano en el flujo de la vida. Pero también significa notar que no es que, realmente, el tipo objetivo, en cuanto mundo externo, sea el criterio de aquello que se encuentra en el tipo subjetivo, en cuanto ámbito interno o esfera de conciencia del sujeto, sino que tal bipartición no existe. El tipo es una unidad; es un tipo intersubjetivo» (p. 317).

predominará, claro está, justificándola por una serie de criterios como el contexto social: el juez interpreta en nombre de toda la sociedad.[86]

Ahora bien, consideramos que aquí si se ocupa la expresión: *cuestión de semántica,* el acto del juez en afirmar que el acusado actúo con conocimiento y voluntad de causar daño, que fue su intención el dañar, o solamente se comportó cono conocimiento del daño que estaba cometiendo. Sin embargo, la interrogante inicialmente planteada no ha sido respondida, solamente ha cambiado los términos de la misma: ¿cómo el Juez fundamenta su competencia de interpretar la acción del agente como dolosa o culposa? O bien ¿cuáles son las razones de interpretar la acción del agente aun en contra del sentido que el autor de la misma está dando?

Frente a ello, es evidente el recurso a indicadores como lo efectuado en el citado estudio de Sánchez-Málaga Carrillo, para efecto de afirmar el dolo, utilizándose otra vez el contexto social e individual para afirmar que es irracional la confianza del imputado en la no realización de un riesgo típico, o bien afirmar la imprudencia cuando los citados contextos evidencian la imposibilidad de adquirir un conocimiento completo o adecuado del riesgo prohibido.[87]

Sin embargo, el problema de la tesis de Sánchez-Málaga Carrillo, al igual que el de los analíticos, es su no acercamiento a la investigación forense de los hechos, esto es, la falta de mención de la interpretación criminalística de los eventos, a lo que viene aunado su posición crítica en torno a la verdad en el proceso penal.[88] El contexto social no justifica la gravedad de la imputación, ni menos la imposición de la pena, sino la investigación científica de los hechos; y será desde la citada investigación en donde el operador encontrará las razones para afirmar que el agente

---

86 «Así, el dolo entendido como adscripción de contravención de reglas en un contexto institucional, supone el establecer una vinculación entre la conducta realizada por el autor y su significado ocasional. Lo que implica que el tercer observador debe tener en consideración para imputar intencionalidad, el contexto en el que ocurre la acción, los conocimientos del autor, su capacidad personal para tener en cuenta los riesgos (criterio objetivo). Además, La intencionalidad se afirma en este contexto no solo por la realización de una acción que supone inequívocamente la contravención de reglas de conducta (prohibiciones o mandatos), como es el caso en que A dispara a B a menos de dos metros de distancia. Sino que, también, la intencionalidad queda afirmada en los casos en que el tercer observador puede interpretar el quebrantamiento de las citadas reglas de conducta, sobre la base del contexto social en que se realiza la acción, en especial, teniendo en consideración la intensidad del riesgo y la utilidad social del comportamiento. Esto implica que, necesariamente, afirman la tipicidad subjetiva las acciones que en el contexto ocasional en el que tienen lugar significan socialmente: primero, la creación de un riesgo que supera el estándar de lo permitido (probabilidad); y, segundo, que ese riesgo sea socialmente inútil (valorativo) en el sentido que el tercer observador no tenga dudas que ni siquiera una persona prudente situada en la posición del autor habría estimado, en un contexto de inutilidad absoluta, que el riesgo era socialmente admisible. Y, en el caso de dudas sobre la utilidad de correr ese riesgo (el significado ocasional es siempre cualitativo), esto es, meros supuestos de conocimiento del peligro, no puede afirmarse el dolo si la acción en sí misma considerada no constituye una forma de quebrantamiento intencional de normas de prohibición o mandato. La diferencia con la imprudencia está dada, según se ha visto por la atribución a un comportamiento de conductas que significan en el contexto ocasional en que tienen lugar una ausencia de intencionalidad, esto es, se trata de casos en los que el tercer observador no puede entender en términos inequívocos en tal sentido y, por ende, se trata de supuestos de inadvertencia o de error. De ahí, que la intencionalidad también abarca -según lo visto- los supuestos en que la tercera persona puede estimar que el autor ha decidido no prestar atención u obrar de modo indiferente frente a riesgos o peligros evidentes e inherentes a su comportamiento (valoración cuantitativa)». Cfr. Oxman, Nicolás. Ob. Cit., p. 413.

87 Cfr. Sánchez-Málaga Carrillo, Armando. Ob. Cit., p. 697.

88 Ídem, p. 50.

actuó con intención, con conocimiento y voluntad, o bien en forma imprudente; flaco favor para el Derecho penal le hacemos al confundir la normativización de los conceptos con darle la espalda a la realidad; claro que existe la malicia o el haberse olvidado en efectuar X procedimiento; que ello, simplemente lo descartemos del concepto de dolo o culpa o que a lo sumo lo decidirá el contexto social son simplemente respuestas acientíficas, que no corresponde a las garantías exigibles a todo proceso penal y, probablemente, provengan de académicos que les falta experiencia en el litigio.

Por tanto, antes de elaborar indicadores que nos acercaría a la prueba tasada, como por ejemplo más de dos disparos es dolo, menos de dos disparos es negligencia,[89] lo conducente sería fortalecer servicios periciales, así como, el área policial de criminalística, además de incorporar criminólogos y victimólogos en la investigación de delitos, recurrir a la prueba anticipada o a las diligencias virtuales para que no se pierda la prueba, para efecto que, al conocer el fenómeno criminógeno: ráfaga corta de disparos proveniente de una pistola ametralladora por el cual se privó de la vida a X, se puede entender y aplicar el *a sabiendas* o el *dolo* que exige la ley penal para la sanción de determinadas conductas, o bien como un *alius* la imprudencia o infracción del deber de cuidado, teniendo en cuenta, de conformidad con el ejemplo propuesto, en razón a la explicación forense que torna coherente la explicación de lo difícil de controlar una pistola ametralladora. Asimismo, desde la lectura forense y la apreciación conjunta de la prueba, el juez podrá determinar si es o no coherente la explicación dada por el acusado; sin embargo, en la actualidad, esta falta de coherencia lo han querido etiquetar como ignorancia deliberada o mediante la omissio libera in causa, coincidiendo con aquella postura en descartar una presunción del dolo o su invocación aun si no hay conocimiento, ni menos voluntad, debido que estaríamos procediendo contra legem; pero si es una explicación descartable desde las reglas de la sana crítica, tendrá el acusado el derecho de conocer las razones por las cuales el juzgador ha considerado su dicho como incoherente, pero sobretodo, saber cuáles son las pruebas de cargo que le han conducido a una convicción de culpabilidad.

4.9. LA CULPABILIDAD

La culpabilidad presenta diferentes significados, entre ellos, el de ser considerado como la consecuencia de haberse enervado la presunción de inocencia. Así, la Corte Constitucional de Colombia, en la sentencia C-181/16, precisó lo siguiente: «La jurisprudencia de esta Corporación estableció que la culpabilidad en materia penal debe interpretarse a la luz del artículo 29 de la Constitución (principio de presunción de inocencia), que establece un tránsito hacia el derecho penal del acto y no de autor. En ese entendido, la valoración de la culpabilidad recae sobre actos exteriores del ser humano y no sobre aspectos de su fuero interno, el juicio de reproche debe ser adscrito a la conducta del actor y constituye el fundamento de la proporcionalidad de la pena a imponer».

Asumir este significado nos conduce al criterio de la responsabilidad por el hecho propio ya sea en un evento individual dañoso o bien en uno colectivo atentatorio a bienes jurídicos tutelados por la ley. Criterio que arribamos cuando el juzgador, a través de una apreciación conjunta de la prueba, llega a una convicción

[89] Máxime si en la legislación peruana no se ha definido el dolo o la culpa, o bien se haya adoptado una clasificación de cada una de estas figuras.

de culpabilidad del sentenciado; apreciación que, desde la ya comentada sana crítica, descansa en las reglas de la lógica, los conocimientos científicos y las máximas de la experiencia.

En esa línea, invocando la responsabilidad por el hecho propio se podría justificar la exclusión de la responsabilidad cuando el agente ha incurrido en un error de prohibición invencible cuando por una *fuente segura* se convenció en la falta de ilicitud de su comportamiento.

Por otro lado, la culpabilidad también es entendida como aquel juicio de reproche que se le hace al agente por no haberse comportado conforme a la norma a pesar de contar con la capacidad psico-física para hacerla, siendo a su vez exigible tal reproche por no presentarse un error de prohibición en el agente o de alguna circunstancia impeditiva para el cumplimiento de la norma.

En ese orden de ideas, partir de las capacidades diferentes que presentan las personas humanas justifica un tratamiento diferenciado, por ejemplo en el caso de aquellas personas que sufren de un trastorno mental, o por razón de su edad no han alcanzado una madurez de sus capacidades; en esa inteligencia, es dominante en la doctrina invocar el principio de igualdad para efecto de realizar los ajustes razonables a aquellas personas con capacidades diferentes, ya sea ocupando las medidas de seguridad o bien las medidas socioeducativas propias del sistema de responsabilidad juvenil; sin embargo, no podemos pasar por alto al artículo 33° del Código Penal colombiano que ha considerado a la diversidad sociocultural como una causal de inimputabilidad a lo que ha sido considerado inexequible la imposición de una medida de seguridad, ello daría sustento a la tesis del Profesor peruano Iván Meini que no se está ante un error culturalmente condicionado (tesis de Zaffaroni), sino ante una persona quien, por su cosmovisión no puede comprender la nuestra, positivizada en el Derecho estatal y sin que ello implica una degradación de su condición de persona humana.

Finalmente, invocándose los principios de dignidad y libertad se puede entender la ausencia de reproche cuando el agente estuvo condicionado su actuar en torno a un miedo insuperable, coacción, grave amenaza o por un estado de necesidad disculpante. En efecto, la inobservancia de los citados principios en razón a la presencia de las circunstancias impeditivas señaladas ut supra no puede conllevar a un juicio de reproche y menos aún a la imposición de una pena o de una medida de seguridad.

4.10. LAS CAUSALES DE EXCLUSIÓN DE LA RESPONSABILIDAD PENAL

Por otro lado, la afirmación de la presencia de un injusto, así como de su reprochabilidad, dependerá de la ausencia de causales de exclusión de la responsabilidad penal establecidas legalmente; claro está que para su invocación en el proceso penal se requiere de un cuadro fáctico sustentado en las diligencias de investigación, que permita al fiscal o al juez valorar la actualización de los requisitos legales que a su vez configuran una determinada causal de exclusión. Tales eximentes responden a la ausencia de solucionar un conflicto jurídico a través de la pena, dado que, lo ocurrido fue involuntario[90] o siendo voluntario encuadra en

[90] La Jurisprudencia española ha resaltado el carácter exógeno de la fuerza irresistible, en donde se la define como toda violencia física o material ejercida por un tercero sobre el agente, venciendo su voluntad y anulando su libertad realizativa, hasta el extremo de forzarle a la ejecución de un acto,

el ámbito del riesgo permitido;[91] o fuera de tal ámbito fue sin intención o siendo imprudente no ha sido criminalizado en la ley penal;[92] se actuó con el consentimiento del titular del bien jurídico afectado;[93] se actualizó la única causal constitucional de justicia de propia mano como es la legítima defensa;[94] se actuó en

respecto del que aquél aparece como mero instrumento de ajenas y antijurídicas intenciones (Sentencias del Tribunal Supremo de 15 diciembre 1970, 29 abril 1981 y 21 febrero 1989), o en otros términos se configura como «toda clase de presión que se ejerce sobre el autor del delito, de tal entidad que venza su voluntad, anulando por completo la misma» (Sentencia del Tribunal Supremo de 20 de abril de 1985).

91 Importante las reglas de imputación objetiva: «Que no es de recibo argumentar que el examen de la imputación del comportamiento -y, obviamente, también de la imputación del resultado- requiera de la culminación de la investigación preparatoria. La ejecución de un comportamiento riesgoso, el carácter penalmente relevante del mismo y la determinación de si su creación puede imputarse penalmente al que lo ha producido o pudo evitarlo, está en función (juicio de subsunción normativa) a la descripción fáctica que contiene el acto de imputación fiscal. Es obvio que el examen de la viabilidad de la excepción de improcedencia de acción depende de la claridad y precisión de los hechos jurídico-penales, siempre necesarios por mandato legal, del acto de postulación de la Fiscalía; no está en función al avance de las investigaciones y, menos, a la culminación del procedimiento de investigación preparatoria. Es cierto que conforme avancen las averiguaciones la acción penal puede modificarse, ampliarse o precisarse con la incorporación de datos nuevos, pero esta situación, contingente y aleatoria, no puede ser determinante para que el imputado, en ejercicio de su derecho de tutela jurisdiccional y de defensa procesal, pueda formular un medio de defensa o excepción -esta última, por lo demás, no está condicionada a que el procedimiento de investigación culmine y se dé curso al procedimiento intermedio-». Casación 1307-2019, fundamento octavo.

92 Aquí resulta relevante el análisis del error de tipo: «A fin de verificar el error de tipo -vencible o invencible- se deberá tener en cuenta, según las reglas de la experiencia, que en el agente existió una falsa representación de la realidad *ex ante* a la conducta imputada. Esta situación se genera cuando el agente desconocía alguno de los elementos normativos y descriptivos que conforman el tipo penal como: la calidad del sujeto; de la víctima, el comportamiento activo u omisivo, las formas o medios de comisión de la acción, el objeto material, el resultado, la acción de causalidad y los criterios para imputar objetivamente el resultado al comportamiento activo u omisivo, pudiendo el error recaer en cualquier elemento del tipo penal». Casación 742-2016 Ica, fundamento 3.2.

93 Claro está que se debe analizar la validez del consentimiento, esto es, si se ha exteriorizado una voluntad libre de violencia, intimidación o de otras situaciones fácticas que desde el principio de libertad se considere un vicio de la voluntad: «Así, al haberse señalado que la menor se encontró al momento de los hechos en estado de ebriedad absoluta y, con ello, pudo presentar cuadros de excitación, confusión, agresividad, alteraciones de la percepción y pérdida de control, podemos concluir que, aunque esta haya consentido las relaciones sexuales con el agraviado, estas no resultarían válidas por su evidente falta de conciencia. Del mismo modo, a pesar de que esta no haya perdido totalmente el conocimiento no significa que no se configure el delito materia de autos, pues la alteración de la percepción y pérdida de control que caracteriza el estado de ebriedad absoluta la imposibilitaron de efectuar algún acto de defensa en su salvaguarda». Casación 697-2017 Puno, fundamento décimo sexto.

94 La actualización de los tres requisitos de la legítima defensa fundamenta su aplicación y la exclusión de responsabilidad penal: «**Primer presupuesto: agresión ilegítima.** Se trata de un comportamiento dirigido a lesionar o poner en peligro un bien legalmente protegido, donde el adjetivo ilegítimo es utilizado en el texto legal para calificar a la agresión de ilícito e injusto, contrario al orden jurídico. De tal forma que la agresión debe ser inminente, actual o presente. **Segundo presupuesto:** necesidad racional del medio empleado para impedirla o repelerla. Se trata de una apreciación de valor con referencia a la justicia y la equidad. La racionalidad de la defensa se determina apreciando la proporcionalidad entre el peligro propio a la agresión y la acción de defenderse; es decir, entre las condiciones, instrumentos y riesgos de la agresión y los propios del comportamiento defensivo. **Tercer presupuesto:** falta de provocación suficiente de quien hace la defensa. Se trata de una actitud especial de quien se defiende, esto es, de poner cuidado en comportarse de manera tal que no origine, de parte de cualquier persona, una reacción contra él. La apreciación del carácter suficiente de la provocación debe hacerse mediante un juicio objetivo de valor, no puede depender, por ejemplo, de la extremada susceptibilidad o irritabilidad del sujeto en cuestión». R.N. N° 910-2018 Lima Este, fundamento octavo.

situación de necesidad;[95] el sistema jurídico de derechos y deberes les dota del permiso correspondiente para actuar;[96] no presenta un capacidad jurídico-penal para ser influenciado por la norma;[97] o bien, al normativizarse factores culturales o psicológicas se ha actualizado una razón de inexigibilidad.[98]

En sí, actualizado un tipo penal, le corresponde a la defensa explicar la presencia de una causal de eximente de responsabilidad conforme lo señalado en el párrafo anterior; resultando coherente que la defensa no se guarde semejante carta hasta la audiencia de juicio oral, la cual podrá transcurrir meses, sino años de proceso; frente a ello, el único descubrimiento válido de las pruebas de la defensa es cuando la misma persigue desde el inicio de las investigaciones, el no ejercicio de la acción penal por actualizarse cualquiera de las excluyentes, o bien formalizada la investigación, acudir a la excepción de improcedencia de acción; ahora bien, se puede insistir con una solicitud de sobreseimiento al notificársele el requerimiento acusatorio y bueno se hará entendible que recurra al argumento en la audiencia de debate oral; sin embargo, estas extensiones del reclamo se espera que sea por un error judicial en no aprehender la causal de exclusión antes que un error de la defensa, como lo sería el de ***psiquiatrizar la vida humana***, esto es, explicar cualquier fenómenos criminógeno como el homicidio o la agresión sexual a través de las enfermedades mentales y en especial de aquellas que podrían eximir al agente de responsabilidad penal, despreciando la presencia de anti-virtudes en el ser humano, como es la malicia o la avaricia, que el Derecho penal debe castigar.

No obstante, también el sistema de justicia penal ha previsto solucionar el conflicto penal a través de las medidas de seguridad, las cuales están fundamenta-

95 «Quebranta la Constitución una norma que erige en delito la conducta razonable de los particulares encaminada a proteger la vida y la libertad, propias o de un semejante. Además, es claro que la ley no puede hacer a un lado las causales de justificación, concretamente el estado de necesidad, en que quedan el secuestrado, sus parientes, amigos y la sociedad en general». Corte Constitucional de Colombia, sentencia C-542/93.

96 «La eximente de obrar en cumplimiento de un deber no comprende los tratos inhumanos o degradantes, prohibidos en la Constitución Política e internacionalmente, pues suponen un atentado grave contra la dignidad de la persona, por lo que para apreciarse esta causa de justificación el agente además debe actuar con el ánimo o voluntad de cumplir con su deber. Para que sea de aplicación la eximente referida es preciso que la violencia sea la menor posible para la finalidad pretendida, esto es, por un lado, que se utilice el medio menos peligroso, y por otro lado, que ese medio se use del modo menos lesivo posible». Acuerdo Plenario 05-2019/CJ-116, fundamento quincuagésimo segundo.

97 «En la teoría jurídica general, la imputabilidad es la síntesis de las condiciones psíquicas mínimas y necesarias, dada la causalidad -el encadenamiento entre el agente y su acto-, que hacen que el delito tenga un autor punible. Para que un acto humano se pueda configurar como delito es necesario que el hecho comporte la violación de una norma positiva de la ley penal, presupuesto que entraña la estructuración de los diversos elementos del delito en sus aspectos material y subjetivo. Existe imputación cuando la persona tiene la capacidad de comprender la ilicitud de su acción u omisión y de determinarse de acuerdo con esa comprensión y conocimiento. La falta de uno de estos elementos remite al fenómeno jurídico de la inimputabilidad». R.N. N° 2129-2015 Lima Norte, fundamento décimo primero.

98 «En resumen, el error de tipo se aplica sobre la base de las circunstancias fácticas que sirven de supuesto de hecho del tipo penal, más no se trata de un problema de determinar la culpabilidad. El razonamiento de la sentencia impugnada, confundió los institutos del error delito con error de prohibición, siendo este último que en todo caso se hubiera aplicado y razonado al caso, pues es la figura jurídica donde el autor de un hecho delictivo, al realizar el hecho, cree de forma equivocada que su actuación era lícita». R.N. N° 1616-2018 Ica, fundamento vigésimo primero.

das en la peligrosidad que presenta el accionar de una persona con problemas de salud mental y que es calificado como inimputable,[99] criterio que permite dilucidar el escenario problemático graficado en la siguiente interrogante: ¿Si el inimputable, a razón de sus alucinaciones, actuó en error de tipo y por ende excluyendo el injusto, o bien continuar con la tradición de afirmar que realiza una conducta típica y antijurídica, pero no reprochable, al eliminarse la culpabilidad en razón a la enfermedad mental que padece el agente? Sea cual fuese la opción dogmática que se elige, si de la investigación forense o criminalístico, se aprecia peligrosidad en el inimputable se podrá justificar la imposición de la respectiva medida de seguridad.

4.11. LAS CIRCUNSTANCIAS MODIFICATORIAS DE LA RESPONSABILIDAD PENAL

Por otro lado, la ley penal se ha ocupado de las causales para la exclusión de la responsabilidad penal y para fundamentar las medidas de seguridad, pero también se ha ocupado en las denominadas circunstancias modificatorias de la responsabilidad penal, que vendrían siendo los atenuantes y los agravantes; al respecto, la Corte Suprema peruana ha señalado lo siguiente: «Se denomina circunstancias a aquellos factores objetivos o subjetivos que influyen en la medición de la intensidad del delito (antijuridicidad o culpabilidad), haciéndolo más o menos grave. Su función principal es coadyuvar a la graduación o determinación del quantum de pena aplicable al hecho punible cometido. En ese contexto se considera como circunstancias comunes o genéricas a aquellas que pueden operar con cualquier delito, por ejemplo las circunstancias previstas en el artículo 46° del Código Penal. Esta clase de circunstancias sólo permiten la pena concreta dentro de los márgenes establecidos por la pena básica. En cambio, las circunstancias cualificadas, si bien pueden operar también con cualquier delito, como el caso del artículo 46° A del Código Penal, ellas disponen la configuración de un nuevo extremo máximo de la pena y que será el límite fijado para dicho tipo de agravante por la ley... Será hasta este nuevo máximo legal la pena básica y dentro de la cual el juez deberá determinar la pena concreta».[100]

En esa línea, tales circunstancias deben respetarse los principios penales, sobretodo el de legalidad, que implica modificar la responsabilidad penal en los exactos términos señalados en la ley, prohibiéndose la analogía in malam partem. Sin embargo, ello no impide advertir lagunas legales, como sería el siguiente caso tomado de la experiencia peruana: invocándose el sistema de tercios para la determinación de la pena, se tiene que el imputado si presenta antecedentes penales pero que a su vez no cumplen con los requisitos de la reincidencia o de la habitualidad (artículos 46-B y 46-C del Código Penal peruano); en principio, no se le podría ubicar en el tercio inferior pero tampoco se identifica en la norma penal algún enunciado que justifique colocar la pena en

---

99 «El criterio para diferenciar e imponer las medidas descritas se halla en el segundo párrafo del artículo 74 del Código Penal, que precisa que solo podrá disponerse la internación cuando concurra el peligro de que el agente cometa delitos considerablemente graves, esto es, un juicio predecible de peligrosidad del imputado. Nótese que esa exigencia es consustancial, además, en los artículos 72 y 73 del código aludido», Casación 1048-2018 Arequipa, fundamento 1.8.

100 Acuerdo Plenario 01-2008/CJ-116, fundamento octavo.

el tercio intermedio o en el tercio superior, porque de hacerlo se estaría violentando el principio de legalidad, por lo que, los operadores tendrían que dosificar la pena el espacio de juego del tercio inferior de la pena prevista en el tipo penal.

Ahora bien, desde el principio de responsabilidad por el hecho propio, las circunstancias modificatorias son personalísimas, por lo que, el hecho propio, invocándose también el principio de legalidad, debe presentar una circunstancia modificatoria en razón de cómo ha quedado (v.gr. la tentativa), cómo se hizo (v.gr. mediante la intervención plural de agentes), quién lo hizo (v.gr. el agente tuvo 18 años de edad al momento de cometer el hecho delictivo), o contra quién lo hizo (v.gr. la víctima es un niño, niña o adolescente). Si el hecho propio no presenta alguna de las citadas características, entonces no se podrá dosificar la pena en función de la presencia de algún atenuante o agravante; sin embargo, es inaceptable la expresión: la circunstancia personalísima de X no afecta a Y, porque desde el momento en que existe una pluralidad de agentes, se actualiza un agravante genérico que afecta a ambos, de acuerdo con la norma citada líneas arriba.

4.12. LA GESTIÓN DEL CASO

La competencia del agente por infracción del deber jurídico amerita la gestión del caso, esto es, la decisión procesal tendiente a resolver el conflicto jurídico-penal. La decisión que se tome también debe ser una expresión de los principios que rigen nuestro sistema de justicia, como el respeto a la dignidad humana, la de legalidad, lesividad e incluso el de proporcionalidad.

Así, en el caso del excluido social, al actualizarse el atenuante de actuar bajo circunstancias apremiantes, por ejemplo regulado en el artículo 46°, numeral 1), literal d) del Código Penal peruano, la fiscalía podrá aplicar el principio de oportunidad, optando por el no ejercicio de la acción penal, claro está si el delito cometido no está conminado con una sanción superior a cuatro años de pena privativa de libertad, de conformidad con el artículo 2°, numeral 1), literal c) del Código Procesal Penal peruano. Ahora bien, si se supera la referida penalidad, aún queda el manejo técnico-forense que la circunstancia apremiante en sí actualiza un estado de necesidad, completa, para eximente, o incompleta, que actuaría como atenuante de la pena, en los términos de los artículos 20° y 21° de la norma legal sustantiva del citado país sudamericano.

Finalmente, la gestión del caso nos conduce a definir la estrategia procesal, optando por alguna causal de extinción de la acción penal, como serían los casos del principio de oportunidad, acuerdo reparatorio, prescripción o la autoridad de la cosa juzgada que genera un auto de sobreseimiento; también se puede optar por acceder a los beneficios del Derecho penal premial, como los que genera la confesión sincera, la terminación anticipada del proceso, la conclusión anticipada del juicio o la colaboración eficaz; o bien, elegir que se resuelva el conflicto mediante sentencia emitida en la audiencia de juicio oral; claro está, que la decisión deberá ser tomada una vez completada y conocida las bases de la imputación y ello exige ocuparnos en el siguiente apartado de su tercer y último momento, el cual, lo hemos denominado las *consecuencias de la imputación.*

CUADRO N° 04
LA COMPETENCIA DEL AGENTE

1. Comportamiento humano.- Principio no hay delito sin conducta	- Voluntad - Exteriorización	- Fuerza física irresistible - Movimientos reflejos - Estados de inconsciencia
2. Tipicidad.- Principio de legalidad	- Aspecto objetivo del tipo - Aspecto subjetivo del tipo - Grados de realización típica - Formas de intervención delictiva	- Riesgo permitido - Acuerdo - Error de tipo vencible e invencible
3. Antijuridicidad.- Principio de proporcionalidad	- Antijuridicidad formal - Antijuridicidad material	- Ejercicio legítimo de un derecho - Cumplimiento de un deber - Legítima defensa - Estado De necesidad justificante - Consentimiento: real o presunto
4. Culpabilidad.- Principios de responsabilidad por el hecho propio, igualdad, dignidad y libertad	-Capacidad para comprender las normas legales y comportarse en función a tal comprensión - Conocimiento potencial de lo ilícito del actuar - Exigibilidad de otra conducta	- Trastorno mental - Minoría de edad - Diversidad sociocultural - Error de prohibición vencible e invencible - Coacción o grave amenaza - Miedo insuperable

Fuente propia

CAPÍTULO V

LAS CONSECUENCIAS DE LA IMPUTACIÓN

5.1. CONCEPTO DE CONSECUENCIAS DE LA IMPUTACIÓN

El órgano que efectúa la imputación penal lo que procura es que se le imponga al agente una consecuencia legal en razón de su conducta ilícita; sería un contrasentido evidenciar un hecho que la ley señala como delito, sin tomar en cuenta las consecuencias legales. En esa inteligencia, identificamos las siguientes consecuencias de la imputación: a) la aplicación de una sanción penal, incluyendo si el caso lo amerita una medida de seguridad; b) la reparación civil, por los daños y perjuicios surgidos por la comisión del evento delictivo; y, c) la fijación de las consecuencias accesorias para las personas jurídicas, en la medida que no sea suficiente su responsabilidad civil subsidiaria en el proceso penal.

Ahora bien, es una idea equivocada el considerar que la introducción de tales consecuencias opera en la acusación, una vez cerrada la investigación; por el contrario, las mismas forman parte del principio de imputación o principio imputativo; así, en el caso de las personas jurídicas, si se pretende imponerles consecuencias accesorias o el pago de la reparación de los daños entonces la formulación de la imputación o formalización de la investigación deberá mencionar un cuadro fáctico que vincule a la persona jurídica en un accionar delictivo y en los daños que la misma ha generado, debido que, se está fijando la litis, respetándose de esta manera el debido proceso y el derecho de defensa.

Por tanto, en el presente capítulo analizaremos las mencionadas consecuencias con el cual cerramos el contenido del principio de imputación.

5.2. LA SANCIÓN PENAL

Hasta el momento de escribir las presentes líneas, hemos publicado tres estudios en torno a la pena y la medida de seguridad; así, con relación a la pena hemos postulado que es un tema de prueba, el cual exige el planteamiento de un cuadro fáctico y su valoración a través de constructos como la teoría de la pena y la teoría de los derechos humanos,[1] en donde el juzgador a la hora de imponer la sanción punitiva tiene que hacerlo en función tanto de la retribución del hecho cometido, así como, de la resocialización del agente, debido que, este último tema no es de

[1] Cfr. Benavente Chorres, Hesbert. *La teoría del caso para la individualización judicial de la sanción penal*, Editorial Flores, México, 2018, pp. 10 y sgts.

competencia exclusiva y excluyente del sistema penitenciario.[2] Por otro lado, con relación a la medida de seguridad las mismas son providencias de carácter preventivo para la sociedad y de curación, tutela y rehabilitación para el sujeto, que se adopta a partir de su peligrosidad por el hecho propio en contra de bienes jurídicos tutelados por la ley, en razón del cuadro clínico mental que presenta.[3]

Con relación a la pena, la misma no debe ser ajena a los fines de la sanción penal, tanto en su sentido de retribución por el delito cometido, pero también en su sentido de resocializar al sentenciado. En efecto, la resocialización no debe ser tomada en cuenta únicamente en el ámbito de la ejecución, como equivocadamente lo señala la teoría dialéctica de la pena,[4] sino que debe estar presente, junto con la retribución y la prevención general, cuando el juez realiza su determinación del quantum de la pena a imponer al condenado; una omisión de tal magnitud ha generado que los sentenciados sean cosificados por el sistema de justicia, con la falsa expectativa que sea el Poder Ejecutivo a través del sistema penitenciario, el único responsable en atender la reincorporación del penado a la sociedad, cuando es una construcción que involucra también al Poder Judicial por la sencilla razón que si una persona está privada de su libertad es por el acto de autoridad del Juez.

Ahora bien, el órgano de imputación tendrá que gestionar el caso sin ignorar el quantum de la pena; ni siquiera tendría que esperar hasta el requerimiento acusatorio para recién ocuparse del tema, dado que, desde el quantum que se pronostique se podrá decidir si se actualiza o no el principio de oportunidad, la posibilidad de acudir a las salidas alternas o a los mecanismos de terminación anticipada del proceso o el de obtener medidas cautelares como la prisión preventiva; en ese sentido, diferentes instituciones procesales (de distinta naturaleza jurídica) dependen del quantum de la pena.

Gestionar el quantum de la pena implica no ignorar la relación existente entre los enunciados fácticos con los fines de retribución y resocialización de la pena, los cuales exigen tomar en cuenta la gravedad de la conducta[5] así como el grado de

---

[2] Cfr. Benavente Chorres, Hesbert. «La resocialización como criterio para la individualización judicial de la pena y no solamente para su ejecución». En: *Revista de ejecución de la pena privativa de la libertad y el encierro,* Año 14, N° 10, Editorial Fabián di Plácido, Buenos Aires, 2020, pp. 249-254.

[3] Cfr. Benavente Chorres, Hesbert. *Inimputabilidad e imputabilidad relativa. Un estudio sobre las medidas de seguridad de internamiento y tratamiento ambulatorio,* Editorial Flores, México, 2017, pp. 13-18.

[4] Nos estamos refiriendo a lo planteado por Roxin, quien ha señalado que el Derecho penal se enfrenta al individuo de tres maneras: amenazando, imponiendo y ejecutando penas; y que esas tres esferas de actividad estatal necesitan de justificación cada una por separado. Así, en el primer momento, el legislador trabaja con la idea de la prevención general, esperando la motivación de las personas al actuar lícito ante la amenaza de ser sancionados si realizan conductas prohibidas. En el segundo momento, el juez al imponer el castigo a una persona es sobre la base del hecho delictivo que cometió, aplicándose la función retributiva de la pena. En el tercer momento, la ejecución de la pena debe implicar una ejecución resocializadora, conduciéndonos a la prevención especial de la pena. Al respecto, consúltese: Roxin, Claus. *Problemas básicos del Derecho penal,* Editorial Reus, Madrid, 1976, pp. 20-26. Muñoz Conde, Francisco. *Introducción al Derecho penal,* Editorial Bosch, Barcelona, 1975, pp. 35-36.

[5] (1) La naturaleza de la acción.- A partir de ella es posible dimensionar la magnitud del injusto. En este indicador el fiscal debe apreciar varios aspectos como el tipo de delito o el *modus operandi* empleado por el agente, esto es, la forma como se ha manifestado el hecho. (2) Los medios empleados.- La realización del delito se puede ver favorecida con el empleo de medios idóneos. Asimismo, la naturaleza y efectividad dañosa de su uso pueden comprometer en mayor o menor medida la seguridad de la víctima o provocar graves estragos. (3) La importancia de los deberes infringidos.- Alude a una circunstancia relacionada con la magni-

culpabilidad, criterios que han sido recogidos en las diferentes legislaciones de la región,[6] las cuales a su vez han implementado un sistema para la determinación de la pena, como es el sistema de tercios en el caso peruano o bien el sistema de cuartos en el caso colombiano.

Por otro lado, si la causa llega hasta la fase de enjuiciamiento, entonces la dinámica procesal en torno a la pena cambia, dado que, se ha implementado en la mayoría de los países latinoamericanos la denominada audiencia de individualización de la pena y de la reparación del daño, para efecto que tales temas sean resueltos con actividad probatoria.

Ahora bien, el argumento jurídico que se exige en este tipo de audiencia presenta el siguiente contenido: se deberá tomar en cuenta la necesidad de pruebas para superar el umbral del formal argumento; ello, exige ingresar al cómo motivar, esto es la aplicación de las reglas legales de la valoración de la prueba, que en el país están fundamentadas en el sistema de la sana crítica, el cual comentamos en el primer capítulo. Por último, una vez que se ha identificado los fines de la pena, elaborado los enunciados fácticos respectivos y valorado los correspondientes medios probatorios, se va a tener que expresar la razón normativa que justifique la cuantificación de la sanción penal, esto es, la fundamentación jurídica, consistente en la aplicación de las reglas de determinación de la pena, así como los enunciados normativos que con especificidad regulan cada uno de los tipos de penas reconocidos en el Derecho de cada país.

Se aprecia que la construcción de la teoría del caso debe partir de la fundamentación fáctica-probatoria, así como jurídica de los criterios de merecimiento de pena juridificados. Es decir, los enunciados fácticos de la punibilidad deben de partir del criterio de merecimiento de pena, esto es, de una conducta que haya

---

tud del injusto, pero que toma en cuenta también la condición personal y social del agente. (4) La extensión del daño o peligros causados.- Ella nos indica la cuantía del injusto en su proyección material sobre el bien jurídico tutelado. (5) Las circunstancias de tiempo, lugar, modo y ocasión.- Todas se refieren a condiciones tempo - espaciales, y reflejan principalmente una dimensión mayor en el injusto, en tanto que el agente se suele aprovechar de ellas para facilitar la ejecución de su delito. (6) La unidad o pluralidad de agentes.- Tradicionalmente se ha considerado que la pluralidad de agentes indica un mayor grado de peligrosidad y de inseguridad para la víctima.

6 En atención al grado de culpabilidad también se puede tomar en cuenta los motivos psicológicos y sociológicos que condujeron al sujeto a cometer el delito, y es tanto más ilícito en cuanto más se opone a los sentimientos básicos de la piedad, de la solidaridad, de la cultura, etc. En esa tesitura, los comportamientos delictivos pueden darse en cualquier edad de la vida, de forma ocasional o continuada. Algunos delincuentes han empezado sus conductas antisociales ya en la infancia y otros lo harán al llegar a la vida adulta; algunos solamente delinquen durante una época de su vida, por ejemplo, durante la adolescencia, y otros, lo hacen empujados por algunas circunstancias, como sucede a partir del consumo de drogas. Asimismo, la criminalidad está presente en todos los grupos socioeconómicos, si bien muchos casos no llegan a los estrados judiciales, los delitos de las clases superiores a menudo superan en gravedad a los que tienen por actores de clases inferiores; el motivo principal del aumento de la delincuencia en el sector pudiente es el de «producir excitación». Tampoco se ignoran los factores de edad, educación, situación económica y medio social, dado que, se consagra una auténtica situación atinente a la culpabilidad. Se trata de circunstancias que se relacionan con la capacidad penal del imputado y con su mayor o menor posibilidad de internalizar el mandato normativo, motivarse en él y en sus exigencias sociales (sin embargo, no estamos afirmando que tales estudios debe excluirse a la víctima).

afectado uno o varios bienes jurídicos penalmente protegidos, para efecto de justificar la imposición de cualquier sanción penal.[7]

Como se aprecia, el legislador hace descansar el merecimiento de la pena en la importancia del bien jurídico afectado, así como en las categorías propias del injusto, como son los estados mentales del sujeto (dolo o culpa) o las figuras extensivas del tipo penal: la autoría y la participación. Ahora bien, una importante reflexión en estos momentos tenemos que realizar: que con el dictado del fallo condenatorio se tendrán por probados aquellos enunciados fácticos relacionados, al menos, con la gravedad de la conducta típica y antijurídica, siendo el caso que, la fiscalía solamente tendría que actualizar tal información y plantearlo como razones para la cualificación y cuantificación de la sanción punitiva.

Ejemplo: Su Señoría como alegatos de apertura en la presente audiencia de individualización de la sanción penal, esta Fiscalía señala que a la acusada X se le dictó fallo condenatorio por el delito de homicidio por razón de vínculo o parentesco con el agravante de haber la sentenciada provocado un incendio para matar a quien en vida fue su esposo, la víctima Z. En esa inteligencia, si se toma en cuenta los criterios señalados en la siguiente norma legal relativos a la gravedad de la conducta típica y antijurídica, se debe mencionar que el con el fallo antes mencionado, se debe tener por probado que el bien jurídico afectado es el más importante en el catálogo de protección jurídico-penal, esto es la vida humana independiente; siendo su grado de afectación, el de la consumación, porque la vida de Z se le fue privada; constituyendo la acción de la condenada de naturaleza dolosa, porque en el día A, a la hora B, en el lugar C, la misma vertió gasolina en la recámara de la víctima, mientras ésta dormía, para luego prender fuego y con el incendio originado privar de la vida a Z; una conducta grave, cuya responsabilidad de X se le fue declarada y como autora directa de los citados hechos.

Del ejemplo se desprende que, con el fallo condenatorio el merecimiento de pena se tiene por justificado; sin embargo, la punibilidad, a su vez, exige otro requisito, esto es, la necesidad de pena, la cual se construye sobre la base de los fines de la sanción punitiva. En esa inteligencia, opinamos que es la necesidad de pena la que, por último, determina la entidad y la temporalidad del castigo a imponer al condenado, incluso hasta la racionalidad de la pena abstracta fijada por el legislador, pero sin ignorar que puede verse limitada por el merecimiento de pena tal como señalamos en los párrafos anteriores.[8]

---

7 Relevante la experiencia mexicana; así, el artículo 410°, segundo y tercer párrafo del Código Nacional de Procedimientos Penales, indica lo siguiente: «*Dentro de los márgenes de punibilidad establecidos en las leyes penales, el Tribunal de enjuiciamiento individualizará la sanción tomando como referencia la gravedad de la conducta típica y antijurídica, así como el grado de culpabilidad del sentenciado (...) La gravedad de la conducta típica y antijurídica estará determinada por el valor del bien jurídico, su grado de afectación, la naturaleza dolosa o culposa de la conducta, los medios empleados, las circunstancias de tiempo, modo, lugar u ocasión del hecho, así como por la forma de intervención del sentenciado*».

8 En el sistema de justicia mexicano, se encuentra un horizonte rico en contenido con los párrafos cuarto, quinto y sétimo del artículo 410° de su norma adjetiva: «*El grado de culpabilidad estará determinado por el juicio de reproche, según el sentenciado haya tenido, bajo las circunstancias y características del hecho, la posibilidad concreta de comportarse de distinta manera y de respetar la norma jurídica quebrantada. Si en un mismo hecho intervinieron varias personas, cada una de ellas será sancionada de acuerdo con el grado de su propia culpabilidad.*

Para determinar el grado de culpabilidad también se tomarán en cuenta los motivos que impulsaron la conducta del sentenciado, las condiciones fisiológicas y psicológicas específicas en que se

En cambio, si retribuir el mismo mal causado o uno mayor constituye el fundamento de la pena, entonces por qué preocuparnos por la edad, el nivel educativo, las condiciones socioculturales o cualquier circunstancia especial del sentenciado. ¿Acaso será importante conocer la edad del condenado, porque mientras más joven sea más castigo deberá recibir, esto es, acercándonos al extremo máximo de la pena abstracta, la cual es la fijada por el legislador? Por el contrario, si el fin de la pena es la prevención especial, esto es, el tratamiento para efecto que el condenado no vuelva a delinquir, entonces se hace necesario conocer el motivo por el cual delinquió. Al respecto, vamos a continuar con el caso anterior de homicidio por razón de vínculo o parentesco que se planteó ut supra.

Ejemplo: Su Señoría esta Fiscalía, presentando alegatos de clausura en la audiencia de individualización de la sanción penal, manifiesta que, la entidad y la magnitud de la pena se determinan en razón a la medida de necesidad que del castigo requiere la condenada. En ese sentido, tal medida responde al grado de culpabilidad, el cual está categorizado en la siguiente norma legal, categorías o criterios que a su vez encuentra su razón constitucional en la reinserción social como fin de la pena. En esa inteligencia, estamos hablando que la sentenciada X es madre de tres menores hijos, quienes sufrieron la violencia física, sexual y psicológica por parte del hoy occiso Z, violencia de carácter permanente o continuado, tal cual quedó probado no solo en el juicio, sino en la presente audiencia; por ende, y respondiendo a los deberes de objetividad y lealtad, esta representación social considera que la reacción de la condenada no fue premeditada sino propia de una persona cuya dignidad ha sido arrebatada y su condición de ser humana negada; entonces, la magnitud de la pena que necesita es aquella que le permita recuperar su sentido de persona, atendiendo además la necesidad de construcción de las relaciones materno-filiales con sus hijos quienes también fueron víctimas de la violencia de su padre y hoy occiso Z. Su Señoría, la necesidad de la pena no se determina por la sola retribución jurídica en contra de la conducta desplegada, sino a fines de prevención como es la reinserción social, dotando a los integrantes de una trágica familia, la oportunidad para reconstruir el tejido familiar... Por lo expuesto, esta fiscalía solicita que se le imponga a la sentenciada la pena de... en su extremo...

Como se aprecia, detrás de la individualización de la pena aparecen constructos argumentativos, los cuales descansan en los contenidos que se doten al merecimiento y a la necesidad de la pena, y en este último caso, el argumento variará en función a la finalidad que se le asigne a la pena y, por ende, a su necesidad. Sin embargo, el constructo exige: de enunciados fácticos, susceptibles de ser probados y que nos conducen a una determinada fundamentación jurídica. Las partes que intervengan en la audiencia de individualización de la sanción penal intervendrán en la misma desde la teoría del caso que se haya formulado.

Por tanto, la teoría del caso en la individualización judicial de la pena consiste en aquel argumento que, desde enunciados fácticos susceptibles de ser probados,

---

encontraba en el momento de la comisión del hecho, la edad, el nivel educativo, las costumbres, las condiciones sociales y culturales, así como los vínculos de parentesco, amistad o relación que guarde con la víctima u ofendido. Igualmente se tomarán en cuenta las demás circunstancias especiales del sentenciado, víctima u ofendido, siempre que resulten relevantes para la individualización de la sanción.

(...)

Cuando el sentenciado pertenezca a un grupo étnico o pueblo indígena se tomarán en cuenta, además de los aspectos anteriores, sus usos y costumbres».

permiten la fundamentación jurídica de las categorías de merecimiento y necesidad de pena; dotando de contenido a los criterios legales que permitirán al juzgador racionalizar el tipo de pena a imponer, así como su temporalidad o gradualidad. Aunque el argumento variará según la finalidad de la pena que se adopte, aunque es un relativismo que no pretendemos justificar.

5.3. LA REPARACIÓN DEL DAÑO

Con relación a la reparación del daño, debemos entender que el hecho señalado en la ley como delito es también un hecho victimizante, al ser generador de daños para la víctima; por ende, la reparación no debe ser fijada en atención a la capacidad económica del obligado, sino al daño ocasionado, el cual a su vez denota a la persona quien la ha sufrido la calidad de víctima.

No obstante, cuando la reparación consiste en una compensación económica surge el deber de probar tanto los daños surgidos y demás conceptos legalmente indemnizables, así como, el monto de la indemnización. Para ello, se debe manejar la fórmula: que la compensación opera para aquellos daños económicamente valuables, por lo que, resulta relevante la pericia de valuación económica del daño, que incluso coloca a la víctima en una posición de negociación con la defensa y al Juez las razones epistémicas para fundamentar su decisión.

En efecto, la valuación es la acción o efecto de valuar, a su vez, significa valorar, entendido como el reconocimiento o apreciación del valor de algo. En efecto, «Valuación» es un término utilizado en similitud retórica con tasación y valoración. La Real Academia de la Lengua Española la define como la acción y efecto de valorar y, valorar es reconocer, estimar o apreciar el valor o mérito de alguien o algo. Respecto a tasación la RAE la define como la estimación del valor de un bien o de un servicio. En referencia a valuación menciona que es la acción o efecto de valuar. Habida cuenta de que valuar significa valorar. En este sentido, la tríada de términos guarda una estrecha vinculación entre sí, donde el punto de similitud es la referencia al concepto valor, determinado éste mediante un avalúo.[9]

Ahora bien, para Aznar, quien emplea la voz valoración como equivalente a valuación: «Las dos premisas básicas sobre las que se sustentan los métodos modernos de valoración son: el carácter finalista de cualquier proceso valorativo y la unicidad de métodos. La primera premisa implica, que según sea el fin por el que nos proponemos valorar un determinado bien, así será el criterio de valoración que debamos aplicar. La segunda premisa implica una generalización aplicativa de los métodos de valoración, independientemente del tipo de bien que estemos valorando. Es decir, existe una teoría de valoración, que como toda teoría científica se encuentra en un continuo proceso de mejora (la metáfora popperiana de la «búsqueda sin término»), pero que su aplicabilidad se extiende a cualquier tipo de bien. Dicho con otras palabras, la unicidad de métodos implica que desde un punto de vista epistemológico no tiene sentido hablar de una teoría de la valoración de inmuebles, de una teoría de la valoración agraria, etc., sino de una teoría general de la valoración».[10]

---

[9] Cfr. Salas Tafoya, José Manuel. «El modelo de valuación inmobiliaria en México». En: *Revista Iberoamericana para la Investigación y el Desarrollo Educativo,* Vol. 05, N° 10, Guadalajara, 2015, p. 04.

[10] Cfr. Aznar Bellver, Jerónimo / Guijarro Martínez, Francisco. *Nuevos métodos de valoración. Modelos multicriterio,* 2da. Edición, Editorial Universitat Politécnica de Valencia, Valencia, 2012, p. 09.

En esa línea, Aznar propone la siguiente definición: «La valoración es la ciencia aplicada que tiene como objetivo la determinación del valor de un bien, teniendo en cuenta los elementos de comparación, características o variables explicativas que lo caracterizan, el entorno económico - temporal en que se encuentra, mediante la utilización de un método contrastado de cálculo aplicado por un tasador profesional, y que permita al experto incorporar tanto el conocimiento objetivo y las variables cuantitativas, como el conocimiento subjetivo y las variables cualitativas».[11]

No se ignora la limitante del concepto de Aznar, esto es, que la valuación es sobre los bienes, los cuales, si bien pueden ser tangibles e intangibles - que es la taxonomía propuesta en el análisis de los daños - muebles e inmuebles, y demás clasificaciones planteadas por el Derecho civil, exige resolver la interrogante si la vida humana y la integridad personal - en sus esferas de lo físico, psicológico y emocional - son consideradas como «bienes». Frente a ello, el propio Aznar ha comentado que «el valor establece un precio hipotético o teórico, que será el que con mayor probabilidad establecerán los compradores y vendedores para el bien o servicio. De modo que el valor no es un hecho, sino una estimación del precio más probable que se pagará por un bien o servicio disponible para su compra en un momento determinado».[12]

Frente a ello, la aclaración de Aznar sirve para comentar la utilidad de la compensación económica, esto es, para la adquisición de un bien o servicio, por lo que, la evaluación económica se reduciría a identificar el bien o servicio idóneo para la víctima u ofendido y que el monto a pagar le permita al afectado la adquisición de lo cotizado; sin embargo, ello no es el objetivo de la evaluación económica, dado que, no condice con la reparación integral del daño.

En efecto, así como el afectado necesita saber cuánto le va a costar el reparar su coche que le chocaron cuando conducía en la autopista X, también necesita conocer en cuánto asciende la totalidad del daño emergente así como del lucro cesante, sin perjuicio que se actualicen otros conceptos indemnizables; por tanto, la evaluación económica, valuación o valoración que nos interesa debe presentar la siguiente definición:

Es la ciencia aplicada que tiene como objetivo la determinación del valor de los daños, tangibles e intangibles, lo que se entiende como daño emergente, incluyendo el lucro cesante y los conceptos de indemnización señalados en la norma legal respectiva, teniendo en cuenta los elementos de comparación, características o variables explicativas que lo caracterizan, el entorno económico - temporal en que se encuentra, mediante la utilización de un método contrastado de cálculo aplicado por un tasador o valuador profesional, y que permita al experto incorporar tanto el conocimiento objetivo y las variables cuantitativas, como el conocimiento subjetivo y las variables cualitativas.

Ahora bien, vamos a emplear la expresión: «evaluación económica de los daños» en un sentido amplio, que comprende todos los conceptos indemnizables establecidos en la ley; para el logro de la evaluación se requiere utilizar la teoría de la decisión multicriterio, esto es, para establecer el monto de la compensación

[11] Idem, p. 19.
[12] Idem, p. 20.

económica - elegir el quantum indemnizatorio - el tasador tendrá que trabajar una serie de alternativas, predeterminados en la norma legal y a su vez un conjunto de criterios que dote de sentido económico a las referidas alternativas; ***por lo que, el primer paso en un proceso de toma de decisiones es definir los criterios que nos ayudarán a decidir y fijar un valor económico a cada uno de los conceptos legalmente indemnizables***; y una vez definidos estos criterios es lógico pensar que todos no tienen por qué tener la misma importancia, ***por lo que, el siguiente paso será ponderar (determinar el peso o importancia) de los criterios.*** [13]

En esa inteligencia, se presentan tres métodos multicriterio cuyo objetivo es ayudar a ponderar los criterios que intervienen en una toma de decisiones. Los métodos en concreto son: (1) Método CRITIC; (2) Método de la Entropía; y (3) Método de la Ordenación Simple.[14] Asimismo, en el campo de la valuación, se utilizan métodos por comparación de mercado se parte de una cierta información de mercado; así, con la utilización de los tres métodos anteriormente citados, se puede ponderar las variables explicativas en función de los datos de los que se parte para valorar. Los pesos obtenidos son los que posteriormente nos pueden permitir ponderar los distintos valores calculados, y por lo tanto, obtener un valor final en función de todas las variables explicativas y de su importancia o peso.[15]

También se cuenta con el proceso analítico jerárquico, el cual parte del interés que puede tener un decisor en seleccionar la más interesante, entre un conjunto de alternativas, para luego definir los criterios que se van a utilizar para determinar la selección, esto es, cuáles son las características que pueden hacer más deseable una alternativa sobre otra. Conocidas las alternativas y definidos los criterios, debe primero procederse a ordenar y ponderar el diferente interés de cado uno de los criterios en la selección de las alternativas; el procedimiento seguido es la comparación por partes cuantificadas mediante una escala fundamental propuesta por el autor del método: Thomas Saaty; así esta escala es la siguiente:[16]

---

13 Idem, p. 57.

14 Con CRITIC el peso de un criterio es tanto mayor cuanto mayor sea su varianza (mayor desviación típica), y cuanta mayor información diferente a la de los otros criterios aporte (menor coeficiente de correlación entre columnas). En cambio, en el método de la entropía parte del supuesto de que en un criterio j, la importancia relativa del criterio j en una situación dada de decisión, medida por su peso W_j está directamente relacionada con la cantidad de información intrínsecamente aportada por el conjunto de las alternativas respecto a dicho criterio. Más concretamente y refiriéndose siempre al criterio j en cuestión, cuando mayor diversidad haya en las evaluaciones (valores) de las alternativas, mayor importancia deberá tener dicho criterio en la decisión final, pues mayor poder de discriminación entre las alternativas posee. Finalmente, el método de la ordenación simple consiste en que el decisor ordena los criterios de mayor a menor importancia en función de su propia opinión, de forma que después se otorga la mayor puntuación al primero y la menor al último; en el supuesto de que dos criterios se definan como de la misma importancia a cada uno de ellos se le adjudica el promedio de ambas valoraciones; puntuados los criterios se normalizan por la suma y el resultado es la ponderación final de los criterios. (Cfr. Aznar, Jerónimo. Ob. Cit., pp. 58-69). La utilización de los citados métodos opera en el modelo de valoración suma ponderada, el cual se sitúa dentro de los métodos comparativos, pues necesita para su aplicación partir de una información con distintos comparables de los cuales se conoce el valor así como el de una serie de variables explicativas (Idem, p. 111).

15 Idem, p. 72.

16 Idem, p. 126. Esta técnica combina aspectos tangibles e intangibles para obtener en una escala de razón las prioridades relativas asociadas a las alternativas del problema. Este método proporciona la prioridad, o importancia relativa, de los elementos comparados mediante: (1) la aplicación del método del autovector principal normalizado según el 'modo distributivo' para calcular las prioridades locales; (2) el principio de composición jerárquica para obtener las prioridades globales, y (3)

VALOR	DEFINICIÓN	COMENTARIOS
1	Igual importancia	El criterio A es igual de importante que el criterio B
3	Importancia moderada	La experiencia y el juicio favorecen ligeramente al criterio A sobre el B
5	Importancia grande	La experiencia y el juicio favorecen fuertemente al criterio A sobre el B
7	Importancia muy grande	El criterio A es mucho más importante que el B
9	Importancia extrema	La mayor importancia del criterio A sobre el B está fuera de toda duda
2,4,6 y 8	Valores intermedios entre los anteriores, cuando es necesario matizar	
Recíprocos de lo anterior	Si el criterio A es de importancia grande frente al criterio B las notaciones serían las siguientes: Criterio A frente a criterio B 5/1 Criterio B frente a criterio A 1/5	

Conocida la ponderación de los criterios se pasa a ponderar las distintas alternativas en función de cada criterio. Para ello se comparan todas las alternativas en función de cada criterio, obtendremos por lo tanto *n* matrices, siendo *n* el número de criterios y de cada una de ellas se calcula su vector propio que en cada caso nos indicará la ponderación de las distintas alternativas en función de cada criterio. [17]

Con los dos procesos anteriores c y d se obtienen dos matrices, una matriz con la ponderación de criterios y otra matriz de las ponderaciones de las alternativas para cada criterio. El producto de la segunda matriz por la primera dará una matriz que indica la ponderación de las alternativas en función de todos los criterios y del peso o importancia de estos, y que por lo tanto nos indica que alternativa es la más interesante.[18]

El resultado final en aplicar este método es la obtención de un vector que nos indica la ponderación o peso de cada una de las alternativas en función de todos los criterios y su importancia, esta particularidad es la que nos va a permitir su aplicación en valuación.

---

la agregación multiaditiva para obtener las prioridades totales. Estas prioridades (totales) pueden ser utilizadas con distintos fines: selección de una o varias alternativas (problema tipo á); ordenación de todas ellas (problema tipo ã), etc. La unicidad del vector de prioridades locales se consigue mediante la normalización. Los métodos de normalización más utilizados son el 'modo distributivo' (dividir por la suma) y el 'modo ideal' (dividir por el máximo). Se aconseja la utilización del modo distributivo cuando el reparto de recursos escasos sea el objetivo y el modo ideal cuando lo sea la selección de la mejor alternativa. Cfr. Moreno Jiménez, José María / Escobar Urmeneta, María Teresa. «El pesar en el proceso analítico jerárquico 1». En: *Revista de Estudios de Economía Aplicada*, Vol. 14, N° 01, Valladolid, 2000, p. 99.

17 Aznar, Jerónimo. Ob. Cit., p. 127.

18 Idem, p. 127.

En resumen, la cientificidad de la valuación económica de los daños y demás conceptos legalmente indemnizables requiere: (1) el valuador tomará las circunstancias del caso concreto; en efecto, si bien hay normas que reglamentan determinadas áreas de la valuación (v.gr. inmuebles de propiedad pública), también es cierto que se toma en cuenta las particularidades de cada caso. (2) el valuador trabajará con información cuantitativa y cualitativa, fruto de haber aplicado diferentes técnicas e instrumentos de recolección de datos, como vendría ser el caso de la encuesta, la cual aplica una vez delimitado su población y muestra, y cuyos datos obtenidos los procesará, ya sea con la escala de Likert o mediante el chi cuadrado o cualquier otro paquete estadístico de su predilección.

Finalmente, cómo resolver la cuestión del daño moral, máxime si en legislaciones como la mexicana ha precisado lo siguiente: «La reparación del daño moral sufrido por la víctima o las personas con derecho a la reparación integral, entendiendo por éste, aquellos efectos nocivos de los hechos del caso que **no tienen carácter económico o patrimonial y no pueden ser tasados en términos monetarios**. El daño moral comprende tanto los sufrimientos y las aflicciones causados a las víctimas directas e indirectas, como el menoscabo de valores muy significativos para las personas y toda perturbación que no sea susceptible de medición pecuniaria».[19] Siendo así, ¿no corresponde fijar un monto indemnizatorio por daño moral? Todo daño se repara y si no se puede restituir las cosas al estado anterior al delito entonces corresponde la indemnización, pero cómo fijarlo si la norma citada señala que no puede ser tasada en términos monetarios. Al respecto, ello son los errores cuando la norma asume un postulado teórico incompatible con su propio sistema normativo. Así, si acudimos al campo del Derecho de los seguros apreciaremos que sus teóricos manejan categorías como la vida económica o la vida estadísticamente económica para poder cuantificar en términos monetarios la cobertura de sus pólizas, incurriéndose en un grosero error si se modifica la legislación de seguros para imponer la regla que la vida humana no puede ser tasado en términos monetarios. Por tanto, en aquellos países que han incurrido en error como el modelo mexicano se recomienda su revisión y la imperiosa modificación o derogación de aquellos enunciados normativos incompatibles, en clave de lo sistemático, con otras ramas del Derecho; en cambio, en aquellos países que no han puesto restricciones a la tasación monetaria para efecto de cuantificar el monto indemnizatorio, entonces se puede acudir a conceptos como la vida económica o vida estadística y de todos aquellos provenientes de la ley de probabilidades, que los expertos tendrán que plasmar en el respectivo peritaje de valuación económica del daño.

5.4. LAS CONSECUENCIAS ACCESORIAS

Con relación a las personas jurídicas, la pragmática de la imputación penal giraría en torno a su responsabilidad civil subsidiaria, para efecto que sea un obligado para el pago de la indemnización a favor de la víctima; sin embargo, si la estructura corporativa se ha apartado del Derecho, entonces la acusación fiscal podrá solicitar la imposición de consecuencias accesorias y si el juzgador considera que es proporcional al evento delictivo entonces tendrá el marco para justificar su imposición.

En ese sentido, las personas jurídicas responden tanto por efectos penales como efectos civiles. Con relación a lo primero, la Corte Suprema peruana ha

[19] Artículo 64°, fracción II de la Ley General de Víctimas. Lo resaltado es nuestro.

establecido que las consecuencias accesorias reguladas en el artículo 105° del Código Penal peruano son sanciones penales especiales,[20] pero que requieren de una condición objetiva: «*la necesaria identificación y sanción penal de una persona natural como autora del hecho punible en el que también resulta conectada, por distintos y alternativos niveles de imputación, un ente colectivo*».[21]

Ahora bien, la persona jurídica tiene que ser emplazada y comparecer ante la autoridad judicial por su apoderado judicial con absoluta capacidad para ejercer plenamente el conjunto de los derechos que dimanan de las garantías de la defensa procesal - derecho de conocimiento de los cargos, de asistencia letrada, de defensa material o autodefensa, de no autoincriminación y al silencio, de prueba, de alegación y de impugnación - y de tutela jurisdiccional - en especial, derecho a una resolución fundada y congruente basada en el derecho objetivo y derecho a los recursos legalmente previstos.[22]

Para lograr tales cometidos, desde la base de la imputación, la fiscalía tendrá que construir aquellos enunciados fácticos que permitan comprender cómo la persona física instrumentalizó la estructura empresarial para ejecutar su plan delictivo; así, si se instrumentalizó algún local o establecimiento de la persona moral se procederá a la clausura temporal o definitiva de la misma; en cambio, si la vinculación delictiva cubre la totalidad estructural y funcional de la empresa, pudiéndosele denominar que es una fachada, entonces se procederá a su disolución; sin embargo, puede haber intensidades intermedias en la imputación penal, ya sea identificando como factor criminógeno una específica actividad empresarial, procediéndose a ordenar su suspensión o bien su prohibición de ejercerlo en el futuro, o bien recortando los beneficios económicos empresariales en el sentido de imponerle el pago de una multa; todo ello, de conformidad con lo dispuesto en la respectiva legislación penal en los países de nuestra región.[23]

Por otro lado, con relación a los efectos civiles, el modelo con mejores rendimientos es aquella que considera a la persona jurídica como tercero civilmente obligado, antes de procurar el callejón sin salida dogmática de capacidad de acción, capacidad de dolo o imprudencia y capacidad de culpabilidad de las empresas; al

---

20 Acuerdo Plenario N° 07-2009/CJ-116, fundamento décimo primero.

21 Acuerdo Plenario N° 07-2009/CJ-116, fundamento décimo segundo. La escuela de Barcelona (Silva, Cigüela y Robles) postula una «responsabilidad estructural» de la persona jurídica, la cual se atribuye a aquellas estructuras organizativas en cuya esfera se ha cometido un delito que se explica, en mayor o menos medida, por la existencia en su seno de factores criminógenos, valorados negativamente por el derecho, que lo han facilitado o promovido, con independencia de si la persona individual ha sido hallada, y con independencia de su culpabilidad; claro está que esta independencia predicada solo es aplicable en un modelo de autorresponsabilidad penal de la persona jurídica, la cual no es el adoptado por el sistema jurídico peruano, conforme el Acuerdo citado al inicio de la presente nota.

22 Acuerdo Plenario N° 07-2009/CJ-116, fundamento vigésimo.

23 Por ejemplo, en el Perú formalizada la investigación e introducido el objeto litigioso al proceso penal, y hasta antes de darse por concluida la investigación, la fiscalía, por escrito, requerirá al Juez de la Investigación Preparatoria la incorporación de la persona jurídica al proceso punitivo, en los términos señalados en el artículo 91° del Código Procesal Penal debiendo, una vez ordenada judicialmente su incorporación, designar apoderado judicial en el plazo de cinco días, de no hacerlo, lo hará el Juez, de conformidad con el artículo 92° de la norma adjetiva; asimismo, su rebeldía o falta de apersonamiento luego de haber sido formalmente incorporada al proceso, no obstaculiza el trámite de la causa, quedando la persona jurídica sujeta a las medidas que en su oportunidad pueda señalar la sentencia, de acuerdo con el artículo 93° de la ley procesal.

respecto, consideramos que es una adecuada solución al tema de responsabilizar a las personas jurídicas para efecto de asumir una determinada compensación económica. Es decir, el tema de la persona moral no se reduce a la dicotomía: se disuelve o no se disuelve, sino que se extiende a una pregunta de mayor interés público: ¿debe o no responder en la reparación de los daños originados por la comisión de un delito? El delito lo puede cometer una persona física, pero la reparación de los daños ¿podrá ser asumida por la empresa donde trabaja? Sí, y no por incumplimiento del *compliance*,[24] sino por responsabilidad aquiliana.[25]

Así, «... la aquiliana opera en los casos en que de los resultados de la conducta dañosa deba responder una persona distinta del causante... también genera responsabilidad el daño causado por terceros y, en este caso, aun cuando no existe vínculo directo entre el que resulta obligado y el que realiza la conducta, el nexo surge de la relación que existe entre unos y otros, y así los padres responden de los daños causados por sus hijos, los patrones por los que ocasionen sus trabajadores y el Estado por los de sus servidores...».[26]

---

24 La radiografía del momento actual en Iberoamérica en torno a la responsabilidad penal de las personas jurídicas, gira en torno a la idea: *porque dejaron de ser buenos ciudadanos;* en esa tesitura, los programas de cumplimiento tendrían como función el evitar una condena en contra de la empresa o bien una atenuación al castigo, esto es, un temor a la pena, que nos llevaría al clásico concepto de intimidación o coacción psicológica. Pero ello, no tendría nada de novedoso: el cumplir con lo establecido en la norma *relevante para el Derecho penal* es la razón deontológica para una exoneración de responsabilidad jurídico-penal. Pero se vuelve a plantear la cuestión: ¿acaso los programas de cumplimiento se fundan en razones preventivas? Si es para que la fiscalía tenga una excusa para imputar a una empresa y así lograr cuantiosos acuerdos reparatorios la respuesta es no, por el contrario es una justificación para el más puro retribucionismo económico. Quien no tenga *compliance* será tratado como una organización criminal, siendo una persona jurídica que opera en el mercado y que excepcionalmente incurre en delito, entonces estamos ante un endurecimiento de la política punitiva, que no presenta mayor explicación que la frase: *alguien tiene que pagar.* Y para llegar a ese extremo, tranquilamente nos pudimos haber mantenido en los criterios de responsabilidad administrativa y civil; el primero opera en el Derecho alemán; el segundo constituye la génesis de la asunción de costos de responsabilidad contra personas morales en sistemas jurídicos de nuestro entorno. Pero qué es de relevancia para el Derecho penal: conductas desestabilizadoras del sistema económico que el Derecho de responsabilidad por daños no puede responder, como vendrían siendo los monopolios, los fraudes tributarios, el cohecho institucional o el insider trading. Para ello, desde el Derecho penal se entiende las investigaciones internas en las empresas, la entrega de información a la fiscalía y/ o la colaboración para detectar agentes que se están comportando contrarios al principio de legalidad penal. Ello revelaría la verdadera prevención de delitos: donde el canal de denuncias permita investigaciones internas y documentadas, que conlleve a la empresa colaborar con la justicia; donde el diagnóstico de riesgos, la generación de medidas para los tales, así como la colaboración informativa, incluyendo las delaciones, encuentren sentido dentro de un sistema de recompensa o beneficios jurídico - penales, como la extinción de responsabilidad o la atenuación de la pena. Si la cuestión es que deben repararse los conceptos de daño físico y de daño moral, y la empresa tiene la economía para hacerlo, es suficiente el régimen del tercero civilmente obligado. Para mayores detalles consúltese: Benavente Chorres, Hesbert. *Persona jurídica y proceso penal,* Editorial Flores, México, 2017, pp. 49 - 53.

25 La ley Aquilia es la gran unificadora de todas las leyes que hablan del daño injusto, a tal punto que en cualquier manual de texto se utiliza la expresión responsabilidad aquiliana como sinónimo de responsabilidad civil extracontractual. Debe su nombre al tribuno Aquilio quien realizó el plebiscito, según cuenta Ulpiano. Era sin embargo una ley que sobre todo reglamentaba la revancha o venganza, consistente en reconocer a un derecho a causar al responsable los mismos daños económicos sufridos.

26 Segundo Tribunal Colegiado en materia civil del Sexto Circuito (Puebla, México), Tesis aislada, registro 184018.

En esa tesitura, es dominante considerar los siguientes elementos normativos para que la persona jurídica sea un tercero civil obligado a la compensación económica en el marco de un proceso penal:

1. El hecho ilícito.
2. El daño.
3. El nexo causal entre el hecho ilícito y el daño.
4. El deber jurídico (principio de legalidad) para asumir las consecuencias económicas por los actos de terceros; deber fundado en la relación de dependencia o bajo el concepto actos del servicio empresarial.

En esa inteligencia, el deber jurídico responde, por un lado, al principio de legalidad (referente formal), y por otro lado, a la relación de dependencia entre el causante del hecho ilícito con, en este caso, la empresa (referente material). En esa tesitura, para que exista la relación de dependencia basta que la actividad del agente se encuentre sometida, incluso potencialmente, a la revisión y al control de la empresa. No es necesario que esta relación de dependencia se manifieste a través de una relación jurídica concreta que contemple formalmente una situación de dependencia. Cuando entre el empresario y quien causa el daño existe una relación contractual que implica sujeción a instrucciones y actuación en interés ajeno (contrato de mandato, comisión mercantil o contrato de trabajo), hay dependencia, sin duda, pero no sólo aquí. El ámbito es más amplio porque esta potencial intención o control de la conducta de quien causa un daño no tiene que expresarse a través de una forma contractual determinada Ej.: una farmacéutica deja la farmacia a cargo de su marido (no farmacéutico) durante unos minutos y éste despacha equivocadamente un medicamento que produce un daño. Tampoco es requisito de esa relación de dependencia que la relación entre trabajador y empresario sea retribuida, pues la prestación de servicios puede ser gratuita. Ni tampoco afecta a la aplicación de la responsabilidad aquiliana que la relación sea esporádica y no permanente o habitual, si el daño se ha producido de forma que la empresa pueda controlar a quién causó el daño.

Además de los presupuestos ya analizados, esto es, la relación de dependencia y la conexión del daño con las funciones, hay otro requisito para afirmar la responsabilidad del empresario que hace referencia tanto a la conducta del empleado como la del empresario en cuanto tal: para que el empresario sea responsable es necesario que la conducta del dependiente haya sido típicamente antijurídica y culpable, esto es que la conducta del trabajador encuadre en un hecho señalado en la ley como delito, y, claro está, no se actualice cualquier causal de extinción de la responsabilidad penal. En efecto, si en el proceso penal se demuestra que el trabajador o empleado cumplió con el estándar de conducta razonable, entonces la víctima no podrá solicitar indemnización alguna, ni al dependiente ni a la empresa: por una conducta exenta de responsabilidad penal - en este caso del subordinado - no asume la persona jurídica carga alguna de compensación económica a favor de la víctima u ofendido. La obligación de reparar el daño es a consecuencia de un injusto penal reprochable del dependiente.

También es lógico inferir que, si bien el trabajador cometió un delito, si el mismo no guarda relación con el ejercicio de funciones encomendadas por la persona jurídica, entonces esta última no tiene responsabilidad alguna que asumir, dado que constituyen actos propios del dependiente sin fundamento vicarial en contra de la persona moral. Ahora bien, con tal marco conceptual, claro que la empresa responderá jurídico-económicamente por el homicidio culposo causado por su dependiente, cuando el actuar encuadre dentro del concepto acto del servicio o ejercicio de las funciones. En esa inteligencia, la víctima u ofendido, a la hora de demandar la reparación del daño, podrá ir contra la persona moral, invocando en su contra la categoría de tercero civil obligado o demandado civil, siguiendo el procedimiento regulado por la norma adjetiva.

Finalmente, situación problemática genera legislaciones como la peruana, al haber adoptado la regla que la sentencia absolutoria o el auto de sobreseimiento no impedirá al órgano jurisdiccional pronunciarse sobre la acción civil derivada del hecho punible válidamente ejercida, cuando proceda, de conformidad con el numeral 3) del artículo 12° del Código Procesal Penal; claro está, que para que se dé una condena civil tanto para el imputado como para el tercero, además de los requisitos de la responsabilidad aquiliana, la conducta debe ser ilícita, aunque no sea calificada como infracción penal[27] (v.gr. daños culposos, que en nuestra normatividad no constituye delito, pero no deja de ser ilícita y, por tanto, un hecho victimizante).

CUADRO N° 05
LAS CONSECUENCIAS DE LA IMPUTACIÓN DESDE EL PRINCIPIO IMPUTATIVO

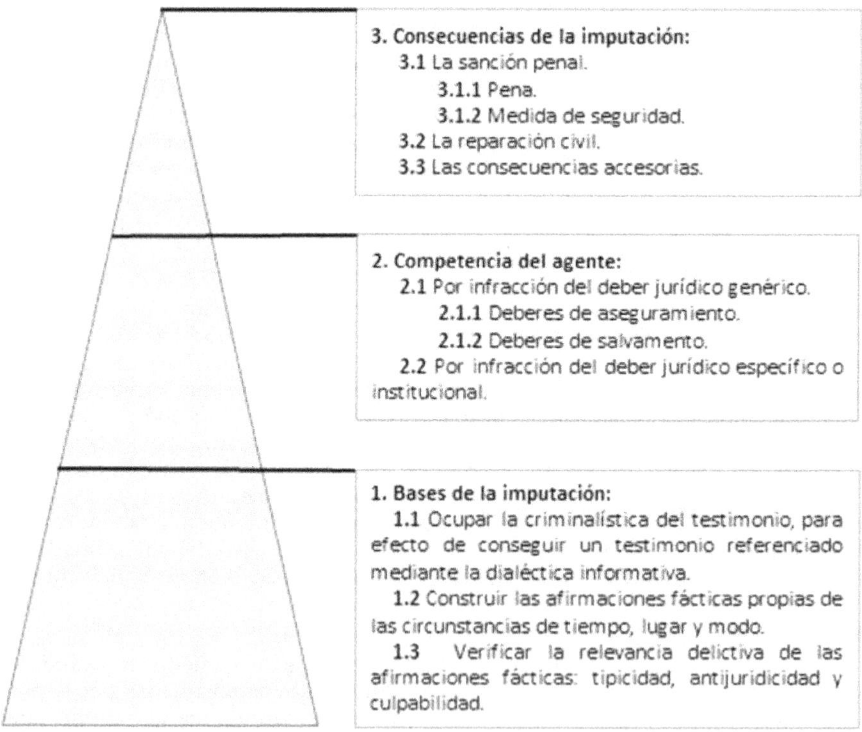

Fuente propia.

[27] Acuerdo Plenario Extraordinario N° 05-2011/CIJ-116, fundamento sétimo.

CAPÍTULO VI

EL CONTROL JUDICIAL DE LA IMPUTACIÓN Y SUS EFECTOS PROCESALES

6.1. EL CONTROL DE LA IMPUTACIÓN EN AUDIENCIA

Desde la premisa que mejor es interpretar que legislar cuando los tiempos apremian, el control judicial de la imputación es un dato normativo innegable. En efecto, debe ser suficiente la siguiente inferencia: *si la sentencia no puede sobrepasar los hechos de la acusación, entonces tampoco podrá sobrepasar los hechos de la formulación de la imputación o de la formalización de la investigación, dado que, se acusa lo que previamente se ha imputado.* Esto constituye el núcleo del modelo imputativo y a su vez denota la base para una filosofía del sistema de justicia penal: se practican diligencias preliminares de investigación, se solicita autorización judicial para practicas actos de investigación, se peticiona una actuación de prueba anticipada o bien una orden de detención o aprehensión, todo ello con una sola finalidad: imputar. Asimismo, una vez formulada la imputación, la investigación continúa pensándose en la defensa, para efecto que recabe toda la información posible, sea solicitando la práctica de diligencias de investigación al Ministerio Público o bien practicándolas de motu proprio incluso con auxilio judicial, por lo que, toda limitación u obstaculización injustificada de tales atribuciones colocaría al imputado en estado de indefensión, así como tornaría en innecesaria una segunda etapa de la investigación; pero, esta segunda etapa existe, normativamente hablando, para la defensa, la cual, si bien goza de todas las garantías legales desde el inicio del procedimiento, su actividad procesal debe potenciarse para enfrentar los cargos que formalmente se le atribuye al imputado, mediante el análisis del cuadro fáctico imputativo, contando con la certeza que no podrá ser modificado antojadizamente por la fiscalía; así, podrá examinar la licitud de los elementos de convicción de cargo, su pertinencia y utilidad, además el manejo del conocimiento dogmático que ha impregnado el órgano de cargo a la calificación jurídica, todo ello sin perjuicio de evaluar las fórmulas de solución legal al conflicto penal siempre en la perspectiva de lograr lo que mejor convenga al imputado frente a la situación que enfrenta.

Por otro lado, cerrada la investigación se ingresa a la etapa intermedia, en donde la fiscalía al acusar sencillamente repite el cuadro fáctico que ha imputado, ofreciendo incluso como medios de prueba los mismos elementos de convicción que soportó su imputación, claro está en la perspectiva que presentan suficiencia probatoria para que el juez alcance convicción de culpabilidad durante el juicio, de lo contrario, es una salida legal autorizar al fiscal que solicite el sobreseimiento de la causa o bien efectuar un cambio en la calificación jurídica; de allí la defensa solamente tendría que esperar el juzgamiento a menos que se acoja a una solución alterna al plenario; pero esto de «esperar» no debe ser analizado despectivamente, sino es propio de una lógica que postula que la defensa refuta en juicio, ante el juez que va a sentenciar, ya sea a través de la contradicción de la prueba de cargo, ofertando prueba de refutación o bien ejerciendo cuanta técnica de litigación oral requiera sin contravenir el marco legal; que la defensa devele todo ello ante el operador de la audiencia intermedia no implica ejercicio de contradicción alguna porque ninguna prueba de cargo se ha actuado o desahogado, tornándose por tanto una actividad estéril en sus efectos prácticos. Otra consecuencia del modelo imputativo ahora con una defensa que investiga y que en juicio refuta es la exigencia contraria al debido proceso que la defensa descubra sus medios probatorios en la intermedia, so pretexto de brindarle igualdad o equidad con la fiscalía, cayendo en el absurdo que si no lo hace, no podrá ofrecer pruebas durante el juzgamiento sin importar que se le busque sancionar al imputado con cadena perpetua; lo importante es que el Ministerio Público conozca las cartas de la defensa y llegue preparado a un juicio que pareciese ha sido diseñada para condenar y no para fungir como barrera de contención al poder punitivo estatal.

Sin embargo, la mencionada inferencia nos conduce al control judicial de la coherencia o de no resolver a espaldas del objeto litigioso, lo cual para el objetivo de nuestro capítulo es insuficiente; en esa línea necesitamos postular una segunda inferencia: *si es un derecho humano la comunicación previa y detallada al inculpado de la acusación formulada,*[1] *entonces también, con las mismas exigencias de comunicación, el inculpado tiene derecho a conocer la imputación, en razón a la coherencia señalada en la primera inferencia.* El echar mano a la razón axiológica de los derechos humanos nos permite ser más comprensibles en torno a plantear que las mismas exigencias que rodean a la acusación, las debe presentar la imputación; así, si la acusación presenta un cuadro fáctico, elementos de convicción y calificación jurídica, entonces la imputación también al ser el acto postulatorio precedente y vinculante, así como para no colocar al imputado en estado de indefensión; frente a ello, y por la misma razón de defensa que se acaba de invocar, si la acusación es por escrito, entonces la imputación también; si la acusación debe ser notificada al imputado, la imputación también; si la acusación es controlada en audiencia, la imputación también.

Ahora bien, ya en los capítulos anteriores hemos analizado el contenido de la imputación, por ende, de la acusación; sin embargo, resulta relevante comentar las demás exigencias como la escrituralidad del acto, su notificación y posterior control en audiencia. En esa línea, es evidente que se notifica un documento, que no es otro que la imputación escrita, ello lo ha entendido el artículo 336°, numeral 3) del Código Procesal Penal peruano,[2] así como el artículo 113°, fracción V del Código Nacional de Procedimientos Penales mexicano,[3] el cual ha sido interpretado por el

[1] Artículo 8.2.b Pacto de San José.

[2] «El Fiscal, sin perjuicio de su notificación al imputado, dirige la comunicación prevista en el artículo 3 de este Código, adjuntando copia de la Disposición de formalización, al Juez de la Investigación Preparatoria».

[3] «El imputado tendrá los siguientes derechos: V. A que se le informe, tanto en el momento de su detención como en su comparecencia ante el Ministerio Público o el Juez de control, los hechos que se le imputan y los derechos que le asisten, así como, en su caso, el motivo de la privación de su libertad y el servidor público que la ordenó, exhibiéndosele, según corresponda, la orden emitida en su contra». Ello guarda relación con el primer párrafo del artículo 141 de la citada ley, quien señala que en la solicitud de citatorio para la audiencia inicial, la fiscalía indicará el hecho que la ley señala como delito así como los datos de prueba que obran en la carpeta de investigación, los cuales establezcan que se ha cometido ese hecho y exista la probabilidad de que el imputado lo haya cometido o participado en su comisión.

Segundo Tribunal Colegiado del Sexto Circuito como el control de identidad: en audiencia se imputa lo que previamente se ha notificado al imputado.[4]

La notificación de la imputación responde al derecho a ser informado de los cargos que se están atribuyendo[5] tanto la doctrina[6] como la jurisprudencia[7] han emitido sendos pronunciamientos, y todos ellos concuerdan que es un derecho

4 «El Código Nacional de Procedimientos Penales prevé diversas hipótesis de conducción al proceso de un indiciado, las cuales suelen clasificarse en dos aspectos cuando: a) Una persona es detenida: flagrancia y caso urgente; y, b) La persona se encuentra en libertad: citatorio, orden de comparecencia y aprehensión; circunstancias que constituyen una conditio sine qua non de procedencia al acto procesal de formulación de la imputación, como lo establece el artículo 311 del código citado. De ambas formas de conducción, se extrae la necesidad de controlar la identidad de hechos, pues éstos han motivado la limitación temporal de la libertad del sujeto, para conducirlo a la sede judicial e iniciar el proceso en su contra. Bajo este contexto, no existe causa diversa por la que un indiciado esté presente en la audiencia inicial, lo que otorga seguridad jurídica al ciudadano para dar inicio al trámite de un proceso judicial, que puede derivar en un acto privativo de sus derechos con la imposición subsecuente de alguna de las medidas cautelares autorizadas por la ley, por lo que es inadmisible que se detenga a una persona por un hecho específico y se continúe el cauce procesal por uno diverso; de lo contrario, la naturaleza constitucional de estas figuras procesales se vería ilusoria, al estar en posibilidad de detener a una persona, aun cuando se califique de ilegal su detención, pues con la particularidad de aprovechar la asistencia de la persona detenida, daría inicio la comunicación de cargos para la continuación de un cauce procesal por otro motivo, lo que se traduciría en una franca transgresión a los artículos 14 y 16 de la Constitución Política de los Estados Unidos Mexicanos. Así, es viable colegir que las formas de conducción de un imputado al proceso, son las autorizadas expresamente en la ley adjetiva de aplicación nacional y, por lo que respecta a la orden de aprehensión y detención por flagrancia, debe existir congruencia e identidad de hechos entre la forma de conducción y el acto de formulación de imputación; lo que excluye, como forma de conducción de un indiciado al proceso, la acumulación de procesos por conexidad. En consecuencia, si el Juez de Control, después de calificar de legal la detención y previo a la formulación de imputación declara, a solicitud del Ministerio Público, la acumulación de causas por delitos conexos y, con base en ello, permite que éste formule imputación y solicite la vinculación a proceso respecto de hechos derivados de la causa acumulada, ello actualiza una violación procesal en la forma de conducción del imputado al proceso que trasciende al fondo del asunto, porque estos últimos hechos no dieron origen a la cita de la audiencia inicial o a la declaratoria de legalidad de la detención, pues con dicho actuar se atenta contra el derecho fundamental de seguridad jurídica que otorga el artículo 17 de la Constitución Política de los Estados Unidos Mexicanos».

5 Cfr. Benavente Chorres, Hesbert. «La imputación necesaria y los grados de conocimiento en el Código Procesal Penal de 2004». En: *Revista Gaceta Penal & Procesal Penal,* Tomo 45, Gaceta Jurídica, Lima, 2013, pp. 30-42.

6 Cfr. Castillo Alva, José Luis. «El derecho a ser informado de la imputación». En: *Anuario de Derecho penal,* PUCP, Lima, 2008, pp. 189-222. Espinoza Goyena, Julio César. «¿Es posible y conveniente una audiencia de tutela para controlar la observancia del principio de imputación necesaria en la Disposición de Formalización de la Investigación Preparatoria? *Documento electrónico.* Nolasco Valenzuela, José. *El juez penal. Principios, deberes y estándares probatorios en la decisión judicial ¿Cómo litigar contra el juez penal? Responsabilidad administrativa y penal de los jueces penales,* ARA Editores, Lima, 2012. Ramos Palomino, Aldo Marcelo. «Procedencia de la tutela de derechos cuando la Disposición de Investigación Preparatoria vulnera la garantía de la imputación penal concreta o imputación necesaria», *documento electrónico.* Reátegui Sánchez, James. *El control constitucional en la etapa de calificación del proceso penal,* Editorial Palestra, Lima, 2008. Rubio Azabache, César. «Principio de imputación mínima y control de la formalización de la investigación preparatoria», *documento electrónico.*

7 Consúltese las siguientes sentencias del Tribunal Constitucional peruano: STC 1287-2012-PHC/TC, STC 801-2010-PHC/TC, STC 06-2009-PHC/TC, STC 6358-2008-PHC/TC, STC 4989-2006/PHC-TC, STC 6033-2006-PHC/TC, STC 7181-2006-PHC/TC, STC 7357-2006-PHC/TC , STC 8123-2005-PHC/TC, STC 8125-2005-PHC/TC, STC 3396-2005-PHC/TC, entre otras.

reconocido en los tratados internacionales de protección de derechos humanos, el cual tiene una proyección sobre el debido proceso y el despliegue efectivo de una defensa técnica adecuada,[8] a lo cual nos adherimos y remitimos.

Así, en el caso de los detenidos por flagrancia, partimos de la premisa que es legalmente obligatorio que el fiscal evalúe la legalidad de dicha detención, y el acuerdo o disposición que emita será lo que se le notifique al detenido así como a su abogado defensor,[9] razones de legalidad que serán discutidas en audiencia ante el juzgador,[10] y ante su no notificación, el juzgador no podrá ratificar de legal la detención, al habérsele violado al detenido sus derechos, cayendo los órganos persecutores en una situación de ilicitud. Un dato importante aporta la Primera Sala de la Suprema Corte de Justicia mexicana, la cual señaló que el control judicial de la imputación recaído en el auto de vinculación a proceso no actualiza un cambio de situación jurídica cuando en el juicio de amparo indirecto se reclama la calificación de legal la detención.[11]

---

8 El derecho a ser informado de la acusación se encuentra regulado en los arts. 8, 2, b de la Convención Americana de Derechos Humanos, 9 inc. 2 y 14, 3, a del Pacto Internacional de Derechos Civiles y Políticos.

9 El artículo 7.4 del Pacto de San José dispone que: «Toda persona detenida o retenida debe ser informada de las razones de su detención y notificada, sin demora, del cargo o cargos formulados contra ella»; asimismo, esta notificación debe ser tanto oral como escrita, conforme lo señaló la Corte Interamericana en el Caso Maritza Urrutia vs. Guatemala.

10 El control de legalidad de la detención en audiencia está regulado en el artículo 308° del Código Nacional de Procedimientos Penales mexicano así como en el párrafo final del artículo 356° del Código Orgánico Procesal Penal venezolano.

11 «El artículo 16 de la Constitución Política de los Estados Unidos Mexicanos, prevé que en los casos de detención de una persona, el juez que reciba la consignación del detenido deberá inmediatamente ratificar la detención o decretar la libertad con las reservas de ley. Bajo el proceso penal acusatorio, el control de la detención deberá realizarse a través de una audiencia en la que el Ministerio Público deberá justificar ante el juez los motivos de la detención y éste procederá a calificarla. Ahora bien, la Primera Sala de la Suprema Corte de Justicia de la Nación tiene amplias precisiones en torno a la verificación que los juzgadores deben realizar sobre el cumplimiento de las exigencias constitucionales para la detención y puesta a disposición de la persona ante la autoridad correspondiente; además, ha determinado como regla la invalidez y exclusión de todos aquellos elementos de prueba que tengan como fuente directa o se hayan obtenido con violación a derechos fundamentales. Por otra parte, el artículo 19 de la Constitución Federal establece el auto de vinculación a proceso como la resolución mediante la cual el juzgador determina si hay méritos para iniciar un proceso penal en contra del imputado, porque los datos de prueba establecen que se ha cometido un hecho que la ley señale como delito y que existe la probabilidad de que el indiciado lo cometió o participó en su comisión. Así, al margen de que la calificación de la detención y el auto de vinculación a proceso sucedan en la misma audiencia y exista una relación jurídica entre ambos actos, se trata de actuaciones cuya materia de análisis es diferente y se van sucediendo sin que exista la posibilidad de reabrirlos conforme al principio de continuidad. Por lo tanto, la circunstancia de que el imputado haya sido vinculado a procedimiento penal, no lo imposibilita para que combata ante la instancia constitucional la calificación de la detención y las violaciones a los derechos fundamentales que tal acto le generó. La vinculación a proceso en ningún modo sustituye dicha calificación, ni destruye en su totalidad sus efectos y consecuencias. Indudablemente los datos de prueba obtenidos con el aseguramiento, trascenderán para resolver la situación jurídica del imputado y a las posteriores resoluciones, incluso a aquellas que tendrán lugar en etapas procesales distintas. Esto último torna sumamente relevante examinar si esos datos de prueba fueron recabados con respeto a los derechos fundamentales del imputado. Razón por la cual, cuando se cuestione en amparo indirecto el control de la detención, la circunstancia de que se haya vinculado el imputado, no actualiza la causa de improcedencia del juicio por cambio de situación jurídica, prevista en el artículo 61, fracción XVII, de la Ley de Amparo». Jurisprudencia, Registro 2020121.

Por otro lado, en el caso de los citados, el citatorio deberá venir acompañado con el escrito de imputación de la fiscalía, en donde el imputado pueda ir preparando su defensa y siempre con la garantía que el cuadro fáctico notificado será el que se va a discutir en la respectiva audiencia, evitando la sorpresa que pueda colocar al imputado en estado de indefensión.

Ahora bien, ¿Qué ocurre si la notificación no se efectuó? El Juez no deberá celebrar la audiencia, procediendo a reprogramarla, ello en razón que el derecho humano a conocer los cargos es para efecto que el imputado prepare su defensa, dado que, en audiencia se van a resolver cuestiones esenciales como la legalidad de la detención, la fijación del objeto de la litis, así como, la procedencia de medidas cautelares o de coerción, no siendo suficiente que el juez le diga al imputado: *de todas maneras llegaste a tu audiencia, por favor escuche la imputación que se formulará en su contra,* porque no se está ante una deficiencia en la citación para una audiencia, sino en la propia comunicación de la imputación que coloca al procesado en estado de indefensión para enfrentarla en audiencia. Ello también permite afirmar que no se puede confundir el derecho de acceder a la carpeta para efecto de recabar mayores elementos para la defensa con el derecho a la notificación de la imputación, porque el estudio de los registros de investigación no sustituye el deber del Estado en comunicar los hechos delictivos al imputado y a su defensor.

Cumplido con el acto de notificar la imputación pasamos al momento de su control judicial en audiencia; en ese sentido, ¿se está ante una audiencia inicial como señala México y Panamá o de presentación de cargos como precisa Venezuela, o bien ante una audiencia de prisión preventiva como ocurre en República Dominicana o Perú o de imposición de medidas cautelares como se afirma en Colombia o Chile?

Al respecto, la principal audiencia del proceso penal que descansa en un modelo imputativo, o al menos de su etapa de investigación, no puede ser la de imposición de la prisión preventiva, dado que, no solamente sería ir en contra de un sistema que proclama como regla la libertad durante el proceso, sino que conllevaría desmeritar el presupuesto de toda medida cautelar, el cual es la ***formulación de imputación o la formalización de la investigación***; ello es lógico porque dependerá de la gravedad de la imputación, sustentada en elementos de convicción, la que justificará la prisión preventiva - ni siquiera el arraigo debe ser el núcleo para ingresar a una persona a la cárcel, dado que, el problema se soluciona de manera sencilla: *dónde se le podrá con certeza notificar al imputado, para efecto de localizarlo y puede participar en las audiencias donde sea citado, con los respectivos apercibimientos de ley en caso de injustificada ausencia;* pero una imputación grave y sustentada, ello sí no es sencillo de eludir, para efecto del debate de la respectiva medida cautelar. Tan importante es la imputación, porque con la misma el Juez podrá autorizar la aplicación del principio de oportunidad, del acuerdo reparatorio, de la suspensión condicional del proceso o del procedimiento abreviado; incluso de los requisitos legales de la acusación se exigen los fundamentos de la imputación y, desde el principio de correlación, la imputación objeto de la acusación tendrá que ser discutida en el juicio oral y será materia de sentencia.[12]

[12] En esa inteligencia, la fiscalía solamente debería formular imputación cuando cuente con un *testimonio referenciado,* esto es, corroborado por la criminalística, la criminología y los servicios forenses; sin embargo, qué está ocurriendo; como la prisión preventiva no se está negando, porque suficiente con testimonios para enviar a la cárcel preventivamente o el juicio mediático, entonces no

Frente a ello, los modelos mexicano y panameño ofrecen para el procesalismo latinoamericano, la denominada audiencia inicial, en donde la fiscalía solicita que se ratifique de legal la detención, formula imputación, solicita el auto de vinculación a proceso, así como la imposición de la medida cautelar y el plazo de cierre de la investigación. En esa inteligencia, se resalta dos actos procesales: la formulación de la imputación y la solicitud de auto de vinculación a proceso; así, mediante la emisión de la citada resolución judicial se ha sometido a control judicial la imputación formulada; es decir, el auto de vinculación a proceso se emite cuando la imputación está sustentada en elementos de convicción que nos conduce a un cuadro fáctico que a su vez actualiza un determinado tipo penal, incluyendo la probable intervención del imputado en el mismo,[13] fijando además la litis u objeto litigioso del proceso penal.[14]

Por el contrario, el modelo peruano no ha regulado ninguna audiencia de control judicial de la imputación, por lo que, las audiencias que la legislación peruana ha regulado ante el Juez de la Investigación Preparatoria son el de prisión preventiva, el de tutela de derechos, el de medios técnicos de defensa, el de autorización o confirmación judicial de una medida de búsqueda de pruebas o para la terminación anticipada del proceso; ello implica que el juzgador opere con una hipótesis fáctica incriminadora cuyo control en vez de haberse desarrollado en un inicial momento, ahora tendrá que discutirse en cada una de las mencionadas audiencias, claro está, con las limitaciones que impone la naturaleza del petitorio.

Por tanto, el modelo ideal es el que nos ofrece México y Panamá, donde el Juez puede ir resolviendo las peticiones que las partes le vayan planteando con la seguridad jurídica de contar con una imputación penal que ha pasado el respectivo control judicial en la denominada audiencia inicial; y siempre con la posibilidad que la defensa realice ejercicios de contradicción o plantee peticiones que convenga al interés del imputado en la citada audiencia, los cuales, serán analizados en el siguiente apartado.

---

se exige la investigación criminalística o forense mencionado ut supra; porque si se sigue contando con jueces que le aceptan todo al Ministerio Público, entonces no habría razón para aumentar el presupuesto para servicios periciales, para la construcción de mejores laboratorios a lo largo del país, para la contratación de mayor personal experto, para mejorar los sueldos, en suma, para mejorar la investigación de los delitos.

13 Artículo 316 del Código Nacional de Procedimientos Penales mexicano.- «El Juez de control, a petición del agente del Ministerio Público, dictará el auto de vinculación del imputado a proceso, siempre que: I. Se haya formulado la imputación; II. Se haya otorgado al imputado la oportunidad para declarar; III. De los antecedentes de la investigación expuestos por el Ministerio Público, se desprendan datos de prueba que establezcan que se ha cometido un hecho que la ley señala como delito y que exista la probabilidad de que el imputado lo cometió o participó en su comisión. Se entenderá que obran datos que establecen que se ha cometido un hecho que la ley señale como delito cuando existan indicios razonables que así permitan suponerlo, y IV. Que no se actualice una causa de extinción de la acción penal o excluyente del delito. El auto de vinculación a proceso deberá dictarse por el hecho o hechos que fueron motivo de la imputación, el Juez de control podrá otorgarles una clasificación jurídica distinta a la asignada por el Ministerio Público misma que deberá hacerse saber al imputado para los efectos de su defensa. El proceso se seguirá forzosamente por el hecho o hechos delictivos señalados en el auto de vinculación a proceso. Si en la secuela de un proceso apareciere que se ha cometido un hecho delictivo distinto del que se persigue, deberá ser objeto de investigación separada, sin perjuicio de que después pueda decretarse la acumulación si fuere conducente».

14 Artículo 318 del Código Nacional de Procedimientos Penales mexicano.- «El auto de vinculación a proceso establecerá el hecho o los hechos delictivos sobre los que se continuará el proceso o se determinarán las formas anticipadas de terminación del proceso, la apertura a juicio o el sobreseimiento».

6.2. ESTRATEGIAS DE LA DEFENSA FRENTE AL CONTROL JUDICIAL DE LA IMPUTACIÓN

Que importante es la defensa en la gama de los derechos humanos, como también es importante no ignorar que el Estado, como productor del Derecho, tiene el poder para mover alguna pieza que afecte la eficacia del derecho de defensa, como ocurre con la figura del descubrimiento probatorio: *si la defensa no descubre su teoría del caso y sus medios de prueba antes del juicio oral, entonces precluyó su derecho de ofertarlos.* Recordamos la conversación sostenida con una fiscal quien nos compartió que la defensa había planteado observaciones a su requerimiento acusatorio, siendo uno de ellos el de haberse ofrecido la declaración de un perito quien no se encontraba al día en sus cuotas en su agremiación conocida como *Colegio,* en el cual formaba parte otras personas quienes compartían la misma profesión en una específica localidad geográfica, concluyendo el defensor que no se encontraba el perito habilitado para haber evacuado su dictamen. La probanza fue admitida mediante el argumento, déjeme decirles correcto aunque la regla del descubrimiento no, que la defensa refuta en juicio; meses después y ya instalada la audiencia de juicio oral, la fiscalía contaba con los argumentos y probanzas necesarias para refutar al defensor, entre ellos, que su perito ya se encontraba al día en sus cuotas y con una carta del *Colegio* en donde manifestaba que a razón de la cuarentena provocada por la Covid-19 no estaba en funciones, entre ellas recibir las cuotas de sus agremiados.

Seguramente es un evento sin mayor trascendencia la relación que tenga el perito con su *Colegio* en la medida que no constituya requisito legal para poder fungir como perito del Estado; seguramente el defensor debió tener otra estrategia procesal si presentaba a su patrocinado en juicio y no únicamente las cuotas pendientes de pago del perito público para con su *Colegio;* y claro, lo relatado de seguro constituirá una anécdota más para los intervinientes de ese juicio; sin embargo, ¿caerá en lo anecdotario un Estado fabricador de pruebas, que necesita saber cómo la defensa va a refutar los cargos para efecto de mover toda su maquinaria para lograr la condena, incluyendo llamadas, mensajes o charlas con los operadores para asegurar la condena? La corrupción tanto para absolver como para condenar es un fenómeno presente en la administración de justicia de la región, y la regla que la defensa no puede probar en juicio si en la etapa intermedia no lo descubrió a la fiscalía, es sencillamente una regla mala e injusta, que no abona al equilibrio procesal, sino que atenaza a la defensa por la presión que ejerce quien detenta el poder punitivo; y hay de aquel operador que desafía la regla, porque no solamente le anularán su juicio y por ende su sentencia, sino que su carrera judicial se verá seriamente afectada por actuar en contra del sistema, a menos que enmiende; cómo, resolviendo conforme los que están en el poder desean que se resuelva, hasta que tal operador deje de ser útil, no servil, sino útil; aquí el sistema como piezas fungibles sustituirá tal operador por otro que cumpla con el mismo papel del primero. Si en algún momento el criterio de lo fungible de Roxin fue observado en el marco de la criminalidad organizada, entonces nuestra opinión sería: *dejemos de ser unos ingenuos, los que son serviles y útiles permanecen, y los que no son, se cambian.*

Al respecto, la equidad que se busca en el proceso penal no gira en torno que la defensa sufra las mismas cargas que la fiscalía, al no contar con los mismos recursos que el mencionado órgano público. Por el contrario, la equidad debe darse en torno a que los poderosos respeten de manera irrestricta los derechos de la defensa[15] y no que los menos afortunados asuman una actividad procesal pensada para aquellos que cuentan con los recursos para cumplirla. Lo mismo se puede afirmar para la víctima quien, a pesar que cuenta con el derecho de estar asistida por un abogado o asesor jurídico, también goza del derecho a que se le preste un servicio profesional;[16] en donde las negligencias u omisiones de la fiscalía al momento de investigar puedan ser denunciadas, buscándose soluciones en el interior del proceso, sin perjuicio de las indemnizaciones y la responsabilidad disciplinaria correspondiente. Sería un absurdo decirle a la víctima: *se ha archivado tu denuncia porque no hiciste actividad probatoria,* dado que, y al igual que la defensa, no cuenta con los recursos para asumir las cargas del Estado. Cuestión distinta es que se haya archivado la denuncia porque de la investigación criminalística o forense desplegada, incluyendo las pesquisas en lugares, objetos, documentos (incluso aportados por la víctima y el imputado), así como personas, los eventos se han desarrollado de forma distinta a lo denunciado, no constituyendo evento delictivo alguno.

Ahora bien, volviendo a los derechos de la defensa hemos comentado en el apartado anterior atribuciones como el de acceder a la carpeta de investigación para obtener más elementos para la defensa; el de ser notificado de las razones de la detención de su cliente así como de la imputación; el que judicialmente sea controlada la imputación, dado que, la misma va a generar consecuencias en el proceso penal, como sería el caso de la fijación de la litis, la imposición de medidas cautelares o el acudir a un mecanismo de terminación anticipada del proceso; por tanto, se afirma la necesidad de una imputación clara, sin vaguedades e indeterminaciones.

---

15 La Constitución, y por ende los derechos fundamentales, tiene una proyección en el proceso penal; en ese contexto tenemos el programa penal constitucional, el cual está constituido por preceptos que consagran valores fundamentales, valores superiores del ordenamiento jurídico propio de un Estado social y democrático de Derecho, así como los principios generales de racionalidad, proporcionalidad, promoción de la libertad e igualdad. Tal ascendencia resulta evidente en la medida que la carta fundamental contiene principios de carácter general y que resultan además vinculantes, tanto para el legislador como para los tribunales, en la conformación del ordenamiento jurídico, lo que ha sido remarcado por Bricola al señalar que la relación entre las leyes penales y las normas constitucionales es un capítulo fundamental de la Ciencia del Derecho penal en la que resulta indispensable profundizar (citado por: Rebollo Vargas, Rafael. «Notas y consecuencias de una lectura constitucional del bien jurídico protegido en el T. XIX, L. II del Código Penal español (delitos contra la administración pública). En: *Libro Homenaje al Profesor Marino Barbero Santos,* Volumen II, Universidad de Salamanca, Salamanca, 2001, p. 552). En esa línea, el legislador y el operador deben entender que el proceso penal es un instrumento que el Estado debe utilizar para perseguir y sancionar ilícitos penales; pero, a fin de evitar arbitrariedades es menester establecer límites y garantías para el gobernado, evitando que inocentes sean sometidos a castigos penales como si fuesen culpables de un hecho delictuoso. Ello es la conclusión que también arriba el Acuerdo Plenario 04-2010 emitido por la Corte Suprema peruana, en los fundamentos sétimo y noveno: «7. (...) la Constitución ha incorporado un conjunto de garantías genéricas y una extensa relación de garantías específicas que tienen que ver con una vasta relación de cláusulas e relevancia constitucional que definen los aspectos de la jurisdicción penal, la formación del objeto procesal y el régimen de actuación de las partes. (...) 9. La Constitución se convierte así en el referente por antonomasia, no solo del legislador procesal sino de toda actuación de los encargados de la persecución penal, y de las personas que de una u otra manera se ven vinculadas a un caso penal. Esta afirmación implica un deber de protección de los derechos fundamentales durante todo el proceso penal, lo que no significa la omisión de tutelar otros bienes o valores jurídicos constitucionalmente valiosos, en la medida que tales derechos son relativos y no absolutos...».

16 Artículo 109 del Código Nacional de Procedimientos Penales mexicano.- «En los procedimientos previstos en este Código, la víctima u ofendido tendrán los siguientes derechos: (...) II. A que el Ministerio Público y sus auxiliares así como el Órgano jurisdiccional les faciliten el acceso a la justicia y les presten los servicios que constitucionalmente tienen encomendados con legalidad, honradez, lealtad, imparcialidad, profesionalismo, eficiencia y eficacia y con la debida diligencia».

En ese sentido, la claridad de la imputación lo dota la precisión de las circunstancias de tiempo, lugar y modo que vinculen al imputado como un determinado tipo penal, al ser quien lo ha actualizado al haber incurrido en la conducta jurídicamente prohibida, que a su vez implica la infracción del deber jurídico de aseguramiento, salvamento o institucional, infracción que origina la afectación de un bien jurídico tutelado por la ley.

Sin embargo, esta claridad no se ve satisfecha con la sola mención de los dispositivos legales sean penales o extrapenales, porque ni siquiera la imputación exige un conocimiento de la antijuridicidad por parte del imputado a nivel del experto, sino que la doctrina es dominante en afirmar la invocación de la fórmula de lo profano.[17] Ello debe ser la solución incluso para el tema de las leyes penales en blanco, en donde la fiscalía no actúa en contra del derecho del imputado a ser informado de los cargos que se le atribuye, por ejemplo si no le ha señalado el específico dispositivo extrapenal que dota de sentido típico al pragma antinormativo que se está invocando; sería una ingenuidad del operador dictar una sentencia absolutoria porque no se le informó al imputado que era la infracción del literal z) del numeral *n,* del artículo n_1 de la Ley n_2 relacionado con $n_{\text{»}}$ de leyes extrapenales.

En ese orden de ideas, se cumple con las exigencias de la imputación cuando se le atribuye al conductor del vehículo A la muerte del peatón B, por haber manejado por encima del límite de velocidad permitido en la calle C, en el día y en la hora D, infringiendo el Reglamento Nacional de Tránsito, siendo calificado como homicidio culposo por acción consumado por autor directo, de conformidad con el artículo E del Código Penal. ¿Se podrá absolver porque no se le comunicó al imputado cuál es el artículo del Reglamento Nacional de Tránsito que inobservó, sin atender a las evidencias que condujeron afirmar las citadas circunstancias de tiempo, lugar y modo, las cuales son las que realmente debe conocer el imputado? Cuidado que ello puede trascender de lo ingenuo a lo corrupto, que al final generan zonas de impunidad.

No obstante, cuestión distinta es que se impute robo con subsecuente muerte, toda vez que el imputado fue detenido sacando enseres de un inmueble, en cuyo interior yace una persona sin vida, desconociéndose la crono-tanatología así como la causa de la muerte. En ese contexto, ¿es de incumbencia de la defensa colmar esas lagunas mediante el estudio de los datos de prueba que obran en la carpeta de investigación? De ninguna manera, dado que son circunstancias propias del cuadro fáctico, por lo que, le corresponde al Ministerio Público el comunicarlo. Sin embargo, ¿la defensa está obligada a realizar las respectivas observaciones para que la fiscalía subsane sus omisiones? De ninguna manera, pero si puede planificar una actividad procesal para efecto que el Juez se percate de las deficiencias del cuadro fáctico imputativo y así lograr una resolución favorable como serían los siguientes ejemplos: auto de no vinculación a proceso, auto de sobreseimiento o sentencia absolutoria.

---

[17] «En la base de este concepto de conocimiento de la antijuricidad tan amplio se encuentra la idea de que quien se representa la posible existencia de un concreto mandato o prohibición ya ha entrado en contacto con la norma y, por tanto, ya está en condiciones de poder orientar su comportamiento hacia la misma. La capacidad del sujeto que duda, desde un punto de vista psicológico motivacional, estaría pues más próxima al pleno conocimiento de la antijuricidad que al error». Cfr. Felip Saborit, David. «La delimitación del conocimiento de la antijuridicidad. Una aportación al estudio del error de prohibición», *Tesis doctoral,* Universitat Pompeu Fabra, Barcelona, 1997, p. 151.

Por ejemplo, puede planificar el planteamiento de un conjunto de preguntas de aclaración para la fiscalía una vez que en audiencia haya formulado la imputación,[18] al tener el control de la respuestas: la crono-tanatología alejan al imputado de la muerte de la víctima, siendo importante que el Juez lo escuche de la propia fiscalía y así solicitar auto de no vinculación a proceso. Al respecto, planteamos el siguiente cuadro:

Defensa.- Señor fiscal en la Disposición que se nos ha notificado se ha formalizado investigación en contra de mi patrocinado por el delito de robo con subsecuente muerte, ¿eso es correcto?

Fiscalía.- Es correcto abogado.

Defensa.- La imputación menciona que mi patrocinado fue detenido por la policía el día 14 de febrero de 2020, aproximadamente a las 22:00 horas, al sorprenderlo saliendo del inmueble ubicado en la dirección X, cargando un televisor con la cara encapuchada, ¿se debe entender señor fiscal que ello fue la causa probable de delito para la detención?

Fiscalía.- Con el agregado señor defensor que cuando la policía ingresó a dicho inmueble encontró el cuerpo sin vida de Y, procediéndose a la detención del ahora imputado.

Defensa.- Entonces es por la muerte de Y que se le imputa a mi patrocinado robo con subsecuente muerte ¿es correcto?

Fiscalía.- Así es.

Defensa.- Señor fiscal ¿es correcto afirmar que se le practicó la necropsia a Y?

Fiscalía.- Sí.

Defensa.- ¿También es correcto afirmar que dicha necropsia tiene como fecha de realización 21 de Febrero de 2020?

Fiscalía.- Sí.

Defensa.- Además, ¿es correcto señalar que la necropsia fijó como una fecha probable de la muerte hace cuarenta y ocho horas de haberse practicado la necropsia?

Fiscalía.- Sí.

Defensa.- Por ende, ¿sería correcto afirmar que cuando la policía detuvo a mi patrocinado Y yacía muerta por lo menos uno o dos días?

Fiscalía.- Es una probabilidad.

Defensa.- No se encontró en la carpeta de investigación otro indicio que no sea la necropsia que permita conocer la fecha del fallecimiento de Y, ¿eso es correcto?

Fiscalía.- Así es.

---

[18] En aquellos países como el Perú en donde la imputación no se formula en audiencia, la legislación ha diseñado la audiencia de tutela de derechos, la cual sirve para que fiscalía subsane la omisión en el cuadro fáctico imputativo o se dicte medidas de corrección o de protección que correspondan a favor del imputado, como por ejemplo, la exclusión de la prueba ilícita; por lo que, se deberá resolver de manera inmediata *y previa constatación de los hechos;* esto último conlleva afirmar que la tutela de derechos presenta una estación probatoria, de conformidad con el artículo 71.4 del Código Procesal Penal peruano, por tanto, la defensa, en audiencia ante el Juez, podrá formular preguntas de aclaración del cuadro fáctico imputativo al Ministerio Público, cuadro que si bien lo encontramos en la Disposición de formalización notificada y sus indicios (reveladores) son identificables en la carpeta de investigación, el operador no puede limitar las preguntas a la defensa con el argumento: revise la Disposición de formalización o la carpeta, porque son los actos que justamente la defensa está combatiendo.

Defensa.- ¿Tampoco hay indicio que ubique a mi patrocinado en el inmueble de Y horas o días antes de su detención policial?

Fiscalía.- Así es.

Defensa.- Por tanto, ¿se le imputa a mi cliente un homicidio para robar, solamente porque la policía encontró en el inmueble el cuerpo sin vida de Y quien había fallecido horas o días antes de habérsele supuestamente la policía encontrado a mi cliente sacando un televisor en dicho inmueble?

Fiscalía.- Es su apreciación señor defensor.

Defensa.- Entonces, ¿cuál es el indicio que explica cómo mi cliente mató a Y?

Fiscalía.- Está en la carpeta puede revisarlo.

Defensa.- Señor Juez por su intermedio solicito que la fiscalía conteste mi pregunta, porque el derecho a acceder a la carpeta no nulifica el deber del Estado de explicar al imputado el porqué de los cargos que se le están formulando y la explicación que acabo de preguntar no aparece en la imputación notificada, dejando a mi patrocinado en estado de indefensión.

Juez.- Señor fiscal por favor conteste.

Fiscal.- Señor Juez los indicios que solicita la defensa giran en torno en haber sido su patrocinado detenido policialmente cuando estaba sacando el televisor de la agraviada, quien a su vez fue encontrada sin vida en el interior de su domicilio, por eso la fiscalía maneja el tipo penal de robo con subsecuente muerte.

Defensa.- Señor fiscal le pregunté por el indicio que explica cómo mi patrocinado mató a Y, lo que usted acaba de decirnos son los hechos que por ser indeterminados nos han conducido a la presente audiencia, pregunto ¿cómo mi cliente mató a Y?

Fiscalía.- La necropsia señala dos impactos de bala en el pecho de Y.

Defensa.- ¿Se encontró el arma de fuego?

Fiscalía.- No

Defensa.- Entonces ¿tampoco se cuenta con huellas de mi cliente o algún vestigio que permite inferir que fue él quien le disparó a Y?

Fiscalía.- Se está investigando señor defensor.

Defensa.- ¿Eso significa que aún no encuentran tales huellas o vestigios?

Fiscalía.- Aún no.

Defensa.- ¿Y cómo se van a obtener las mismas si en su Acuerdo o Disposición solamente ha dispuesto recabar antecedentes penales de mi cliente y demás diligencias de ley?

Fiscalía.- Inspecciones y pesquisas.

Defensa.- ¿Qué no han sido mencionadas en la Disposición de formalización?

Fiscalía.- No.

Defensa.- ¿Será porque en las diligencias preliminares se realizó la inspección técnico policial por la división de criminalística en los lugares de los hechos y del hallazgo donde no se encontró el arma de fuego o las huellas de mi cliente que lo relacionan con la muerte de Y?

Fiscalía.- Señor defensor usted conoce los resultados de la citada inspección.

Defensa.- Los conozco perfectamente, no hay arma ni huellas de mi cliente; son todas las preguntas señor Juez.

Sin embargo, esta estrategia lamentablemente sufre de críticas absurdas que conllevan su poca utilización. Así, en primer lugar, están aquellas voces que señalan: *por qué le haré el trabajo a la fiscalía;* al respecto, la respuesta es sencilla: *para que tu patrocinado no se vaya preso, y meses después recupere su libertad mediante una sentencia absolutoria, cuando su abogado pudo haber logrado un resultado favorable desde un principio.*

En segundo lugar, qué tipo de preguntas se le harán al fiscal; aquellas cuyas respuestas la defensa puede anticipar y que favorece a su estrategia; sin embargo, los jueces al confundir el anticipo de la respuesta como técnica de litigio con la información que se puede obtener revisando la carpeta, origina que estén interrumpiendo al defensor, so pretexto, que quiere avanzar con su audiencia; olvidando que debe de partir de la premisa que el defensor está realizando una línea de preguntas tendiente a demostrar lo incompleto o genérico de la imputación en contra de su patrocinado y la imposibilidad de corrección en razón de los resultados de la investigación, todo ello como técnica de litigio y no como una dilación indebida de la audiencia.

En tercer lugar, el realizar preguntas de aclaración a la fiscalía, no se le está convirtiendo en un órgano de prueba, equiparando sus respuestas a la actuación de una prueba testimonial; solamente es una técnica de litigio que incide en el cuadro fáctico imputativo, pero el fiscal no es testigo porque no presenció los hechos materia de proceso. Y, en cuarto lugar, las preguntas de aclaración de la defensa tampoco es una obligación; no implica el *sentar bases* para que el defensor libre a su patrocinado de la prisión preventiva; es una estrategia que opera al criterio de la defensa, como lo sería también acudir a otras estrategias defensivas. Tampoco lo sobrevaloremos.

Por otro lado, la defensa también pudo haber aportado a la carpeta de investigación sus propios elementos de convicción, al haber planteado una causal que exime de responsabilidad a su patrocinado. En esa inteligencia, es estratégico que si la defensa puede demostrar que se está, por ejemplo, en un caso de legítima defensa, desde un inicio se lo vaya explicando a la fiscalía, aportando los datos de prueba correspondientes, sin esperar que mágicamente los operadores se percaten o bien, que luego de años de litigio, en donde el imputado ha sufrido la estigma de estar sometido a un proceso penal, se le dicte sentencia absolutoria.

En ese orden de ideas, el quid del asunto no versa en una imputación mal formulada, sino que presenta un correlato fáctico que exime de responsabilidad al imputado, que se tendrá que demostrar, ya sea con los elementos de convicción obrantes en la carpeta o bien aprovechando que existen normatividades como la mexicana, que en los artículos 314° y 315° del Código Nacional de Procedimientos Penales, permite que la defensa desahogue medios de prueba en la audiencia inicial, para efecto de obtener un auto de no vinculación a proceso.[19]

Finalmente, también se cuenta como estrategia de defensa en la audiencia inicial, donde se está controlando judicialmente la imputación, la solicitud de exclu-

[19] Artículo 319 del Código Nacional de Procedimientos Penales mexicano.- «En caso de que no se reúna alguno de los requisitos previstos en este Código, el Juez de control dictará un auto de no vinculación del imputado a proceso y, en su caso, ordenará la libertad inmediata del imputado, para lo cual revocará las providencias precautorias y las medidas cautelares anticipadas que se hubiesen decretado.
El auto de no vinculación a proceso no impide que el Ministerio Público continúe con la investigación y posteriormente formule nueva imputación, salvo que en el mismo se decrete el sobreseimiento».

sión de aquel dato de prueba o prueba incorporada al proceso, el cual ha sido obtenido ilícitamente, mediante la violación de un derecho fundamental. En efecto, en un modelo imputativo, la prueba ilícita aparece desde el primer momento en que produce efecto dentro del proceso: al solicitarse una orden de aprehensión, el auto de vinculación a proceso o bien la prisión preventiva; por tanto, la defensa no tiene por qué esperarse hasta la etapa intermedia para recién efectuar su requerimiento de exclusión; por el contrario, lo puede hacer desde el primer momento en que tal evidencia ha sido incorporado al proceso y por ende está produciendo efectos procesales, teniendo el Estado la carga de demostrar el respeto a los derechos humanos. En suma, todas estas estrategias la defensa lo puede realizar desde el inicio, sin esperar el juicio ni menos aún la apelación de la sentencia, máxime que le pueden contestar del por qué no lo hizo valer en el momento procesal oportuno.

6.3. LA PRISIÓN PREVENTIVA Y EL CONTROL JUDICIAL DE LA IMPUTACIÓN

Actualmente, bajo el slogan del razonamiento probatorio probabilístico estamos ingresando a un discurso peligroso. Por ejemplo, Jordi Ferrer Beltrán precisa que la verdad no constituye la condición necesaria de la prueba, evitándose así responsabilizar al juez por los errores epistémicos; agregando que el razonamiento probatorio es probabilístico y la certeza racional sobre una hipótesis fáctica es inalcanzable.[20] El problema de no llegar a la verdad con la prueba es que se abre la puerta de la manipulación para fabricar culpables: *puedes estar en el lugar equivocado, en el momento equivocado, y con el razonamiento de probabilidad podrá ser declarado culpable.*

No se ignora que para salvar un discurso donde se pretende sustituir la verdad se postule la presencia de algún equivalente llámese funcional, como es la verdad teleológica que justifica el razonamiento probabilístico y que no tolera métodos pseudo-científicos; sin embargo, cuando se profundiza en su análisis queda la sensación del desconocimiento en torno al razonamiento judicial desde las evidencias que produce en el operador «certeza» en torno a determinados eventos tal como se ha explicado en el capítulo primero del presente trabajo.

Pero estamos en la época de los equivalentes funcionales justificados con el argumento: *no se puede invocar lo que no se puede probar,* limitándonos de nueva cuenta a un razonamiento de lo probable, como sería el siguiente ejemplo: *como la voluntad, al ser un estado mental, no se puede probar entonces manejemos un conjunto de indicadores que nos permita hablar de un «probable» dolo, el cual es suficiente para encerrar a cualquiera, sea por prisión preventiva, sea por sentencia condenatoria;* y en ese contexto nos denominamos: *funcionalistas, normativistas, probabilistas o juristas del Siglo XXI.*

Y el mismo camino transitamos con la prisión preventiva, donde la limitación intencionada del debate es el rasgo característico de su tratamiento judicial en los países de la región: su desconexión con el objeto procesal conlleva una ilógica medida de coerción personal «huérfana» del hecho señalado en la ley como delito fijado en la formulación de la imputación o formalización de la investigación controlada judicialmente (por ejemplo al emitirse el auto de vinculación a proceso); y si a ello le agregamos que el peligro de fuga o de obstaculización descansaría no en la prueba sino en el razonamiento de lo probable de criterios tan subjetivos como la calidad de la vivienda donde habita el imputado o el título de posesión o propie-

[20] Cfr. Ferrer Beltrán, Jordi. *Prueba y verdad...*, Ob. Cit., pp. 68-73.

dad que detenta, su estado civil o el número de hijos, entonces no habría límite o resistencia alguna para la fijación de la prisión preventiva.

Frente a ello, el objetivo del presente apartado es plantear la necesidad de un material probatorio que justifique el razonamiento judicial en torno a los peligros procesales que normativamente justifica la imposición de la prisión preventiva, a través de un constructo denominado ***teoría del riesgo, la cual descansa en dos variables: gravedad de la imputación e incumplimiento de obligaciones procesales***.

Así, para el Tribunal Constitucional español, la adopción de la prisión preventiva (también conocida como detención judicial) debe realizarse de acuerdo a la siguiente doctrina: *a)* La finalidad esencial de la prisión provisional no puede ser otra que la de garantizar la presencia del inculpado en el acto del juicio oral, puesto que la prueba ha de surgir bajo la vigencia de los principios inherentes al proceso penal de inmediación, contradicción, oralidad, defensa, de tal manera que, si el acusado no está presente, el juicio no se puede celebrar, salvo supuestos muy excepcionales, que no son del caso, con grave daño de la justicia. *b)* La resolución que decreta una prisión provisional ha de estar suficientemente motivada, tomando en consideración la trascendencia de la decisión en virtud de la cual se priva de libertad a una persona. Esta motivación, de acuerdo con la doctrina de este Tribunal (SSTC 56/1987, 128/1995 y 37/1996), ha de incidir especialmente en el examen ponderado de los valores igualmente importantes, en principio, de la libertad, como valor supremo de la persona y las exigencias legítimas de la justicia. *c)* En orden a las diferentes situaciones que se dan según el momento en que la prisión provisional se acuerda, en función del peligro de fuga, hay que señalar que aun siendo cierto que a medida que pasa el tiempo aquel peligro puede disminuir, no siempre sucederá de esta manera, de permanencia de la prisión provisional acordada.

En ese sentido, la prisión preventiva se sitúa entre el deber estatal de perseguir eficazmente el delito y el deber estatal de asegurar el ámbito de libertad del ciudadano y por tratarse de una institución cuyo contenido material coincide con el de las penas privativas de libertad, pero que recae sobre ciudadanos que gozan de la presunción de inocencia, su configuración y aplicación como medida cautelar ha de partir de la existencia de indicios racionales de la comisión de una acción delictiva, ha de perseguir un fin constitucionalmente legítimo que responda a la necesidad de conjurar ciertos riesgos relevantes para el proceso que parten del imputado, y en su adopción y mantenimiento ha de ser concebida como una medida excepcional, subsidiaria, necesaria y proporcionada a la consecución de dichos fines.

Según Barona Vilar, la prisión preventiva debe concebirse como una medida cautelar personal excepcional, en el sentido de que debe hacerse uso de la misma en última instancia; por ello debe calificarse como: 1) Una privación de libertad del sujeto que la padece; 2) Una medida cautelar personal del proceso penal, con el fin de asegurar el proceso y su normal desarrollo así como la ejecución de la posible sentencia que, en su día, se dicte; 3) Se trata de una medida instrumental en el sentido de que sirve a los fines antes señalados; 4) Se trata de una medida provisional, revisable en cualquier momento del procedimiento, de oficio o a instancia de parte; 5) Se trata de una medida excepcional, frente a la situación normal de esperar el juicio en estado de libertad.[21]

---

[21] Cfr. Barona Vilar, Silvia. *Prisión provisional y medidas alternativas*, Editorial Bosch, Barcelona, 1987, p. 28.

En ese orden de ideas, la prisión preventiva suscita una sorprendente coincidencia dentro de la doctrina. Casi sin excepción toda ella reconoce que se trata de una medida cautelar resultado de un conflicto insoslayable entre los intereses colectivos tendentes a asegurar la virtualidad de la justicia penal y los intereses individuales. El sacrificio de estos últimos en favor de aquéllos excepcionando así una regla general de respeto de los derechos fundamentales de la persona recomiendan que su declaración esté revestida de un carácter de excepcionalidad, proporcionalidad, necesariedad, discrecionalidad, presunción de inocencia, etc.

Sin embargo, pese a esta general coincidencia crítica, asumida también por la jurisprudencia, las posibilidades de decretar prisión provisional han ido en aumento con el transcurso del tiempo. Si en una primera etapa se vinculaba exclusivamente a las necesidades de asegurar las pruebas y/o evitar las eventuales fugas del imputado, pronto se suman nuevas razones fundadas en criterios de prevención general y especial. El «peligro de reincidencia», en Alemania y Austria, el «orden público» en Italia o nuestra «alarma» y «frecuencia» del delito demuestran sin ningún género de dudas esa evolución hacia una prisión provisional entendida en un sentido preventivo y punitivo. Incluso los propios criterios empleados por el legislador para establecer sus plazos poniéndola en relación con la gravedad de la pena señalada al delito que se imputa, prueban como apunta Gómez Colomer la relación entre el instituto procesal y las exigencias de seguridad ciudadana.

Ahora bien, por teoría del riesgo[22] se entiende al conjunto de argumentos fácticos y normativos que parte de la premisa que las medidas cautelares son actos de molestia en la esfera de los derechos del indiciado o imputado, pero cuya justificación radica en que las mismas fungen como *baremo de contención* en razón a la gravedad de la imputación así como ante peligros o riesgos procesales que con *probabilidad* puede darse ante un ejercicio jurídicamente incorrecto del derecho a la libertad por parte del afectado; o bien porque las cautelares son instrumentos normativos idóneos para la restitución provisional del ejercicio de los derechos de la víctima u ofendido o para garantizar derechos expectaticios, por ejemplo la reparación del daño. No se ignora que también un ejercicio normativamente incorrecto de la libertad personal por parte del imputado justificaría la protección de los derechos victimales, aunque para la imposición del embargo o la inmovilización de las cuentas, basta que obren datos de prueba donde se desprenda la posible reparación del daño y la probabilidad que el imputado será el responsable de repararlo.

En esa inteligencia, ante un riesgo real, actual o inminente que el imputado se sustraiga a la acción de la justicia, obstaculice la investigación, sea una amenaza para la víctima u ofendido, para los testigos o peritos o incluso para cualquier miembro de la comunidad, o que probablemente sea el responsable de reparar los daños a favor de la afectada por el injusto penalmente reprochable o de restituir (así sea provisionalmente) el ejercicio de los derechos victimales, las medidas cautelares se presentan como un conjunto de herramientas normativas idóneas y necesarias para hacer frente a los peligros señalados ut supra y de esta manera abonar a la mejor protección de fines procesales constitucionalmente legítimos. En ese orden de ideas, el nombre «teoría del riesgo», obedece a la necesidad de contener los peligros mencionados al inicio de este párrafo, para el efecto de minimizar su

22 No confundir con aquella teoría del riesgo como criterio de excepción a la prueba obtenida ilícitamente; en esa inteligencia, el contexto con el que se trabajará el presente apartado es con relación a las medidas cautelares.

concreción, dinamizando el desarrollo procedimental del juicio penal, pero cuyo epicentro es la gravedad de la imputación penal.

Ahora bien, nuestra propuesta descansa en que la teoría del riesgo presenta dos componentes o escenarios dialógicos, los cuales son: (1) gravedad de la imputación e (2) incumplimiento de obligaciones procesales. Asimismo, cada escenario a su vez está integrado por los (i) enunciados fácticos; (ii) el material probatorio; y (iii) el marco jurídico (que a su vez está conformado por un conjunto de principios y reglas recogidos en el Derecho objetivo y que guardan relación con el tema de las medidas cautelares). Su análisis es evolutivo, en el sentido que la presencia de un determinado riesgo puede variar según vaya avanzando el procedimiento punitivo y sea la conducta procesal que vaya desplegando el afectado por la cautelar, por lo que, los escenarios dialógicos vertidos en un momento del proceso que justificaron la imposición de una determinada medida cautelar pueden cambiar en otro momento (incluso en la misma fase procesal donde fue dictada originariamente o en una posterior), lo que conllevaría la revisión de la cautelar a través de un nuevo análisis de la teoría del riesgo. Además, la utilidad del citado constructo teórico obedece al trabajo en conjunto de sus componentes por parte de los sujetos procesales, máxime al ser las medidas cautelares actos de molestia deben de estar debidamente fundados y motivados.

6.3.1. LA PRISIÓN PREVENTIVA SE SUSTENTA EN LA GRAVEDAD DE LA IMPUTACIÓN

El razonamiento judicial requiere de pruebas, que nos libere del campo de lo probable y dote al operador de mayores herramientas para ascender a la certeza; sin embargo, hemos llegado a un punto en nuestra historia judicial en donde la prisión preventiva se otorga en razón a equivalentes funcionales a la verdad: (1) el quedar bien con la opinión pública, el superior o de algún órgano que interfiera en la libre valoración del Juez; (2) con un formalismo que a su vez disfraza un comportamiento autoritario e inquisidor; o (3) con cualquier finalidad que no sea la verdad, dado que, no somos divinidades para poder alcanzarla; en suma, cualquier expresión más lírica que jurídica, y que a su vez apunte al convencimiento de las masas antes que a la razón.

Si por tales camino va a transitar la prisión preventiva entonces la región presenta un debilitado Estado constitucional de Derecho, en donde, y como al vaso de agua, dicha medida de coerción personal no se le negaría a nadie. En cambio, si el razonamiento judicial exige la probanza para justificar, con certeza, un riesgo para el proceso, entonces encontrará justificada la restricción en el ejercicio de uno de los derechos fundamentales más importantes para la persona humana, esto es, la libertad personal.

La teoría del riesgo que fundamenta la imposición de una medida de coerción exige de pruebas; el razonamiento judicial presenta como presupuesto el material probatorio y no solamente la imputación fáctica así como jurídica; y todo este cuadro debe ser exigido, en primer lugar, en los términos de la imputación penal, cuyo contenido fue explicado en el capítulo segundo del presente texto.

Ahora bien, conocida la imputación penal a través de la formalización de la investigación, el operador cuenta con el cuadro fáctico necesario para evaluar, por un lado, las circunstancias de tiempo, lugar y modo que referencian a un tipo penal cuya sanción es superior a cuatros años de pena privativa de libertad y, por otro lado, la presencia de elementos de convicción para inferir que no se está ante una arbitrariedad del Estado en torno a la restricción de la libertad del imputado.

En esa inteligencia, el primer extremo mencionado exige una gravedad de los hechos imputados, no una gravedad de los elementos de convicción como equivocadamente ha señalado el literal a) del artículo 268° del Código Procesal Penal peruano, donde el quantum de la pena es un importante indicador pero que se ve complementado con la explicación de lo que hizo probablemente el imputado: *que arrastró a la víctima menor de edad, para luego darle unos puntapiés en su abdomen y así arrebatarle su teléfono móvil;* en esa línea, porque la pena mínima del robo agravado es de doce años de pena privativa de libertad, de conformidad con el artículo 189° del Código Penal peruano, no debe ser considerado como uno de los graves ilícitos penales en consonancia a la interpretación asumida por la Corte Suprema del Perú en el Acuerdo Plenario 01-2019 ¿minimizaremos su gravedad para una comparecencia restringida? Es que la pena no lo es todo, sino el propio relato fáctico, esto es, el desprecio a bienes jurídicos tan torales en la convivencia social como son la vida o la integridad psico-física por un teléfono móvil.

No obstante, se requiere del segundo extremo de la fórmula, esto es, los elementos de convicción, en donde no se puede trabajar con el criterio de expectativa de prueba, sino de la presencia de diligencias preliminares de investigación que dota de sentido el por qué la fiscalía formalizó investigación en contra del imputado y al llevarnos a una imputación grave, justificaría la imposición de la prisión preventiva.

Por tanto, el quid del asunto no son los arraigos tanto domiciliario, laboral y familiar del imputado, trabajado insistentemente por nuestros operadores, sino la gravedad de los hechos imputados; si el imputado es soltero o casado, con hijos o sin hijos, vive en inmueble rentado o propio, cercano o no a una zona de frontera, son cuestiones que pasan a un segundo plano y que además pueden ser explicados; pero, la gravedad del cuadro fáctico imputativo soportado en elementos de convicción obtenidos en una investigación por expertos no es fácil de eludir.

6.3.2. LA PRISIÓN PREVENTIVA ADEMÁS SE SUSTENTA EN EL INCUMPLIMIENTO DE OBLIGACIONES PROCESALES

Con relación a los enunciados fácticos, los mismos denotan hechos institucionalizados, esto es, que generan interpretaciones o lecturas normativas ya sea con relación al cumplimiento de las obligaciones procesales o con la restitución de los derechos de la víctima u ofendido, lecturas que pueden ser positivas o negativas, en clave de cumplimiento o incumplimiento de los mismos; es decir, si por ejemplo, la parte imputativa expone al Órgano jurisdiccional que el imputado ha incumplido injustificadamente a las diferentes citaciones de la autoridad o ha proporcionado información falsa sobre su identidad o localización; entonces de tales enunciados fácticos se generará una lectura negativa en cuanto al cumplimiento de obligaciones procesales por parte del imputado, impulsando el juicio de justificación hacia aquel segmento de medidas cautelares que afectan más el ejercicio de la libertad personal, que no necesariamente se reduce a la prisión preventiva.

En cambio, si la defensa anuncia que el imputado, por esperar a la afianzadora, se quedó en el lugar de los hechos, que su patrocinado ha proporcionado domicilio real y laboral, así como que se está en tratativas para celebrar con la víctima un acuerdo reparatorio, de seguro la citada parte lo que está buscando es que el juzgador genere una lectura positiva, esto es, que de los enunciados fácticos se puede construir expectativas normativas en torno a que el imputado si presenta una actitud de cumplir con sus obligaciones para con el procedimiento.

Similares lecturas se puede generar con el tema de la restitución de los derechos de la víctima; piénsese el siguiente escenario: se cuantificó el monto de la reparación del daño, pero también se ha tomado conocimiento que el imputado acaba de cancelar una de sus cuentas bancarias, así como, presenta demandas en su contra por transferencia simulada de sus bienes; ¿qué tipo de lectura generaría? Negativa, lo cual justifica el dictado de medidas judiciales con la mayor celeridad posible para garantizar la reparación del daño. Por otro lado, si se determinó el monto de la reparación y el imputado ha exhibido un bien para garantizar el mismo, entonces genera una lectura positiva por su actitud que se restituyan los derechos de la víctima.

En síntesis, la comunicación de hechos no es inocua sino que lleva aparejada de lecturas o interpretaciones, que son transmitidas por las partes y procesadas por el Órgano jurisdiccional, en función a variables normativas como el cumplimiento de las obligaciones procesales por parte del imputado y la restitución de los derechos de la víctima; constituyéndose en hechos institucionalizados que dan soporte o justificación a la decisión judicial en torno a la imposición, modificación, prolongación o cese de la medida cautelar; incluso se entiende que si tal carga fáctica varía surgiría la necesidad de revisar la medida cautelar, o bien si el juicio de aprehensión o valoración judicial no presenta una logicidad entonces queda expedito el camino de la apelación.

Por otro lado, no se ignora que el control de logicidad se sustenta con el material probatorio aportado para la construcción de la teoría del riesgo; en ese sentido, vamos analizar tres escenarios que impactan en la valoración judicial de la medida cautelar y que guarda relación con el tema de la prueba, uno de ellos tomado de la legislación mexicana.

En primer lugar, el artículo 156 del Código Nacional de Procedimientos Penales mexicano ha regulado el análisis de evaluación de riesgo emitido por la Dirección de Medidas Cautelares órgano perteneciente al Poder Ejecutivo, donde el juzgador, para determinar la idoneidad y proporcionalidad de la medida podrá tomar en consideración el citado análisis realizado por personal especializado en la materia, de manera objetiva, imparcial y neutral en términos de la legislación aplicable.

El problema en la praxis judicial mexicano, el análisis de evaluación de riesgo realizado por personal especializado no dista de ser un informe policial, con similares características al otrora informe socio-económico. Así, en los formatos que se acompañan en el estudio que estamos citando, se aprecia lo siguiente:

1. Formato de entrevista para la fase de evaluación de los riesgos:

- Datos familiares, de aquellos que viven en el domicilio del entrevistado.

- Dependientes económicos.

- Referencias personales, esto es, familiares, amigos o conocidos que habiten fuera del domicilio del detenido.

- Historia laboral.

- Datos escolares.
- Consumo de sustancias.

2. Modelo de instrumento de evaluación de riesgos:

- Datos familiares.
- Aportación económica familiar.
- Arraigo en la localidad.
- Residencia.
- Historia laboral/escolar.
- Consumo de sustancias.
- Posible pena a imponer.
- Cumplimiento de condiciones judiciales.
- Antecedentes penales.
- Datos falsos.

Nos preguntamos ¿tal información justifica la injerencia del Ejecutivo en los servicios previos al juicio? ¿Qué diferencia sustancial se podría apreciar con el informe socio-económico realizado por personal policial en el anterior procedimiento? Pero los problemas se maximizan cuando a la esfera policial se le dota de confidencialidad; en efecto, de acuerdo con el primer párrafo del artículo 164 del texto adjetivo mexicano: «La evaluación y supervisión de medidas cautelares distintas a la prisión preventiva corresponderá a la autoridad de supervisión de medidas cautelares y de la suspensión condicional del proceso que se regirá por los principios de neutralidad, objetividad, imparcialidad y confidencialidad.» Ello ha originado ciertas prácticas que afectan al debido proceso, como por ejemplo que el análisis no sea integrado a la carpeta de investigación y una vez que haya sido ocupada por las partes en la respectiva audiencia y para el tema cautelar se les retira el mencionado documento: ¡no vaya hacer que lo ocupen para otros fines!, entonces ¿cómo argumentar el agravio en la apelación contra aquella decisión judicial referida a la medida cautelar?

Y es que el problema no es en sí la confidencialidad, sino que no hemos entendido que cuando el Juez tiene documentos torales para su decisión, ni se contamina ni afecta principio procesal alguno, sino es un operador que tiene en su mano las fuentes de información ofrecidas y/o exhibidas por las partes en audiencia que documentarán y fundamentarán su decisión. Pero, lamentablemente el juez no tiene los documentos y ahora tampoco las partes, al menos lo referente al análisis de evaluación de riesgos, nadie tiene nada, pero así debe ser para la mejora de la administración de justicia... absurdos.

Por otro lado, y como segundo escenario tenemos la exposición y su correlativa refutación de las evidencias existentes en la carpeta de investigación; en efecto, tanto el hecho delictuoso como el peligro procesal descansa en aquellos datos de prueba obtenido de las diligencias preliminares de investigación, así como el aporte efectuado por la propia defensa, en clave de descarte, y desde la prueba el operador realizará el razonamiento libre - en clave de independencia de criterio - y lógico como producto de su apreciación en conjunto.

Por ejemplo, la probanza del comportamiento del procesado en influir en los testigos para que lo favorezcan, a través de correos electrónicos, contenido de comunicaciones judicialmente intervenidas o depósitos bancarios, permite inferir, sobre la prueba y no de lo probable, un peligro de obstaculizar el adecuado esclarecimiento de los hechos en el marco del proceso penal. En cambio, una pobre referencia a la teoría del riesgo que a su vez justifique la prisión preventiva, es que la fiscalía se reduzca su labor de investigación en conocer cuántos inmuebles tiene el procesado inscrito en Registros Públicos o si solamente es inquilino en el inmueble donde está habitando o por qué no se casó, no tuvo hijos o carga familiar alguna; la referencia normativa del arraigo gira en torno en dónde podrá ser localizado el imputado, fuera de ello nos conduciría a suposiciones irracionales.

Por su parte, la defensa puede refutar no solamente con un contra-argumento al ejercicio de valoración o interpretación de los datos de prueba de la fiscalía, sino con la mención a material probatorio existente en la carpeta de investigación, el cual lo favorece para una lectura positiva en torno al cumplimiento de las obligaciones procesales por parte del imputado; en efecto, un defensor quien, durante las diligencias preliminares de investigación aporta a la fiscalía datos de prueba, el cual se integra en su carpeta, puede invocar el referido material durante la audiencia, constituyendo un «gran dolor de cabeza» para la fiscalía, dado que, está siendo refutada con su propia carpeta.

Finalmente, el tercer escenario a comentar está dado con la propia actuación de pruebas en la audiencia; en efecto, las partes pueden invocar pruebas para que se imponga, confirme, modifique o revoque, según el caso, la medida cautelar. Se nos viene a la mente un caso de sustracción de hidrocarburos, donde al único que se pudo detener fue al conductor de la «pipa», sin embargo, su defensa manifestó que en el informe policial, el detenido manifestó que se quedó en el lugar de los hechos - mientras los demás huían - porque fue primeramente privado de su libertad por aquellos que huyeron de la escena y que al percatarse de la llegada de las fuerzas del orden se sintió tranquilo al ser sabedor que su libertad lo iba a recuperar. ¿Qué podemos apreciar? Que la defensa está manejando un dato de prueba consistente en la entrevista policial que realizó su defenso. ¿Dicha entrevista es ilícita? No, porque solamente la confesión rendida sin la asistencia de un defensor carecerá de valor probatorio; en esa inteligencia, el conductor no estaba confesando, sino ejerciendo su legítimo derecho a la defensa material. En esa tesitura, ya sea para complementar o desvirtuar el análisis de evaluación de riesgo, las partes podrán trabajar con los antecedentes de investigación recopilados: piénsese en los dictámenes psicológicos o psiquiátricos practicados en el imputado o aquellos exámenes relacionados con la adicción a drogas.

Ahora bien, ello implica que el material de prueba transite por las estaciones de ofrecimiento, admisión y desahogo, aunque claro sin perder de vista que lo que se está discutiendo no es la cuestión de fondo sino la protección de los fines del procedimiento a través del instrumento cautelar.

En ese sentido, y con relación al ofrecimiento, las partes tendrán que tomar en cuenta las reglas procesales previstas para tal tema. Así, en el caso de la prueba testimonial, la elaboración de la respectiva lista donde se aprecie el nombre, apellidos, domicilio y modo de localizarlos, señalando además los puntos sobre los que versarán los interrogatorios. En lo referente a la prueba pericial y de acuerdo a lo que se expresó en los capítulos referentes a la vinculación y a la exclusión probatoria, lo ideal es que el testimonio del perito - cuyos requisitos es igual al del ofrecimiento de testigos -venga acompañado con su dictamen, porque la ciencia se documenta, y de esta manera cuando se realicen los interrogatorios, tanto las partes como el juez podrán seguir el hilo de los cuestionamientos, entender las respuestas e incluso generar preguntas de aclaración. Con relación a la prueba documental, además que el documento sea pertinente y responda a la regla de la ajeneidad, debe ser entregado físicamente al Órgano jurisdiccional, bajo la regla de la prevalencia del mejor documento, favoreciendo el juicio de contrastación que el operador puede realizar al estar escuchando los testimonios y teniendo los documentos en cuestión a la mano; así como, el oferente debe estar preparado con los testimonios de reconocimiento e informes, salvo el tema de los documentos públicos que por su propia naturaleza ya se encuentran acreditados, así como, salvando a la parte contraria su derecho a demostrar la falsedad del mismo.

Y, con relación a la admisión del medio de prueba, se aplica supletoriamente las reglas de pertinencia, licitud y legalidad identificaremos un conjunto de criterios normativos a ser tomados en cuenta por el operador, que incluso puede generar agravio pensando en su mal manejo y en el recurso de apelación. En esa tesitura, por la pertinencia se excluirían testimonios ociosos, dictámenes puramente dogmáticos o la trasformación de una de las partes en testigo. Asimismo, la licitud como juicio de valoración en cuanto al respeto de los derechos fundamentales sería el marco que justificaría exclusiones a medios de prueba declarados previamente nulos. Además, con el criterio de legalidad se podrá evaluar el cumplimiento de los plazos procesales, incluso en un contexto de desahogo.

Por otro lado, la teoría cautelar bebe sus aguas, también, de los principios y reglas normativas, por lo que, el constructo que se erija no puede ser ajeno al marco normativo que regula la institución en cita. En ese sentido, y con relación a los principios se pueden identificar, por lo menos, los siguientes: legalidad, judicialidad, proporcionalidad, temporalidad y motivación.

Así, el principio de legalidad reza que las medidas cautelares y sus casos de procedencia son fijadas por las normas jurídicas; su fuente directa es la ley. Al respecto, el numeral 1) del artículo 253° del Código Procesal Penal peruano indica que «los derechos fundamentales reconocidos por la Constitución y los Tratados relativos a Derechos Humanos ratificados por el Perú, solo podrán ser restringidos, en el marco del proceso penal, si así la ley lo permite y con las garantías previstas en ella». No se ignora la interpretación judicial, pero la misma en el caso de las medidas cautelares presenta como espacio de juego lo fijado en la ley, máxime si las mismas constituyen actos de molestia en la esfera de los derechos del imputado.

Con relación al principio de judicialidad, el numeral 1) del artículo 254° de la ley procesal peruana establece que «las medidas que el Juez de la Investigación Preparatoria impongan en esos casos requiere resolución judicial especialmente motivada, previa solicitud del sujeto legitimado...». Del citado marco se desprende que las medidas cautelares son impuestas exclusivamente por el Órgano jurisdiccional.

Con relación al principio de proporcionalidad, prevista en el numeral 2) del artículo 253° del texto adjetivo peruano, podemos manejar la siguiente metodología:

(a) Identificar la finalidad constitucional legítima; no se ignora del programa penal constitucional que incluye fines procesales y derechos procesales susceptibles de ser protegidos vía medida cautelar.

(b) Regla de idoneidad; es decir, que dentro de lo razonable, se debe seleccionar la medida menos lesiva para la esfera de los derechos, en este caso, del imputado; sin embargo, ello no significa descartar la prisión preventiva, dado que la idoneidad de tal medida se justifica por el juicio de razonabilidad mencionado al inicio cuando las circunstancias del caso concreto así lo amerita.

(c) Regla de necesidad; que postula que la medida subsistirá mientras la necesidad de su imposición se mantenga, y así no desproteger la finalidad constitucional que motivó su imposición.

(d) Regla de ponderación; implica tomar en cuenta tanto el interés personal como el público, en el sentido que a mayor afectación a este último interés mayor tendría que ser la respuesta de la teoría cautelar, en cambio a menor afectación menor sería la injerencia en la esfera de los derechos del imputado; piénsese en un inimputable sometido a la cautelar de internamiento en centro psiquiátrico por haber privado de la vida a varias personas, con independencia de la necesidad de vigilancia y cuidado que el inimputable requiera, incluso más emotivo por parte de su familia, claro está que tales actos tendría que realizarse bajo el ámbito de custodia del mencionado centro, dado que sus actos han impactado también en el ámbito del interés público.

Entonces la proporcionalidad reza de la siguiente forma: que la cautelar a imponer responda a la necesidad de proteger una finalidad constitucionalmente legítima, que en el ámbito de lo razonable resulta idónea para tal cometido, al ponderarse tanto el interés personal como el público.

Por otro lado, se cuenta con el principio de temporalidad, el numeral 3) del artículo 253° del Código Procesal Penal peruano manifiesta que: «La restricción de un derecho fundamental sólo tendrá lugar cuando fuere indispensable, en la medida y por el tiempo estrictamente necesario...», esta fórmula implicaría un enunciado normativo abierto que debe ser cerrado por el Órgano jurisdiccional tomando en consideración las circunstancias fácticas que motivaron la imposición de la cautelar, claro está salvo situaciones específicas como la prisión preventiva, la cual su temporalidad se encuentra regulada.

Con relación al principio de motivación, cualquiera sea la instancia a la que pertenezcan, el órgano jurisdiccional debe expresar el proceso mental que los ha llevado a decidir una controversia, asegurando que el ejercicio de la potestad de administrar justicia se haga con sujeción a la Constitución y a la ley; pero también con la finalidad de facilitar un adecuado ejercicio del derecho de defensa de los justiciables.

No obstante, se pueden identificar hipótesis de vulneración al mandato de motivación judicial; así tenemos:

a) *Inexistencia de motivación o motivación aparente;* ello se aprecia, con la argumentación circular y con la argumentación genérica, ambigua o indeterminada. En ese orden de ideas, es circular la justificación cuando se pretende validar la idea con la misma idea (ej. Actúo con dolo porque lo hizo con intención o el imputado es un peligro para la sociedad porque el delito que cometió afecta los intereses sociales), careciendo de toda justificación externa e interna; lo mismo ocurre con la argumentación genérica o ambigua, donde se pretende defender una idea con fórmulas carentes de contenido, como por ejemplo la existencia de abundante jurisprudencia o que es dominante en la doctrina, sin mencionar o explicar las fuentes que permitan elaborar tales aseveraciones.

b) *Falta de motivación interna del razonamiento,* que se presenta en una doble dimensión: por un lado, cuando existe invalidez de una inferencia a partir de las premisas que establece previamente el Juez en su decisión; y, por otro, cuando existe incoherencia narrativa, que a la postre se presenta como un discurso absolutamente confuso incapaz de transmitir, de modo coherente, las razones en las que se apoya la decisión. Se trata, en ambos casos, de identificar el ámbito constitucional de la debida motivación mediante el control de los argumentos utilizados en la decisión asumida por el juez o tribunal, ya sea desde la perspectiva de su corrección lógica o desde su coherencia narrativa.

c) *Deficiencias en la motivación externa; justificación de las premisas*, que se presenta cuando las premisas [normativa y fáctica] de las que parte el Juez no han sido confrontadas o analizadas respecto de su validez fáctica o jurídica [según corresponda].

d) *La motivación insuficiente,* referida básicamente al mínimo de motivación exigible atendiendo a las razones de hecho o de derecho indispensables para asumir que la decisión está debidamente motivada. Si bien, no se trata de dar respuestas a cada una de las pretensiones planteadas, la insuficiencia, vista aquí en términos generales, sólo resultará relevante desde una perspectiva constitucional si es que la ausencia de argumentos o la «insuficiencia» de fundamentos resultan manifiestas a la luz de lo que en sustancia se está decidiendo.

e) *La motivación sustancialmente incongruente.* El derecho a la tutela judicial efectiva y, en concreto, el derecho a la debida motivación de las sentencias, obliga a los órganos judiciales a resolver las pretensiones de las partes de manera congruente con los términos en que vengan planteadas, sin cometer, por lo tanto, desviaciones que supongan modificación o alteración del debate procesal (incongruencia activa). Desde luego, no cualquier nivel en que se produzca tal incumplimiento genera de inmediato la posibilidad de su control mediante el recurso de apelación. El incumplimiento total de dicha obligación, es decir, el dejar incontestadas las pretensiones, o el desviar la decisión del marco del debate judicial generando indefensión, constituye vulneración del derecho a la tutela judicial y también del derecho a la motivación de la sentencia (incongruencia omisiva).

BIBLIOGRAFÍA

Abad Liceras, José María. «El papel del Ministerio Fiscal en el proceso penal español». En: *Revista Electrónica Ámbito Jurídico,* publicado el 28.02.2000.

Accatino, Daniela. «Certezas, dudas y propuestas en torno al estándar de la prueba penal». En: *Revista de Derecho de la Pontificia Universidad Católica de Valparaíso,* Vol. XXXVII, Valparaíso, 2011.

Alguindigue, Carmen / Pérez Perdomo, Rogelio. «Revolución y proceso penal en Venezuela 1999-2012». En: *Anales de la Universidad Metropolitana,* Vol. 13, N° 02, Caracas, 2013.

Alpaca Pérez, Alfredo. «Injusto penal y teoría de las normas. Consideraciones normológicas sobre el delito y la pena», *Tesis doctoral,* Universidad de León, León, 2019.

Apaza Mamani, Hugo Favián. «Los delitos de infracción de deber como formas de comisión delictiva». En: *Revista Internacional Derecho penal contemporáneo,* N° 73, Octubre-Diciembre, Editorial Legis, Bogotá, 2020.

Arango, María Isabel. «A propósito del papel del juez de control de garantías en la audiencia de formulación de imputación. Comentario a la sentencia de tutela de la Sala de Casación Penal de la CSJ, del 22 de septiembre de 2009, radicado 44103». En: *Revista Nuevo Foro Penal,* Vol. 06, N° 75, Medellín, 2010.

Armenta Deu, Teresa. *Principio acusatorio y Derecho penal,* Editorial J.M. Bosch, Barcelona, 1995.

Armenta Deu, Teresa. «Principio acusatorio: realidad y utilización. Lo que es y lo que no». En: *Revista Ius et Veritas,* N° 16, Pontificia Universidad Católica del Perú, Lima, 1998.

Arroyo, Néstor. «Debido proceso y motivación de las decisiones en el proceso penal dominicano». En: *Revista de la Facultad de Derecho de México,* Tomo LXX, N° 277, Ciudad de México, 2020.

Atienza, Manuel. «Sobre el concepto de dignidad humana». En: Casado, María. (Coord.) *Sobre la dignidad y los principios. Análisis de la Declaración Universal sobre Bioética y Derechos Humanos UNESCO,* Editorial Civitas, Madrid, 2009.

Aznar Bellver, Jerónimo / Guijarro Martínez, Francisco. *Nuevos métodos de valoración. Modelos multicriterio,* 2da. Edición, Editorial Universitat Politécnica de Valencia, Valencia, 2012.

Bacigalupo Zapater, Enrique. «La recepción de la dogmática penal alemana en España y Latinoamérica». En: *InDret,* N° 02, Barcelona, 2019.

Barona Vilar, Silvia. *Prisión provisional y medidas alternativas,* Editorial Bosch, Barcelona, 1987.

Barrios González, Boris. «Teoría de la sana crítica». En: *Revista Opinión Jurídica,* Vol. 02, N° 03, Universidad de Medellín, Medellín, 2003.

Barrios González, Boris. *Teoría de la sana crítica. Interpretación, valoración y argumentación de la prueba,* Editorial Ubijus, México, 2018.

Barrios González, Boris. *La audiencia de imputación. Adaptada al cambio de jurisprudencia de la Corte Suprema hacia un control judicial efectivo,* 3ra. Edición, Librería & Editorial Barrios & Barios, Panamá, 2020.

Benavente Chorres, Hesbert. *La omisión. Concepto e imputación objetiva,* Editorial Fabián Di Plácido, Buenos Aires, 2007.

Benavente Chorres, Hesbert. *La aplicación de la teoría del caso y la teoría del delito en el proceso penal acusatorio,* Editorial J.M. Bosch, Barcelona, 2011.

Benavente Chorres, Hesbert. *La investigación judicial y el control de convencionalidad en el proceso penal. Concepto y modalidades,* Editorial J.M Bosch, Barcelona, 2012.

Benavente Chorres, Hesbert. «La imputación necesaria y los grados de conocimiento en el Código Procesal Penal de 2004». En: *Revista Gaceta Penal & Procesal Penal,* Tomo 45, Gaceta Jurídica, Lima, 2013.

Benavente Chorres, Hesbert. *La construcción de los interrogatorios desde la teoría del caso,* Editorial J.M Bosch, Barcelona, 2015.

Benavente Chorres, Hesbert. *Inimputabilidad e imputabilidad relativa. Un estudio sobre las medidas de seguridad de internamiento y tratamiento ambulatorio,* Editorial Flores, México, 2017.

Benavente Chorres, Hesbert. *Persona jurídica y proceso penal,* Editorial Flores, México, 2017.

Benavente Chorres, Hesbert. *La teoría del caso para la individualización judicial de la sanción penal,* Editorial Flores, México, 2018.

Benavente Chorres, Hesbert / Hidalgo Murillo, José Daniel. *Código Nacional de Procedimientos Penales Comentado,* 5ta. Edición, Editorial Flores, México, 2020.

Bermúdez Briceño, Adriana. «Responsabilidad del Ministerio Público en Venezuela frente a la individualización del delito». En: *Revista Mundo,* Vol. 16, N° 08, Fundación de Estudios Superiores Comfanorte, Cúcuta, 2018.

Bernate Ochoa, Francisco. «El sistema penal debe construirse a partir de las finalidades que se le asignen y del modelo de Estado. ¿Cambio de paradigma gracias a la irrupción del funcionalismo?». En: *Revista Estudios Socio Jurídicos,* Volumen 07, N° 01, Universidad del Rosario, Bogotá, 2005.

Binding, Karl. *Die Normen und ihre Übertretung: eine Untersuchung über die rechtmässige Handlung und die Arten des Delikts,* Volumen I, 4ta. Edición, Scientia Verlag, Aalen, 1965.

Bofill Genzsch, Jorge. «Conferencia del profesor Jorge Bofill Genzsch». En: *Seminario. Problemas actuales del Derecho al recurso en el proceso penal,* Centro de Documentación de la Defensoría Penal Público, Santiago, 2012.

Borja Jiménez, Emiliano. «Algunas reflexiones sobre el objeto, el sistema y la función del Derecho penal». En: Arroyo Zapatero, Luis Alberto / Berdugo Gómez de la Torre, Ignacio. *Homenaje al Dr. Marino Barbero Santos. In memorian,* Vol. I, Universidad Castilla La Mancha, Universidad de Salamanca, Salamanca, 2001.

Bunge, Mario. *La investigación científica,* Editorial Ariel, Barcelona, 1985.

Busato, Paulo César. *Derecho penal y acción significativa,* Editorial Tirant lo Blanch, Valencia, 2007.

Busato, Paulo César. «De magistrados, inquisidores, promotores de justiça e samambaias: um estudo sobre os sujeitos no processo em um sistema acusatório». En: *Revista Seqüência. Estudos jurídicos e políticos,* Vol. 31, N° 60, Universidad Federal de Santa Catarina, Florianópolis, 2010.

Busato, Paulo César. «O desvalor da conducta como critério de identificação da insignificância para aplicação do princípio de intervenção mínima». En: *Revista Seqüência. Estudos jurídicos e políticos,* Vol. 32, N° 62, Universidad Federal de Santa Catarina, Florianópolis, 2011.

Cancio Meliá, Manuel. «La teoría de la imputación objetiva, Claus Roxin y América Latina: presente y futuro». En: *Revista Criminalia,* Vol. 86, N° 01, México, 2019.

Carazo Liebana, María José. «Apuntes jurisprudenciales sobre el principio acusatorio y su aplicación por el Tribunal Constitucional y el Tribunal Europeo de Derechos Humanos». En: *Revista de Estudios Jurídicos,* N° 14/2014, segunda época, Universidad de Jaén, Jaén, 2014.

Cardenal Motraveta, Sergi. «El tipo penal en Beling y los neokantianos», *Tesis doctoral,* Universitat de Barcelona, Barcelona 2002.

Castillo Alva, José Luis. «El derecho a ser informado de la imputación». En: *Anuario de Derecho penal,* PUCP, Lima, 2008.

Castillo Córdova, Luis. «Los derechos humanos: La persona como inicio y fin del Derecho». En: *Foro Jurídica, Revista de Derecho,* N° 07, Lima, 2007.

Castillo Córdova, Luis. «La interpretación iusfundamental en el marco de la persona como inicio y fin del derecho». En: Sosa Sacio, Juan Manuel. (Coord.) *Pautas para interpretar la Constitución y los derechos fundamentales,* Editorial Gaceta Jurídica, Lima, 2009.

Castro Jofré, Javier. «La víctima y el querellante en la reforma procesal penal». En: *Revista de Derecho de la Pontificia Universidad Católica de Valparaíso,* N° XXV, Valparaíso, 2004.

Castro Jofré, Javier. *Introducción al Derecho procesal penal chileno,* Editorial Lexis Nexis, Santiago, 2006.

Cigüela Sola, Javier. *La culpabilidad colectiva en el Derecho penal: Crítica y propuesta de una responsabilidad estructural de la empresa,* Editorial Marcial Pons, Madrid, 2015.

Cigüela Sola, Javier. «Aproximación a una dogmática de la exclusión social: De la imputabilidad a la individualización». En: *Revista de Derecho penal y criminología,* 3ra. Época, N° 17, Universidad Nacional de Educación a Distancia, Madrid, 2017.

Cigüela Sola, Javier. «Injusticia social y derecho penal: sobre la ilegitimidad política del castigo». En: *Revista Doxa,* N° 42, México, 2019.

Cigüela Sola, Javier. «Reconocimiento, delito y pena: de Hegel a Honneth». En: *Revista Político Criminal,* Vol. 15, N° 29, Santiago, 2020.

Corcoy Bidasolo, Mirentxu. *El delito imprudente. Criterios de imputación del resultado,* 2da. Edición, Editorial B de F, Montevideo, Buenos Aires, 2008.

Cuerda Riezu. Antonio. «El principio constitucional de responsabilidad personal por el hecho propio. Manifestaciones cuantitativas». En: *Revista Boliviana de Derecho,* N° 09, Fundación Iuris Tantum, Santa Cruz, 2010.

Davidson, Donald. «Reply to Andreas Kemmerling». En: *Reflecting Davidson,* Stoecker Editor, Walter de Gruyter, Berlín, 1993.

Díaz Cabiale, José Antonio. *Principios de aportación de parte y acusatorio. La imparcialidad del Juez,* Editorial Comares, Granada, 1996.

Dondé Matute, Javier. «Crítica a la teoría del delito: bases para su destrucción». En: Navas, Alberto. (Coord.) *Dogmática penal y teoría del delito,* Editorial Porrúa, México, 2012.

Duce, Mauricio / Cristián, Riego. *Proceso penal,* Editorial Jurídica de Las Américas, México, 2009.

Falcone Salas, Diego. «Apuntes sobre la formalización de la investigación desde la perspectiva del objeto del proceso penal». En: *Revista de Derecho de la Universidad Católica del Norte,* Año 21, N° 02, Coquimbo, 2014.

Feijoo Sánchez, Bernardo. *Resultado lesivo e imprudencia,* Editorial Bosch, Barcelona, 2001.

Feijoo Sánchez, Bernardo. *Derecho penal de la empresa e imputación objetiva,* Editorial Reus, Madrid, 2007.

Felip Saborit, David. «La delimitación del conocimiento de la antijuridicidad. Una aportación al estudio del error de prohibición», *Tesis doctoral,* Universitat Pompeu Fabra, Barcelona, 1997.

Feoli Villalobos, Marco. *Tercer Informe Estado de la Justicia. Investigación de base. A 20 años de la reforma procesal penal: Cambio en varios actos,* Editorial CONARE, San José, 2020.

Fernández Carrasquilla, Juan. «Culpabilidad y libertad de voluntad». En: *Anuario de Derecho Penal y Ciencias Penales,* Tomo 66, fascículo 01, Ministerio de Justicia, Madrid, 2013.

Fernández de Simón Loro, Lourdes / Alonso Alonso, Antonio. «Estándares de toma de muestras con intervención corporal para estudios en Genética Forense». En: *Boletín Galego de Medicina Legal e Forense,* N° 20, Santiago de Compostela, 2014.

Ferrer Beltrán, Jordi. *Prueba y verdad en el derecho,* 2da. Edición, Editorial Marcial Pons, Madrid, 2005.

Ferrer Beltrán, Jordi. *La Valoración Racional de la Prueba,* Editorial Marcial Pons, Madrid, 2008.

Ferrer Beltrán, Jordi. «Prolegómenos para una teoría sobre los estándares de prueba. El test case de la responsabilidad del Estado por prisión preventiva errónea». En: *Filosofía del derecho privado,* Editorial Pons, Madrid, 2018.

García Manrique, Ricardo. «La dignidad y sus dimensiones en la Declaración». En: Casado, María. (Coord.) *Sobre la dignidad y los principios. Análisis de la Declaración Universal sobre Bioética y Derechos Humanos UNESCO,* Editorial Civitas, Madrid, 2009.

García Cavero, Percy. *Derecho penal económico. Parte general,* Ara Editores, Lima, 2003.

Gascón Abellán, Marina. «Sobre la posibilidad de formular estándares de prueba objetivos». En: *Revista Doxa. Cuadernos de Filosofía del Derecho*. N° 28, México, 2005.

Gascón Abellán, Marina. *Los hechos en el derecho. Bases argumentales de la prueba,* 2da. Edición, Editorial Pons, Madrid, 2004.

Gimbernat Ordeig, Enrique. «Teoría de la evitabilidad versus teoría del aumento del riesgo». En: *Anuario de Derecho Penal y Ciencias Penales,* Volumen LXVIII, Ministerio de Justicia, Madrid, 2015, pp. 21-62.

Gimeno Sendra, Vicente. *Manual de Derecho procesal penal,* Editorial Colex, Madrid, 2008.

Gómez-Jara Díez, Carlos. *La responsabilidad penal de las empresas en los EE.UU.,* Editorial Universitaria Ramón Areces, Barcelona, 2009.

Gómez-Jara Díez, Carlos. *Fundamentos modernos de la culpabilidad empresarial,* Ara editores, Lima, 2009.

Gómez Pavajeau, Carlos Arturo. «La impronta genética de Ihering en la dogmática penal». En: *Revista de Derecho penal y Criminología,* N° 90, Vol. XXXI, Universidad Externado de Colombia, Bogotá, 2010.

González Castillo, Joel. «La fundamentación de las sentencias y la sana crítica». En: *Revista Chilena de Derecho,* Vol. 33, N° 01, Valdivia, 2006.

González Jaramillo, José Luis. «En defensa de la audiencia de imputación. Una propuesta de control material en el sistema procesal penal colombiano». En: *Revista Nuevo Foro Penal,* N° 94, Medellín, 2020.

González Lagier, Daniel. *Las Paradojas de la Acción,* 2da. edición, Editorial Marcial Pons, Madrid, 2013.

Gracia Martin, Luis. «Crítica de las modernas construcciones de una mal llamada responsabilidad penal de la persona jurídica». En: *Revista Electrónica de Ciencia Penal y Criminología,* 18-05, 2016.

Granados Peña, Jaime. «Breves reflexiones sobre la afectación de garantías fundamentales en la formulación de imputación». En: *Revista Internacional Derecho penal contemporáneo,* N° 97, Editorial Legis, Bogotá, 2012.

Günther, Klaus. *Schuld und Kommunikative Freiheit,* Vittorio Klostermann, Fráncfort del Meno, 2005.

Gutiérrez Sanz, María Rosa. *La cadena de custodia en el proceso penal español,* Editorial Aranzadi, Pamplona, 2016.

Hassemer, Winfried. *Persona, mundo y responsabilidad. Bases para una teoría de la imputación en Derecho penal*. Traducción de Muñoz Conde / Díaz Pita, Editorial Tirant lo Blanch, Valencia, 1999.

Hidalgo Murillo, José Daniel. *El control judicial de la imputación en Panamá,* Librería & Editorial Barrios & Barios, Panamá, 2019.

Hidalgo Murillo, José Daniel. «¿Qué pasa cuando la imputación y no la acusación fija la litis del proceso penal? En: *Revista INMEXIUS. Revista de Derecho penal y procesal penal,* Año IV, N° 45, México, 2020.

Hobbes, Thomas. *Leviatán,* traducido por Antonio Escohotado, 2da. Edición, Editora Nacional, Madrid, 1980.

Honneth, Axel. *La lucha por el reconocimiento. Por una gramática moral de los conflictos sociales,* Editorial Mondadori, Barcelona, 1997.

Horvitz Lennon, María Inés / López Masle, Julián. *Derecho procesal penal chileno,* Tomo I, Editorial Jurídica de Chile, Santiago, 2005.

Hoyer, Andreas. *Strafrechtsdogmatik nach Armin Kaufmann. Lebendiges und Totes in Armin Kaufmanss Normentheorie,* Duncker & Humblot, Berlín, 1997.

Hoyer, Andreas. «De la relación entre Derecho, Moral y Punibilidad». En: *Revista Penal México,* N° 13, Instituto Nacional de Ciencias Penales, México, 2017-2018.

Hruschka, Joachim. «Reglas de comportamiento y reglas de imputación». En: *Anuario de Derecho Penal y Ciencias Penales,* Tomo 47, fascículo 03, Ministerio de Justicia, Madrid, 1994.

Hruschka, Joachim. *Estudios sobre la teoría de la imputación,* Editorial Aranzadi, Navarra, 2005.

Hurtado Pozo, José. *Manual de Derecho penal. Parte General I,* 3ra. Edición, Editorial Grijley, Lima, 2005.

Ibáñez Orellana, Romualdo / Moncada Mahuelquin, Fernando / Santana Covarrubias, Andrea. «Organización retórica y relaciones de coherencia en el abstract de biología», *Estudios Filológicos,* N° 56, Valdivia, 2015.

Jakobs, Günther. *Sociedad, norma y persona en una teoría de un Derecho penal funcional,* traducción por Manuel Cancio Meliá y Bernardo Feijóo Sánchez, Editorial Civitas, Madrid, 1996.

Jakobs, Günther. «Culpabilidad y prevención». En: *Estudios de Derecho penal,* traducción y estudio preliminar de Peñaranda/Suárez/Cancio, Editorial Civitas, Madrid, 1997.

Jakobs, Günther. *Derecho penal, Parte General. Fundamentos y teoría de la imputación,* traducción de Cuello Contreras/ Serrano González de Murillo), Editorial Marcial Pons, Madrid, 1997.

Jakobs, Günther. «Strafbarkeit juristischer Personen?». En: Prittwitz, Cornelius. (hrgb.) *Festschrift für Klaus Lüderssen,* Editorial Nomos, Baden, 2002.

Jakobs, Günther. *La pena estatal. Significado y finalidad,* Editorial Civitas, Madrid, 2006.

Jakobs, Günther. *System der strafrechtlichen Zurechnung,* Vittorio Klostermann verlag, Frankfurt am Main, 2012.

Kant, Inmanuel. *Fundamentación de la metafísica de las costumbres,* Editorial Porrúa, México, 1983.

Kaufmann, Armin. *Teoría de las normas. Fundamentos de la dogmática penal moderna,* Editorial Depalma, Buenos Aires, 1977.

Kindhäuser, Urs. «La lógica de la construcción del delito». En: *Revista de Análisis Especializado de Jurisprudencia,* N° 14, Lima, 2009.

Kindhäuser, Urs / Mañalich, Juan Pablo. *Pena y culpabilidad en el Estado democrático de derecho,* B de F editores, Buenos Aires, 2011.

Kindhäuser, Urs. «Hechos brutos y elementos normativos del tipo». En: *InDret, Revista para el análisis del Derecho,* 2/2014, Barcelona, 2014.

Köhler, Michael. *Begriff der Strafe*, Decker editor, Heidelberg, 1986.

Köhler, Michael. *Strafrecht Allgemeiner Teil*, Springer editor, Berlin, 1997.

Laso Cordero, Jaime. «Lógica y sana crítica». En: *Revista Chilena de Derecho*, Vol. 36, N° 01, Valdivia, 2009.

Lesch, Heiko. *Der Verbrechensbegriff: Grundlinien einer funktionalen Revision*, Carl Heymanns Verlag, Colonia, 1999.

Letelier Loyola, Enrique. «Los principios del proceso penal relativos al ejercicio de la acción y la pretensión: Reflexiones y críticas a la luz de algunos ordenamientos vigentes». En: *Revista de Derecho*, Vol. 16, N° 02, Universidad Católica del Norte, Coquimbo, 2009.

Llobet Rodríguez, Javier. *La reforma procesal penal. Un análisis comparativo latinoamericano-alemán*, Escuela Judicial de la Corte Suprema de Justicia de Costa Rica, San José, 1993.

López Valera, Manuel. «La cadena de custodia de las pruebas de ADN», *Tesis doctoral*, Universidad Nacional de Educación a Distancia, Madrid, 2018.

Luckmann, Thomas. «Nueva sociología del conocimiento». En: *Revista Española de Investigaciones Sociológicas*, N° 74, Centro de Investigaciones Sociológicas, Madrid, 1996.

Mañalich, Juan Pablo. «Condiciones generales de la punibilidad». En: *Revista de Derecho de la Universidad Adolfo Ibáñez*, N°2, Santiago, 2005.

Mañalich Raffo, Juan Pablo. «El delito como injusto culpable. Sobre la conexión funcional entre el dolo y la consciencia de la antijuridicidad en el derecho penal chileno». En: *Revista de Derecho*, Vol. XXIV, N° 01, Valdivia, 2011.

Mañalich Raffo, Juan Pablo. «El concepto de acción y el lenguaje de la imputación». En: *Doxa, Cuadernos de Filosofía del Derecho*, N° 35, México, 2012.

Mañalich Raffo, Juan Pablo. «Tentativa, error y dolo. Una reformulación normológica de la distinción entre tentativa y delito putativo». En: *Revista Política Criminal*, Vol. 14, N° 27, Santiago, 2019.

Maraver Gómez, Mario. «El principio de confianza en Derecho penal. Un estudio sobre la aplicación del principio de autorresponsabilidad en la teoría de la imputación objetiva», *Tesis doctoral*, Universidad Autónoma de Madrid, Madrid, 2007.

Martínez-Buján Pérez, Carlos. «La concepción significativa de la acción de T.S. Vives y sus correspondencias sistemáticas con las concepciones teleológico-funcionales del delito». En: Arroyo Zapatero, Luis Alberto / Berdugo Gómez de la Torre, Ignacio. *Homenaje al Dr. Marino Barbero Santos. In memorian*, Vol. I, Universidad Castilla La Mancha, Universidad de Salamanca, Salamanca, 2001.

Mata Vela, José Francisco de. «La reforma procesal penal de Guatemala. Del sistema inquisitivo (juicio escrito) al sistema acusatorio (juicio oral)». *Tesis doctoral*, Universidad Autónoma de Barcelona, Barcelona, 2007.

Mendoza Ayma, Francisco Celis / Mendoza Yana, Daniel. «Autoría y formalismo. El fundamento de la autoría A propósito del Caso Diarios Chicha». En: *Revista Actualidad Penal*, N° 29, Instituto Pacífico, Lima, 2016.

Mercado Maldonado, Asael / Benavente Chorres, Hesbert. «El Estado en la gestión del conflicto. La reforma del proceso penal en Latinoamérica». En: *Revista Opinión Jurídica*, Vol. 09, N° 17, Medellín, 2010.

Michaud Yves. *Violencia y política,* Ediciones Ruedo Ibérico, Madrid, 1980.

Mir Puig, Santiago. *Función de la pena y teoría del delito en el Estado social y democrático de Derecho,* Editorial Bosch, Barcelona, 1982.

Mir Puig, Santiago. «Valoraciones, normas y antijuridicidad penal». En: *Revista Peruana de Ciencias Penales,* N° 15, Editorial Idemsa, Lima, 2004.

Molina Fernández, Fernando. «Presupuestos de la responsabilidad jurídica (análisis de la relación entre libertad y responsabilidad). En: *Anuario de la Facultad de Derecho de la Universidad Autónoma de Madrid,* N° 04, Madrid, 2000.

Molina Fernández, Fernando. *Antijuridicidad penal y sistema del delito,* Editorial J.M. Bosch, Barcelona, 2001.

Montero Aroca, Juan. «La garantía procesal penal y el principio acusatorio». En: *Revista Jurídica La Ley,* N° 01, Madrid, 1994.

Montero Aroca, Juan. *Principios del proceso penal. Una explicación basada en la razón,* Editorial Tirant lo Blanch, Valencia, 1997.

Moreno Jiménez, José María / Escobar Urmeneta, María Teresa. «El pesar en el proceso analítico jerárquico 1». En: *Revista de Estudios de Economía Aplicada,* Vol. 14, N° 01, Valladolid, 2000.

Muñoz Conde, Francisco. *Introducción al Derecho penal,* Editorial Bosch, Barcelona, 1975.

Nolasco Valenzuela, José. *El juez penal. Principios, deberes y estándares probatorios en la decisión judicial ¿Cómo litigar contra el juez penal? Responsabilidad administrativa y penal de los jueces penales,* ARA Editores, Lima, 2012.

Olivera, María Amelia. «Litis en el proceso penal». En: Baudizzone, Luis. (Dir.) *Lecciones y ensayos,* Facultad de Derecho y Ciencias Sociales de la Universidad de Buenos Aires, Buenos Aires, 1956

Oxman Vilches, Nicolás. «El elemento volitivo del dolo: Una investigación de Derecho penal comparado y filosofía del lenguaje». *Tesis doctoral,* Universidad de Valencia, 2016.

Paillás Peña, Enrique. *Estudios de Derecho probatorio,* Editorial Jurídica de Chile, Santiago, 1991.

Páramo Argüelles, Juan Ramón de. «Filosofía analítica y teoría del derecho en H.L.A. Hart», *Tesis doctoral,* Universidad Complutense de Madrid, Madrid, 1982.

Pawlik, Michael. *Das Unrecht des Bürgers Grundlinien der Allgemeinen Verbrechenslehre,* Mohr Siebeck Verlag, Tubingen, 2012.

Pawlik, Michael. *Ciudadanía y Derecho penal. Fundamentos de la teoría de la pena y del delito en el Estado de libertades,* Editorial Atelier, Barcelona, 2016.

Peña Cabrera Freyre, Alonso Raúl. *Exégesis del Nuevo Código Procesal Penal,* 1era Edición, Editorial Rodhas, Lima, 2007.

Piña Rochefort, Juan Ignacio. «Causalidad e imputación. Algunas consideraciones acerca de su ubicación y relevancia en el Derecho penal». En: *Revista Chilena de Derecho,* Vol. 30, N° 03, Santiago, 2003.

Porciúncula Nieto, José Carlos. *Lo objetivo y lo subjetivo en el tipo penal. Hacia la exteriorización de lo interno,* Editorial Atelier, Barcelona, 2014.

Raz, Joseph. *The Concept of a Legal System: An Introduction to the Theory of Legal System,* Clarendon Press, Oxford, 1980.

Reátegui Sánchez, James. *El control constitucional en la etapa de calificación del proceso penal,* Editorial Palestra, Lima, 2008.

Rebollo Vargas, Rafael. «Notas y consecuencias de una lectura constitucional del bien jurídico protegido en el T. XIX, L. II del Código Penal español (delitos contra la administración pública). En: *Libro Homenaje al Profesor Marino Barbero Santos,* Volumen II, Universidad de Salamanca, Salamanca, 2001.

Ried Undurraga, Ignacio. «La formalización de la investigación como ejercicio de una carga procesal estratégica del Ministerio Público en el proceso penal». En: *Revista de la Justicia Penal,* N° 07, Santiago, 2017.

Río Ferretti, Carlos del. «La correlación de la sentencia con la acusación y la defensa. Estudio comparado del Derecho español con el chileno», *Tesis doctoral,* Universitat de Valencia, Valencia, 2007.

Robles Planas, Ricardo. «La teoría de la imputación objetiva. Algunas consideraciones sobre sus orígenes y su futuro». En: Frisch, Wolfgang. *La imputación objetiva del resultado. Desarrollo, fundamentos y cuestiones abiertas,* Editorial Atelier, Barcelona, 2015.

Robles Planas, Ricardo. «Normas de conducta». En: *InDret, Revista para el análisis del Derecho,* 1/2019, Barcelona, 2019.

Robleto Gutiérrez, Jaime. *Los principios procesales penales y la dirección funcional,* Escuela Judicial / Corte Suprema de Justicia de la Costa Rica, Heredia, 2010.

Rodríguez Moguel, Ernesto. *Metodología de la investigación,* Universidad Juárez Autónoma de Tabasco, Tabasco, 2005.

Rodríguez Vega, Manuel / Pino Reyes, Octavio. «Análisis de la (in)eficacia del principio de la obligatoriedad en el ejercicio de la acción penal en la etapa preliminar del proceso penal chileno». En: *Revista de Derecho de la Universidad Católica del Norte,* N° 01, Coquimbo, 2015.

Roxin, Claus. *Problemas básicos del Derecho penal,* Editorial Reus, Madrid, 1976.

Roxin, Claus. *Derecho procesal penal,* Córdoba y Pastor (traductores), Editorial Del Puerto, Buenos Aires, 2000.

Roxin, Claus. *Derecho penal. Parte general,* Tomo I, Editorial Civitas, Madrid, 1997.

Salas Tafoya, José Manuel. «El modelo de valuación inmobiliaria en México». En: *Revista Iberoamericana para la Investigación y el Desarrollo Educativo,* Vol. 05, N° 10, Guadalajara, 2015.

Sánchez - Málaga Carrillo, Armando. «Concepto y delimitación del dolo. Teoría de las condiciones para el conocimiento», *Tesis doctoral,* Universitat de Barcelona, Barcelona, 2017.

Sánchez-Ostiz Gutiérrez, Pablo. *La libertad del Derecho penal. Estudios sobre la doctrina de la imputación,* Editorial Atelier, Barcelona, 2014.

Sánchez-Ostiz Gutiérrez, Pablo. «La libertad del Derecho penal: ¿De qué hablamos cuando decimos libertad?». En: González, Ana / Vigo, Alejandro. (Coord.) *Filosofía trascendental, fenomenología y Derecho natural,* Volumen 14, Universidad de Navarra, Navarra, 2018.

Scheler, Max. *Zur Phänomenologie und Metaphysik der Freiheit,* Obras I, Francke, Berna, 1957.

Schünemann, Bernd. «Aporien der Straftheorie in Philosophie und Literatur - Gedanken zu Immanuel Kant und Heinrich von Kleist». En: Prittwitz, Cornelius. *Festschrift für Klaus Lüderssen*, Editorial Nomos, Baden, 2002.

Schünemann, Bernd. «El dominio sobre el fundamento del resultado: Base lógico-objetiva común para todas las formas de autoría». En: *Revista Derecho Penal y Criminología*, Vol. 25, N° 75, Instituto de Ciencias Penales y Criminológicas, Universidad Externado de Colombia, Bogotá, 2004.

Schünemann, Bernd. *Fundamento y límites de los delitos de omisión impropia con una aportación a la metodología del Derecho penal*, Traducido por Cuello Contreras, Joaquín / Serrano González de Murillo, José Luis., Editorial Marcial Pons, Madrid, 2009.

Sentís Melendo, Santiago. *La Prueba*, Editorial EJEA, Buenos Aires, 1980.

Silva Sánchez, Jesús María. «Del derecho abstracto al derecho real». En: *InDret, Revista para el análisis del Derecho*, 4/2006, Barcelona, 2006.

Silva Sánchez, Jesús María. *Aproximación al Derecho penal contemporáneo*, 2da. Edición, Editorial B de F, Montevideo, Buenos Aires, 2010.

Silva Sánchez, Jesús María. «La responsabilidad penal de las personas jurídicas en derecho español». En: *Comunicaciones en Propiedad Industrial y Derecho de la Competencia*, N° 65, Madrid, 2012.

Silva Sánchez, Jesús María. «¿Adiós a un concepto unitario injusto en la teoría del delito? A la vez, una breve contribución a la teoría de las medidas de seguridad». En: *InDret, Revista para el análisis del Derecho*, 3/2014, Barcelona, 2014.

Silva Sánchez, Jesús María. «La influencia de la obra de Günther Jakobs en el espacio jurídico-penal hispanohablante». En: *InDret, Revista para el análisis del Derecho*, 1/2019, Barcelona, 2019.

Spinoza, Baruch. *Tratado teológico político*, traducido por Atiliano Domínguez, Altaya editorial, Madrid, 1987.

Taruffo, Michele. «Algunas consideraciones sobre la relación entre prueba y verdad». En: *Revista del Instituto Bartolomé de las Casas*, Año VII, N° 11, Universidad Carlos III de Madrid, Instituto Bartolomé de las Casas, Madrid, 2002.

Taruffo, Michele. *La prueba de los hechos*, 2da. Edición, Editorial Trotta, Madrid, 2005.

Taruffo, Michele. *Simplemente la verdad. El juez y la construcción de los hechos*, Editorial Pons, Madrid, 2010.

Tobón Perilla, Vladimir. «Principio de congruencia en el sistema penal de tendencia acusatoria. Derecho de defensa vs. Objeto litigioso provisional», *Tesis de Maestro en Derecho*, Universidad Nacional de Colombia, Bogotá, 2011.

Ulloa Clavijo, Iván Mauricio. «La aplicación del debido proceso en el procedimiento directo y su influencia en la ciudad de Cuenca», *Tesis de Maestro en Derecho penal*, Cuenca, 2018.

Vaca Andrade, Ricardo. *Derecho procesal penal ecuatoriano*, Tomo I, Ediciones Legales, Quito, 2014.

Vacchelli, Ezequiel. «Intervención delictiva: Significado y función del principio de accesoriedad», *Tesis doctoral*, Universitat Pompeu Fabra, Barcelona, 2018.

Vanegas Villa, Piedad. «La imputación». En: Jaramillo Díaz, Juan Guillermo (Coordinador). *Reflexiones sobre el sistema acusatorio. Una visión desde la práctica judicial*, Librería Jurídica Sánchez, Medellín, 2008.

Viada López-Puigcerver, Carlos. «Los límites del principio acusatorio (Sentencia de 13 de junio de 1961)». En: *Anuario de Derecho Penal y Ciencias Penales,* tomo 15, fascículo 01, Ministerio de Justicia, Madrid, 1962.

Villavicencio Terreros, Luis Felipe. *Derecho penal parte general,* Editorial Grijley, Lima, 2006.

Vives Antón, Tomás. «Sistema democrático y concepciones del bien jurídico: el problema de la apología del terrorismo». En: *Estudios Penales y Criminológicos,* N° 25, Universidad de Santiago de Compostela, Santiago de Compostela, 2004.

Vives Antón, Tomás Salvador. *Fundamentos del sistema penal. Acción significativa y derechos constitucionales,* 2ª edición, Editorial Tirant lo Blanch, Valencia, 2011.

Volk, Klaus. *La verdad sobre la verdad y otros estudios,* (traducción de Eugenio Sarrabayrouse), Editorial Ad-Hoc, Buenos Aires, 2007.

Weber, Max. *El político y el científico,* Editorial Alianza, Madrid, 2000.

Weber, Max. *Economía y sociedad,* Fondo de Cultura Económica, México, 2002.

Welzel, Hans. *Derecho penal alemán. Parte general,* 11va. Edición, Editorial Jurídica de Chile, Santiago, 1970.

Wolff, Ernst Amadeus. «Die Mißachtung der sexuellen Selbstbestimmung des Ehepartners als kriminalpolitisches Problem». En: *Zeitschrift für die gesamte Strafrechtswissenschaft,* Band 97, Berlín, 1985.

Zaczyk, Rainer. *Das Unrecht der Versuchen Tat,* Duncker & Humblot, Berlín, 1989.

Zaczyk, Rainer. *Libertad, derecho y fundamentación de la pena,* Montealegre, Bautista, Caro y Polaino-Orts (Compiladores), Universidad Externado de Colombia, Bogotá, 2011.

Zambrano Pasquel, Alfonso. *Estudio Introductorio al Código Orgánico Integral Penal,* Editorial CEP, Quito, 2004.

Zaffaroni, Eugenio Raúl / Alagia, Alejandro / Slokar, Alejandro. *Derecho Penal. Parte General,* Editorial Ediar, Buenos Aires, 2011.

Zaffaroni, Eugenio Raúl. *La Cuestión Criminal,* 2da. Edición, Editorial Planeta, Buenos Aires, 2012.

Zubiri de Salinas, Fernando. «¿Qué es la sana crítica? La valoración judicial del dictamen experto». En: *Jueces para la democracia,* N° 50, Madrid, 2004.

Zúñiga Rodríguez, Laura. *Política Criminal,* Editorial Colex, Madrid, 2001.

EL PRINCIPIO DE IMPUTACIÓN PENAL Y SU CONTROL JURISDICCIONAL, de HESBERT BENAVENTE CHORRES, se imprimió en la República Argentina en mayo de 2021.

www.ingramcontent.com/pod-product-compliance
Lightning Source LLC
LaVergne TN
LVHW082238051026
849532LV00012B/4027
* 9 7 8 9 5 6 3 9 2 5 1 6 6 *